信息技术

（Kylin 系统+WPS 办公+AI 赋能）

主　编　罗朝晖　梁韵琪　陈志涛

副主编　赖映浩　欧　薇　吴巧雪

组　编　正月十六工作室

电子工业出版社

Publishing House of Electronics Industry

北京·BEIJING

内 容 简 介

近年来我国加快推进信息创新建设工作。目前，国产操作系统、WPS 和 AI 人工智能已在教育、金融、交通等领域快速普及，并进入各个家庭，这将增强我国基础软件的自主可控和网络信息安全。

本书基于信息技术课程新标准及国家信创的相关技术，分为 17 个项目，比较系统地介绍了 Kylin 系统的管理和使用、WPS 办公软件的应用、AI 人工智能的使用。通过部分项目中的任务实战，提高个人的信息技术水平。

本书提供了微课、电子课件、任务实战等电子资源，既可以作为本科院校相关专业学生的教材，又可以作为培训机构人员的指导书。

图书在版编目（CIP）数据

信息技术：Kylin 系统+WPS 办公+AI 赋能 / 罗朝晖，

梁韵琪，陈志涛主编.—— 北京：电子工业出版社，

2025.7. —— ISBN 978-7-121-50658-1

Ⅰ. TP3

中国国家版本馆 CIP 数据核字第 2025C1R990 号

责任编辑：李　静

印　　刷：三河市鑫金马印装有限公司

装　　订：三河市鑫金马印装有限公司

出版发行：电子工业出版社

　　　　　北京市海淀区万寿路 173 信箱　　　邮编：100036

开　　本：787×1092　　1/16　　印张：17.25　　字数：420 千字

版　　次：2025 年 7 月第 1 版

印　　次：2025 年 8 月第 2 次印刷

定　　价：54.80 元

凡所购买电子工业出版社图书有缺损问题，请向购买书店调换。若书店售缺，请与本社发行部联系，联系及邮购电话：（010）88254888，88258888。

质量投诉请发邮件至 zlts@phei.com.cn，盗版侵权举报请发邮件至 dbqq@phei.com.cn。

本书咨询联系方式：（010）88254604，lijing@phei.com.cn。

前 言

本书结合实际案例，开展内容丰富且形式多样的教学。从课程标准与人才培养需求发展变化中可以看出，非计算机类专业的信息技术课程应该结合实际案例，融入课程思政，贯彻以学生为中心的项目教学理念，由知识型课程转变为应用能力培养型课程，通过理论实践一体化的教学，提升学生信息技术应用能力与综合素质。

"信息技术应用"类课程是学生学习信息技术、形成信息思维的必修公共基础课程，是非信息类专业学生增强信息意识、培养计算思维、提升数字化创新与发展能力、树立正确的信息价值观的主要课程。因此，"信息技术应用"类课程应该主动对接国家信息技术应用创新这一重要战略，充分认识到课程建设承载着国家的重托，关系到民族的根本利益和长远发展，必须在信创的生态链上做好教育环节，为社会培养有用人才。

本书在内容组织上，以"项目学习目标→思维导图→项目描述→项目分析→相关知识→项目实施→知识拓展"的形式组织，对应各项目任务下的知识，配套开发项目化、颗粒化的教学资源，以满足线上线下混合式教学的需求。

本书由以下 3 大模块组成。

- Kylin 系统（项目 1~项目 3）：包括认识计算机与操作系统、系统配置与管理、应用软件的安装与管理。
- WPS 办公（项目 4~项目 8）：包括输入与编排技术服务合同、创建与设计个人简历、制作日程安排表、统计分析学生成绩表、动态放映演示文稿创意呈现。
- AI 赋能（项目 9~项目 17）：包括认识人工智能、驾驭 AIGC 之提示词工程、国内人工智能应用实战、内容生成之使用 DeepSeek 编写活动新闻稿、内容生成之使用 WPS AI 编写实践调研报告、图像生成之使用豆包进行图像生成、视频生成之使用腾讯智影制作短视频、智能体之使用扣子定制 AI 客服助手、AIGC 安全与伦理。

本书配套资源丰富，可满足各类学习者的学习需求，具有以下特色。

1. 课证融通

项目 4~项目 8 针对 WPS 文档制作、WPS 电子表格制作、WPS 演示文稿制作引入了"全国计算机等级考试"的考核题目；课程任务导入了 Kylin 桌面版中 WPS 的多个典型任务案例和标准化业务实施流程；高校教师团队按应用型人才培养要求和教学标准，考虑学习者认知特点，将企业资源进行教学化改造，形成工作过程系统化教材。

2. 项目贯穿、课产融合

递进式场景化项目重构课程序列。本书围绕 Kylin 系统的管理与使用、WPS 办公软件的应用、AI 人工智能的使用等技能要求，基于工作过程系统化方法，按照操作系统的安装、应用和维护过程，设计了 17 个进阶式项目。将 Kylin 系统、WPS、AI 人工智能应用知识碎片化，按项目化方式重构，在每个项目中按需融入相关知识。相较于传统教材，读者通过进阶式项目的学习，不仅能掌握与系统应用相关的知识和技能，还能收获知识的应用场景和项目实施的业务流程与职业素养。图 1 为课程学习地图。

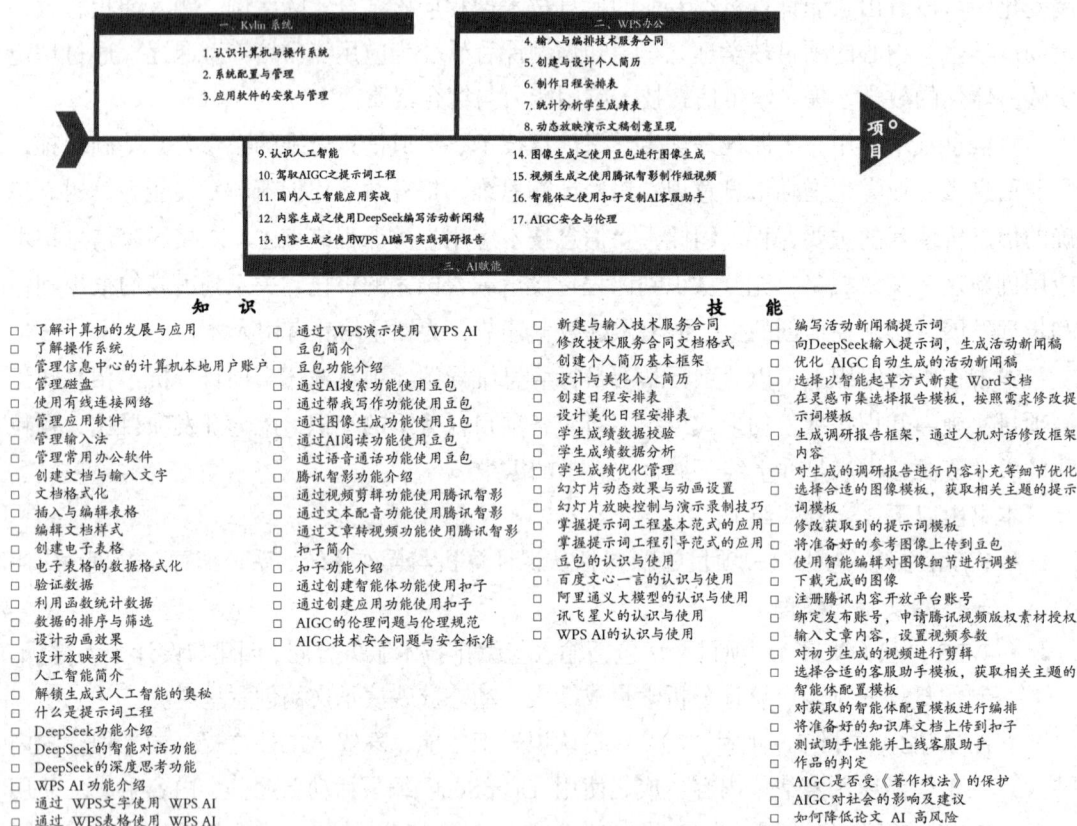

图 1 课程学习地图

用业务流程驱动学习过程。课程项目按企业工程项目实施流程分解为若干工作任务。通过项目描述、项目分析、相关知识为任务做铺垫；项目实施过程由任务说明、任务操作和任务验证构成，符合工程项目实施的一般规律。学生通过 17 个项目的渐进学习，逐步熟悉 Kylin 系统、WPS 办公、AI 人工智能的应用场景，熟练掌握业务实施流程，养成良好的职业素养。图 2 为项目流程图。

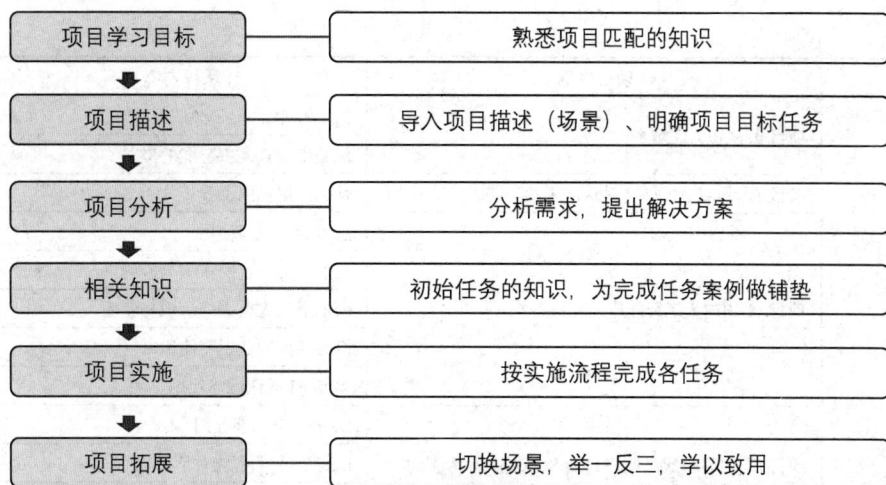

图2 项目流程图

3．项目拓展环节中的实训题具有复合性和延续性

考虑企业真实工作项目的复合性，本书精心设计了实训题。实训题不仅考核与本项目相关的知识、技能和业务流程，还涉及前序知识与技能，强化了各阶段知识、技能之间的关联，让学生熟悉知识与技能在实际场景中的应用。

将本书作为教材，建议参考学时为 48 学时，学时分配表如表 1 所示。

表 1　学时分配表

模块	项目名称	课程内容	学时
Kylin 系统	项目 1 认识计算机与操作系统	了解计算机的发展与应用	2
		了解操作系统	
	项目 2 系统配置与管理	管理信息中心的计算机本地用户账户	2
		管理磁盘	
		使用有线连接网络	
	项目 3 应用软件的安装与管理	管理应用软件	2
		管理输入法	
		管理常用办公软件	
WPS 办公	项目 4 输入与编排技术服务合同	创建文档与输入文字	2
		文档格式化	
	项目 5 创建与设计个人简历	插入与编辑表格	2
		编辑文档样式	
	项目 6 制作日程安排表	创建电子表格	4
		电子表格的数据格式化	
	项目 7 统计分析学生成绩表	验证数据	4
		利用函数统计数据	
		数据的排序与筛选	
	项目 8 动态放映演示文稿创意呈现	设计动画效果	4
		设计放映效果	

续表

模块	项目名称	课程内容	学时
AI 赋能	项目 9 认识人工智能	人工智能简介	2
		解锁生成式人工智能的奥秘	
	项目 10 驾驭 AIGC 之提示词工程	什么是提示词工程	2
	项目 11 国内人工智能应用实战	豆包的认识与使用	2
		百度文心一言的认识与使用	
		阿里通义大模型的认识与使用	
		讯飞星火的认识与使用	
		WPS AI 的认识与使用	
	项目 12 内容生成之使用 DeepSeek 编写活动新闻稿	DeepSeek 功能介绍	2
		DeepSeek 的智能对话功能	
		DeepSeek 的深度思考功能	
	项目 13 内容生成之使用 WPS AI 编写实践调研报告	WPS AI 功能介绍	2
		通过 WPS 文字使用 WPS AI	
		通过 WPS 表格使用 WPS AI	
		通过 WPS 演示使用 WPS AI	
	项目 14 图像生成之使用豆包进行图像生成	豆包简介	2
		豆包功能介绍	
		通过 AI 搜索功能使用豆包	
		通过帮我写作功能使用豆包	
		通过图像生成功能使用豆包	
		通过 AI 阅读功能使用豆包	
		通过语音通话功能使用豆包	
	项目 15 视频生成之使用腾讯智影制作短视频	腾讯智影功能介绍	4
		通过视频剪辑功能使用腾讯智影	
		通过文本配音功能使用腾讯智影	
		通过文章转视频功能使用腾讯智影	
	项目 16 智能体之使用扣子定制 AI 客服助手	扣子简介	4
		扣子功能介绍	
		通过创建智能体功能使用扣子	
		通过创建应用功能使用扣子	
	项目 17 AIGC 安全与伦理	AIGC 的伦理问题与伦理规范	2
		AIGC 技术安全问题与安全标准	
	综合考核		4
	学时总计		48

本书由罗朝晖、梁韵琪、陈志涛担任主编，赖映浩、欧薇、吴巧雪担任副主编，其他参编人员有欧阳绪彬、王乐平等。参与本书编写的人员姓名及工作单位如表 2 所示。

表 2 参与本书编写的人员姓名及工作单位

姓名	工作单位
罗朝晖、陈志涛、吴敏	顺德职业技术大学

续表

姓名	工作单位
梁韵琪、欧薇、刘伟聪	广东交通职业技术学院
赖映浩	广东省城市技师学院
吴巧雪	广东工程职业技术学院
赵景	许昌职业技术学院
顾荣	广东岭南职业技术学院
欧阳绪彬、王乐平	正月十六工作室
田群佟	广东万和新电气股份有限公司

在编写本书过程中，我们参阅了大量的网络技术资料和书籍，特别引用了 IT 服务商的大量项目案例，在此，对这些资料的贡献者表示感谢。

由于编者水平有限，书中难免存在一些疏漏之处，恳请广大专家和读者给予批评、指正，以便在以后的修订中进一步完善。

编　者

目 录

项目 1

认识计算机与操作系统

◎ **知识目标：**

（1）全面了解计算机的发展历程，包括起源、重要里程碑及当前发展趋势。

（2）掌握计算机的软硬件系统组成，包括硬件部件（如 CPU、内存、硬盘等）和软件部分（如操作系统、应用软件等）。

（3）理解计算机的数制（如二进制数、八进制数、十六进制数）和信息编码（如 ASCII 码、Unicode 码）的基本原理。

（4）了解因特网与计算机网络的基本概念、协议。

◎ **能力目标：**

（1）能够识别并描述计算机的软硬件系统组成，解决常见的硬件故障和软件问题。

（2）能够熟练进行数制转换和信息编码操作，为计算机编程和数据处理打下基础。

（3）能够配置和管理简单的计算机网络，保障网络的安全和稳定运行。

◎ **素质目标：**

（1）通过了解计算机的发展与应用，培养学生对信息技术的兴趣和热情，持续关注技术前沿和发展动态。

（2）在认识操作系统的过程中，培养学生严谨的逻辑思维能力和问题解决能力，提高计算机操作水平。

（3）了解国产操作系统的发展概况，增强学生的民族自豪感和责任感，为推动信息技术国产化贡献力量。

■ 思维导图

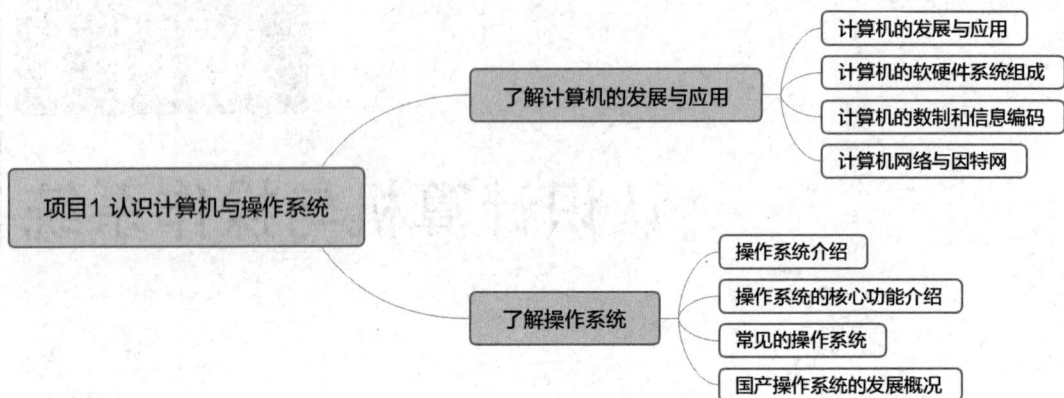

■ 项目描述

　　随着计算机技术的不断发展和应用的广泛性，计算机与操作系统已经成为人们生活和工作中不可或缺的一部分。然而，对于初学者来说，认识计算机和操作系统的概念与原理可能比较困难，需要一些指导和帮助。因此，我们开展了"认识计算机与操作系统"项目，旨在帮助初学者了解计算机和操作系统的基本概念与原理，提高计算机的操作技能和应用水平。

■ 项目分析

　　初学者想要初步学习、认识计算机和操作系统，可以通过以下知识来完成。
　　（1）了解计算机的发展与应用。
　　（2）了解操作系统。

■ 相关知识

1.1　了解计算机的发展与应用

1.1.1　计算机的发展与应用

　　1946 年，世界上第一台电子计算机"电子数字积分计算机"（Electronic Numerical Integrator And Calculator，ENIAC）在美国宾夕法尼亚大学问世。ENIAC 是美国军方为了满足计算弹道需要而研制的，这台计算机使用了大约 18000 个电子管，占地 170 平方米，重达 28 吨，耗电 150 千瓦，造价 48 万美元，每秒可执行 5000 次加法或 400 次乘法运算。ENIAC 的问世具有划时代意义，表明电子计算机时代到来。此后计算机技术以惊人的速度发展，计算机的系统结构不断变化，应用领域不断拓宽，给人类社会带来了巨大的变化。

根据计算机所采用的主要物理器件划分，计算机的发展经历了电子管、晶体管、中小规模集成电路和大规模与超大规模集成电路 4 个阶段，每个阶段的变革在技术上都是一次新的突破，在性能上都是一次质的飞跃。

（1）第一代计算机（1946 年—1957 年，电子管时代）。

第一代计算机采用电子管作为主要逻辑元件，其基本特征是体积大、耗电量大、可靠性低、成本高、运算速度低（每秒仅几千次）、内存容量小（进位几 KB）。在这个时期，没有计算机软件，人们使用机器语言与符号语言编制程序。计算机只能在少数尖端领域中得到应用，如军事和科学计算。

（2）第二代计算机（1958 年—1964 年，晶体管时代）。

第二代计算机采用晶体管作为主要逻辑元件，如图 1-1 所示，其基本特征是体积小、耗电少、成本低。主存储器采用磁芯，外存储器使用磁盘和磁带，运算速度可以达到每秒几十万次，可靠性和内存容量也有较大的提高。在软件方面提出了操作系统的概念，开始使用 FORTRAN、COBOL、ALGOL 等高级程序设计语言。第二代计算机不仅用于科学计算，还用于商业数据处理和事务处理，并逐渐应用于工业控制领域。

（3）第三代计算机（1965 年—1971 年，中小规模集成电路时代）。

第三代计算机采用中小规模集成电路作为主要逻辑元件，如图 1-2 所示，其基本特征是主存储器采用半导体存储器代替磁芯存储器，外存储器使用磁盘。计算机的运算速度可以达到每秒几百万次，体积越来越小，价格越来越低，可靠性和存储容量进一步提高，外部设备种类繁多，出现了键盘和显示器等外部设备。计算机系统软件也有了很大发展，出现了操作系统、会话式语言及结构化程序设计的方法。计算机向标准化、多样化和通用化发展，并开始应用于各个领域。

图 1-1　第二代计算机　　　　　　　　图 1-2　第三代计算机

（4）第四代计算机（1972 年至今，大规模与超大规模集成电路时代）。

第四代计算机采用大规模与超大规模集成电路作为主要逻辑元件，其基本特征是体积更小、功能更强、造价更低，各种性能都得到了大幅度提高。主存储器采用半导体存储器，外存储器采用大容量硬盘，并开始引入光盘，运算速度从每秒几百万次到亿万次以上。计算机的操作系统不断完善，应用软件进行了快速发展。另外，计算机的类型也有了很大发展，除功能强大的巨型机外，微型计算机的出现为计算机的普及奠定了基础。

此时，根据计算机的应用范围可以分为专用计算机和通用计算机，其中，通用计算机按性能又可以分为巨型机、大型机、小型机、微型机、工作站和服务器。我们日常使用的计算机主要为微型机。

1.1.2　计算机的软硬件系统组成

数学家冯·诺依曼提出了计算机制造的 3 个基本原则，即采用二进制逻辑、程序存储执行及计算机由 5 部分组成（运算器、控制器、存储器、输入设备、输出设备），这套理论被称为冯·诺依曼体系结构，它定义当代计算机系统的基本组成。

计算机系统由硬件系统和软件系统两大部分组成。其中，硬件系统是指计算机系统中由电子线路和各种机电设备组成的设备实体，包含 CPU、存储器、输入和输出设备等。

（1）CPU 是一块超大规模的集成电路，集成了运算器、控制器两个核心部件，负责解释执行计算机指令及处理数据运算，其性能决定着计算机的性能。

（2）存储器的主要功能是存放程序和数据，分为内部存储器和外部存储器。内部存储器又被称为"内存"，其内部存储的临时数据可以被 CPU 直接访问，断电后数据将丢失，需要执行的程序与需要处理的数据都先存放在内存当中。所以，内存容量越大，可同时执行的任务越多，系统运行越流畅。外部存储器通常为硬盘、U 盘等，断电后仍然能保存数据，一般容量较大，是用户存储数据的主要设备。

（3）输入设备是指向计算机输入数据和信息的设备，主要有键盘、鼠标、摄像头等。

（4）输出设备是计算机的终端设备，能将各种计算结果数据或信息以数字、字符、图像、声音等形式表现出来，主要有显示器、音箱、打印机等。

软件系统是指为运行、维护、管理、应用计算机所编制的所有程序，以及与这些程序相关的文档，包括系统软件和应用软件两大类。

（1）系统软件是控制和协调计算机及外部设备、支持应用软件开发和运行的各种程序的集合。系统软件使得计算机使用者和其他软件将计算机当作一个整体而不需要顾及底层每个硬件是如何工作的。一般来说，系统软件包括操作系统（如 Windows、Linux 等）和一系列基本的工具（如编译器、数据库管理、驱动管理、网络连接等方面的工具），是支持计算机系统正常运行并实现用户操作的相关软件。

（2）应用软件是专门为某一应用目的而编制的程序，常见的有办公软件（Microsoft Office、WPS 等）、即时通信软件（QQ、微信等）、信息管理软件（财务管理系统、人事管理软件等）、辅助设计软件（AutoCAD、Photoshop 等）、音视频处理软件等。

1.1.3　计算机的数制和信息编码

1. 数制

数制又被称为"记数法"，是人们用一组统一规定的符号和规则来表示数的方法。数制通常使用按进位的规则进行记数。例如，十进制数按"逢十进一"的规则进行记数，"一天有 24 小时"采用的是"逢二十四进一"。

"基数"和"位权"是进位记数制中的两个要素。

- 基数（radix）：是进位记数制中所用的数字符号的个数。例如，十进制的基数为10，采用的数字符号是0、1、…、9十个数码，进位规则是"逢十进一"；二进制的基数为2，采用的数字符号是0、1两个数码，进位规则是"逢二进一"。
- 位权（power）：在进位记数制中，把基数的若干次幂称为"位权"，幂的方次随该位数字所在的位置而变化，整数部分从最低位开始依次为0、1、2、3、4、…；小数部分从最高位开始依次为–1、–2、–3、–4、…，如图1-3所示。

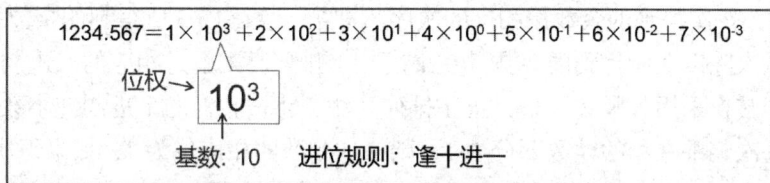

$$1234.567 = 1 \times 10^3 + 2 \times 10^2 + 3 \times 10^1 + 4 \times 10^0 + 5 \times 10^{-1} + 6 \times 10^{-2} + 7 \times 10^{-3}$$

位权 → 10^3

基数：10　　进位规则：逢十进一

图1-3 十进制数中的"基数"和"位权"

计算机系统常用的数制有二进制、八进制、十进制、十六进制等几种形式。二进制数非常简单，只有0、1两个数码，对应着自然界截然相反的两种状态：真、假，黑、白，正、负，高、低，通、断，……，二进制运算系统在电子器件（如数字电路、触发器、运算器等）中容易实现。数字电子电路中的逻辑门直接应用了二进制，因此冯·诺依曼提出采用二进制代替十进制，计算机和依赖计算机的设备都使用二进制表示数据。但是，使用二进制表示的数据比较长，如十进制的数据102用二进制数表示为1100110。所以人们在计算和表达时，会使用八进制或十六进制数来代替二进制数。八进制中的1位数可以表示3位二进制数，1位十六进制可以表示4位二进制数。

在计算机系统中，二进制运算分为算术运算和逻辑运算两种。

① 算术运算。

算术运算包括加、减、乘、除四则运算。

加法：00+00 = 00，00+01 = 01，01+00 = 01，01+01 = 10。

减法：0 – 0 = 0，1 – 0 = 1，1 – 1 = 0，10 – 1 = 01。

乘法：0×0 = 0，0×1 = 0，1×0 = 0，1×1 = 1。

除法：0÷1 = 0，1÷1 = 1。

② 逻辑运算。

二进制数中的0和1在逻辑运算上可以表示"真（true）"与"假（false）"。一般约定，1表示"真（True）"，0表示"假（False）"。如果在电路中，则1表示"开"，0表示"关"。二进制数的逻辑运算包括与（AND）、或（OR）、非（NOT）、异或（XOR）等。计算机能够进行逻辑判断的基础正是基于二进制数的逻辑运算功能。

与运算（AND）：0∧0=0；0∧1=0；1∧0=0；1∧1=1。

或运算（OR）：0∨0=0；0∨1=1；1∨0=1；1∨1=1。

异或运算（XOR）：0⊕0=0；0⊕1=1；1⊕0=1；1⊕1=0。

非运算（NOT）：$\overline{1}=0$；$\overline{0}=1$。

2. 数制之间的转换

（1）十进制数和二进制数之间的转换。

① 将十进制数转换为二进制数。

方法：

- 整数的转换采用"除 2 取余，逆序排列"法，将待转换的十进制数连续除以 2，直到商为 0，每次得到的余数按相反的次序（即第一次除以 2 所得到的余数排在最低位，最后一次除以 2 所得到的余数排在最高位）排列起来就是相应的二进制数。
- 小数的转换采用"乘 2 取整，正序排列"法，将被转换的十进制纯小数反复乘以 2，如果每次相乘乘积的整数部分为 1，则二进制数的相应位为 1；如果每次相乘乘积的整数部分为 0，则二进制数的相应位为 0，由高位向低位逐次进行，直到剩下的纯小数部分为 0 或达到所要求的精度为止。
- 对具有整数和小数两部分的十进制数，要采用上述方法将其整数部分和小数部分分别进行转换，并用小数点连接起来。

示例：将$(19.8125)_{10}$转换为二进制数。

解：用"除 2 取余，逆序排列"法转换整数部分 19，即$(19)_{10} = (10011)_2$。

用"乘 2 取整，正序排列"法转换小数部分 0.8125，$(0.8125)_{10} = (0.1101)_2$。

合并结果可得$(19.8125)_{10} = (10011.1101)_2$，如图 1-4 所示。

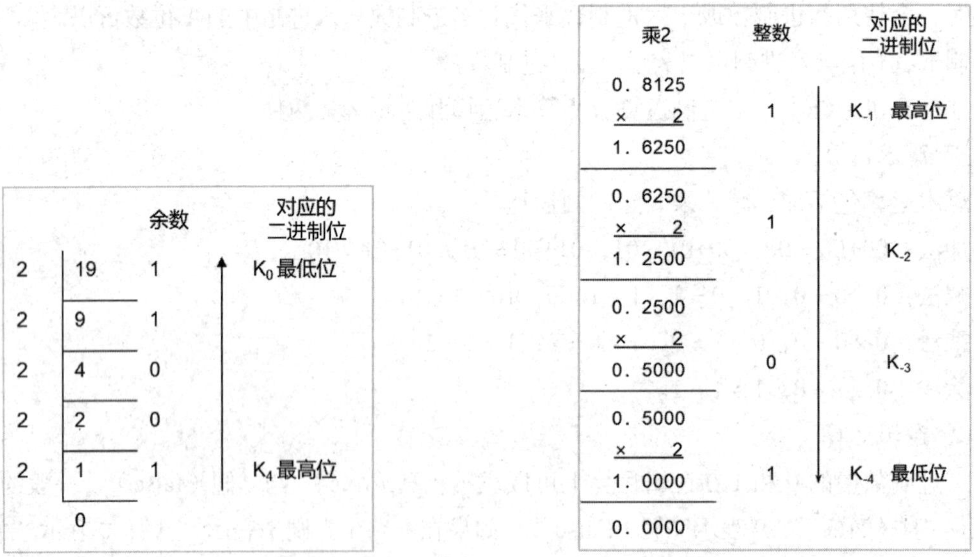

（a）整数部分转换为二进制数 　　　　（b）小数部分转换成二进制数

图 1-4　将$(19.8125)_{10}$转换为二进制数

② 将二进制数转换为十进制数。

方法：首先将一个二进制数按位权展开成一个多项式，然后按十进制的运算规则求和，即可将二进制数转换为十进制数。

示例：将$(10010.011)_2$转换为十进制数。

$(10010.011)_2 = 1 \times 2^4 + 1 \times 2^1 + 1 \times 2^{-2} + 1 \times 2^{-3} = (18.375)_{10}$

（2）八进制数、十六进制数与二进制数之间的转换。

① 将八进制数、十六进制数转换为二进制数。

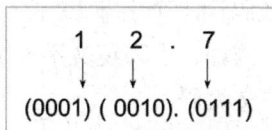

方法：按照顺序，每 1 位八进制（或十六进制）数改写成等值的 3 位（或 4 位）二进制数，次序不变。转换结果中舍弃整串数字最前面的 0 和最后面的 0。

示例：将(22.34)_8 转换为二进制数。$(22.34)_8 = (10010.0111)_2$，如图 1-5 所示。

示例：将(12.7)_16 转换为二进制数，$(12.7)_{16} = (10010.0111)_2$，如图 1-6 所示。

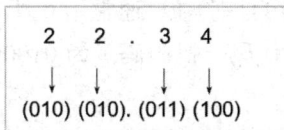

图 1-5　将八进制数转换为二进制数　　　　图 1-6　将十六进制数转换为二进制数

② 将二进制数转换为八进制数、十六进制数。

将二进制数转换为八进制数时，从小数点向两边的方向，每 3 个数分为一组，不够 3 个数的一组就往前补 0，把每组转换为一个八进制数（0 ~ 7）即可。

示例：将(10010.0111)_2 转换为八进制数，$(10010.0111)_2 = (22.34)_8$，如图 1-7 所示。

类似地，将二进制转换十六进制，从小数点向两边的方向，将每四个分为一组，不够四个的一组就往前补 0，把每组转换成一个十六进制数即可。

示例：将(10010.0111)_2 转换为十六进制数，$(10010.0111)_2 = (12.7)_{16}$，如图 1-8 所示。

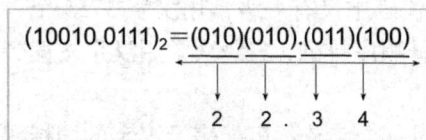

图 1-7　将二进制数转换为八进制数　　　　图 1-8　将二进制数转换为十六进制数

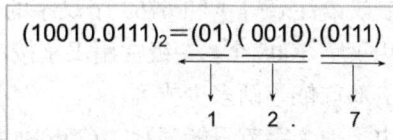

（3）将十六进制数转换为八进制数。

方法：用前面的方法先将十六进制数转换为二进制数，再将二进制数转换为八进制数。

示例：$(12.7)_{16} = (10010.0111)_2 = (22.34)_8$

3. 字符编码

字符编码就是规定用怎样的二进制数来表示字母、数字及一些专用符号。字符编码包括英文编码、中文编码、Unicode 编码等。

（1）英文编码。

字符编码的方式有很多，现今国际上最通用的单字节编码系统是美国信息交换标准代码（American Standard Code for Information Interchange，ASCII）。ASCII 码已被国际化标准组织（ISO）认定为国际标准，并在世界范围内通用。它定义了 128 个字符，其中通用控制符 34 个，阿拉伯数字 10 个，大小写英文字母 52 个，各种标点符号和运算符号 32 个，具体可在网上查阅 ASCII 码表。

一些常用字符的 ASCII 码值如下。

- 空格（space）：ASCII 码值为 32。
- 数字 0~9：ASCII 码值依次为 48~57。
- 大写 A~Z：ASCII 码值依次为 65~90。
- 小写 a~z：ASCII 码值依次为 97~122。

ASCII 码用 7 位二进制数表示一个字符。由于 $2^7=128$，因此共有 128 种不同的组合，可以表示 128 个不同的字符。通过查询 ASCII 码表可得到每一个字符的 ASCII 码值。例如，大写英文字母 A 的 ASCII 码值为 10000001，转换为十进制数为 65。在计算机内，每个字符的 ASCII 码用 1 个字节（8 位）来存放，字节的最高位为校验位，通常用 0 填充，后 7 位为编码值。例如，大写英文字母 A 在计算机内存储时的代码（机内码）为 01000001。

（2）中文编码。

ASCII 码仅对英文字母、数字和标点符号进行编码。为了在计算机内表示和处理汉字，也需要对汉字进行编码。

① 汉字信息交换码。

汉字信息交换码是用于汉字信息处理系统之间或汉字信息处理系统与通信系统之间进行信息交换的汉字代码，简称交换码或国标码。它是为了使系统、设备之间信息交换时能够采用统一的形式而制定的。

我国于 1981 年颁布了国家标准《信息交换用汉字编码字符集（基本集）》，代号为 GB2312-1980，即国标码。国标码规定了进行一般汉字信息处理时所用的 7445 个字符编码，其中包含 682 个非汉字图形符号（如序号、数字、罗马数字、英文字母、日文假名、俄文字母、汉语注音等）和 6763 个汉字的代码。汉字代码中又有一级常用汉字 3755 个，二级次常用汉字 3008 个。一级常用汉字按汉语拼音字母顺序排列，二级次常用汉字按偏旁部首排列，部首依笔画多少排列。

由于一个字节只能表示 $2^8(256)$ 种编码，显然用一个字节不可能表示汉字的国标码，因此一个国标码必须用两个字节来表示。

② 汉字输入码。

汉字输入码主要包括音码、形码，以及手写、语音录入等方法。目前，常用的汉字输入方法有通过键盘的拼音输入法、五笔输入法输入，也可以通过智能屏幕手写输入，百度、讯飞等也提供了较好的语音输入法。

（3）Unicode 编码。

扩展后的 ASCII 码表所提供的 256 个字符用来表示世界各地的文字编码还显得不够，还需要表示更多的字符和意义，因此又出现了 Unicode 编码。

Unicode 是一种 16 位的编码，能够表示 65000 多个字符或符号。目前，世界上的各种语言一般使用的字母或符号都在 3400 个左右，所以 Unicode 编码可以应用于任何一种语言。Unicode 编码与现在流行的 ASCI 码完全兼容，两者的前 256 个符号相同。

1.1.4 计算机网络与因特网

计算机网络和因特网都是现代通信中常用的术语。计算机网络是指将多台计算机互相连接，构成一组网络，实现数据和信息的传输与共享；而因特网是全球最大的、由成千上万个互联计算机组成的公共计算机网络。

下面介绍计算机网络和因特网的发展历史。

20 世纪 50 年代：有人提出使用计算机进行信息交流和共享的想法。当时，计算机主要被应用于科研和军事领域，数据传输多采用电话线或电报等方式。

20 世纪 60 年代：计算机网络的实际研究开始。美国国防部高级研究计划局（ARPA）在此时开始研究分组交换技术，以及建立互联的计算机网络。

20 世纪 70 年代：美国成立了一家专门的机构进行计算机网络研究，即 Advanced Research Projects Agency Network（ARPANET）。ARPANET 是全球第 1 个真正意义上的计算机网络，采用分组交换协议进行数据传输，成为因特网的前身。

20 世纪 80 年代：因特网的诞生。1983 年，ARPANET 正式采用 TCP/IP 协议，标志着互联网的诞生。同时，因特网的应用也开始向民用市场拓展，越来越多的个人电脑开始接入因特网。

20 世纪 90 年代：World Wide Web（WWW）的发展和应用。Tim Berners-Lee 于 1989 年发明了 WWW 技术，通过建立超文本链接和统一资源定位符等方式，用户可以利用浏览器访问和共享网页和信息资源。这一阶段的因特网的主要特点是基于 Web 技术，实现了网络应用程序的开发和应用，并涵盖了各种信息资源和服务。

21 世纪：移动互联网的发展和应用。随着移动设备的普及和移动网络的发展，移动互联网的发展逐渐成为因特网的重要发展方向。移动互联网阶段的因特网的主要特点是支持移动设备，提供移动应用程序，促进社交和本地化服务等。

1.2 了解操作系统

1.2.1 操作系统介绍

操作系统（Operating System，OS），即操作计算机的系统，是控制和管理整个计算机系统的硬件和软件资源，并合理地组织、调度计算机的工作和资源的分配，以提供给用户和其他软件方便的接口和环境的程序集合。操作系统位于硬件和应用程序之间，如图 1-9 所示，操作系统作为计算机硬件之上的第一层软件，为上层的应用程序提供了良好的应用环境，并且让底层的硬件资源高效地协作，完成特定的计算任务。由于操作系统具有良好的交互性，用户能够通过操作界面以非常简单的方式对计算机进行操作。

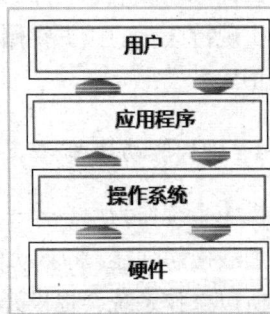

图 1-9 操作系统在计算机中的位置

1.2.2 操作系统的核心功能介绍

1. 进程管理

现代计算机系统采用多道程序技术，允许多个程序并发执行，共享系统资源。多道程序系统出现后，为了描述并发执行程序的动态特性并控制其活动状态，出现了"进程"这一概念。使用进程作为描述程序执行过程且能用来共享资源的基本单位。操作系统为进程分配合理的硬件资源，控制进程状态的转换，完成计算机并发任务的执行。

如何让不同进程合理共享硬件资源呢？首先操作系统需要保持对硬件资源的管理。操作系统通过系统调用向进程提供服务接口，限制进程直接进行硬件资源操作。如果需要执行受限操作，则进程只能调用这些系统调用接口，向操作系统传达服务请求，并将 CPU 控制权移交给操作系统。操作系统接收到请求后，调用相应的处理程序完成进程所请求的服务。

如何实现多个进程的并发执行呢？各进程需要以分时复用的方式共享 CPU。这意味着操作系统应该支持进程切换：在一个进程占用 CPU 一段时间后，操作系统应该停止它的运行并选择下一个进程来占用 CPU。为了避免恶意进程一直占用 CPU，操作系统利用时钟中断，每隔一个时钟中断周期就中断当前进程的执行，来进行进程切换。

2. 内存管理

操作系统中的程序和代码在被 CPU 调度执行之前需要先加载到内存中，当多个进程并发执行时，所有的并发进程都需要被加载到内存中，因此内存成为影响操作系统性能的关键因素。操作系统的内存管理主要用于解决并发进程的内存共享问题，通过虚拟内存、分页机制，以及利用外存对物理内存进行扩充等技术可以提高内存利用率和内存寻址效率。

3. 文件系统管理

虽然内存为操作系统提供了快速的访问能力，但因为内存的容量较为有限，一旦断电，保存在其中的数据就会丢失。所以计算机通常采用磁盘等外存来持久化地存储数据。为了简化外存的使用，操作系统将磁盘等外存抽象成文件（file）和目录（directory），并使用文件系统（file system）管理它们。操作系统具有多种物理文件系统，如 EXT4、FAT32、NTFS 等，因此用户或应用程序通过文件系统可以方便地完成 I/O 操作，将数据输入/输出到磁盘中，实现持久化的数据存储，以及对文件存储空间的管理、目录的管理和文件读/写的管理与保护。

4. 硬件驱动管理

操作系统作为用户操作底层硬件的接口，管理着计算机的各类 I/O 设备。操作系统通过可加载模块功能，将驱动程序编辑成模块以识别底层硬件，以便上层应用程序使用 I/O 设备。所以操作系统会提供开发接口给硬件厂商以制作驱动程序，而操作系统获取到硬件资源后完成设备分配、设备控制和 I/O 缓冲区管理的任务。

5. 用户交互界面

操作系统为用户提供了可交互性的环境，让用户更加容易地使用计算机。一般来说，用户与操作系统交互的接口分为命令接口和 API 接口两种。在命令接口中，用户通过输入设备或在作业中发出一系列指令，传达给计算机，使计算机按照指令来执行任务。常见的命令接口有两种，一种是追求高效的命令行界面（Command Line Interface，CLI），用户界面字符化，使用键盘作为输入工具，通过输入命令、选项、参数执行程序。MS-DOS 提供的就是字符交互方式。另一种是强调易用性的图形用户界面（Graphical User Interface，GUI），用户界面的所有元素图形化，主要使用鼠标作为输入工具，使用按钮、菜单、对话框等进行交互。Windows 采用的主要是图形交互方式。在 API 接口中，API 接口主要由系统调用（system call）组成。每一个系统调用都对应着一个在内核中实现、能完成特定功能的子程序。通过这种接口，应用程序可以访问操作系统中的资源和取得操作系统内核提供的服务。

1.2.3 常见的操作系统

操作系统有不同的交互式界面，以 DOS 为代表的 CLI 界面和以 Windows 为代表的 GUI 界面。由于 Windows 具有良好的交互性，使得 Windows 已成为个人计算机中使用度最广的桌面操作系统。除了 Windows，还有 UNIX、Linux 等多种主流操作系统。图 1-10 所示为常见的操作系统及其应用场景。

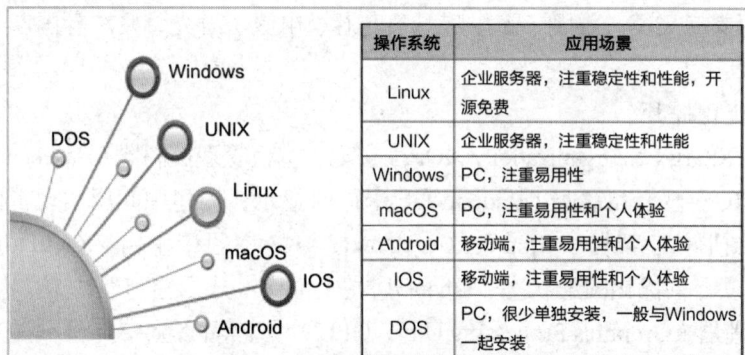

操作系统	应用场景
Linux	企业服务器，注重稳定性和性能，开源免费
UNIX	企业服务器，注重稳定性和性能
Windows	PC，注重易用性
macOS	PC，注重易用性和个人体验
Android	移动端，注重易用性和个人体验
IOS	移动端，注重易用性和个人体验
DOS	PC，很少单独安装，一般与Windows一起安装

图 1-10 常见的操作系统及其应用场景

Linux 广泛地应用于企业服务器中，注重稳定性和性能，受到广大开发者的喜爱与追捧。Linux 是一套免费使用和自由传播的类 UNIX 的操作系统，该操作系统是由全世界各地的成千上万的程序员设计和实现的。用户不用支付任何费用就可以获得其源代码，并且可以根据需求对该操作系统进行必要的修改。

此外计算机不断地向小型化发展，现在，计算机以智能手机、智能手表等移动设备的形式出现在人们的生活当中，其中 iOS 和 Android 是当前非常主流的面向移动设备的操作系统。iOS 是 Apple 公司于 2007 年发布的一款操作系统，属于类 UNIX 的商业操作系统。该操作系统目前没有开源。2008 年 9 月，Google 公司以 Apache 开源许可证的授权方式，发布了 Android 的源代码。Android 基于 Linux 内核，是专门为触屏移动设备设计的操作系统。

1.2.4 国产操作系统的发展概况

目前，国内自主研发的操作系统主要包括中标麒麟、红旗、神州、UOS、Deepin、Kylin 等。这些国产操作系统主要面向政府、军工单位、企事业单位等机构，部分操作系统也逐渐向民用市场拓展。

其中，中标麒麟系统是最早的商业化操作系统之一，具有较广泛的应用场景和客户群体。该操作系统在政府、军工单位等机构得到了广泛应用，也逐渐向教育、金融、电力等行业拓展，成为国内主流操作系统之一。

Kylin 是麒麟软件有限公司发行的简单易用、稳定高效、安全可靠的新一代图形化桌面操作系统；同源优化支持六大自主 CPU 平台；提供了经典和创新风格的用户体验，该操作简便，快速上手；针对国产平台深入优化大幅提升操作系统的稳定性和性能；软件商店提供了精选的数百款常用软件，包括麒麟系列自研应用、工具软件和第三方商业软件，同时兼容安卓原生应用，极大地丰富了 Linux 生态；提供多 CPU 平台统一的在线软件升级仓库，支持版本在线更新，适用于国防、金融、教育、财税、公安、审计、交通、医疗、制造等领域。企业坚持开放合作打造产业生态，为客户提供完整的国产化解决方案。

Kylin 是一款高安全、高可用、高性能的国产操作系统，提供了简单易用、界面友好、安全稳定的桌面操作体验，并具有良好的交互性及对软硬件的兼容性。

Kylin 具有以下优点。

（1）同源构建。

Kylin 同源支持飞腾、鲲鹏、海思麒麟、龙芯、申威、海光、兆芯等国产 CPU 和 Intel、AMD 国外 CPU。

（2）性能优化提升。

Kylin 针对 X.Org（X.Organization，XOrg）实现了基板管理控制器（Baseboard Management Controller，BMC）显卡和镭龙（Radeon）显卡同时显示，构建中间层实现了国产显卡软件栈的互兼容，图形核心架构（Graphics Core Next，GCN）显卡重构 EXA 2D 加速框架，2D 显示提升 40%以上；优化图形状态、OpenGL 指令提交方式及窗口管理器，使用 dri3 机制解决了图形处理器（Graphics Processing Unit，GPU）锁定等问题，3D 显示提升 100%以上。

（3）轻量桌面环境。

Kylin 具有统一的界面风格和操作体验，使其操作简便、上手快速、降低学习成本，满足不同人群的视觉和交互需求；基于插件模式实现系统主题、桌面、任务栏、开始菜单等桌面组件的并行加载，优化桌面图形加载速度；基于组件的桌面环境管理方式，组件之间基于高可靠进程间通信，有效提高了系统稳定性。

（4）全新软件商店。

Kylin 精选办公、开发、图形、视频等各类常用软件，集成了麒麟影音、麒麟助手、麒麟刻录等自研应用，以及搜狗输入法、金山 WPS 等合作办公软件，既支持移动应用和驱动下载，又支持 Windows 软件替换导航，具备应用搜索、在线安装、在线更新、一键卸载、评分评论、云账号同步等功能特性，并定期推送精选和适配软件。

（5）全面应用兼容方案。

Kylin 构建了高性能安卓运行环境，形成完整的国产平台安卓应用生态迁移解决方案，实现了高效的图形中间层、统一设备接口中间层、多实例多窗口化运行机制、数据共享、音视频透传、一键安装、提升安卓 App 体验和安全防护增强等功能，具有原生性、高兼容性、高融合性等特点，解决用户的多样化应用需求，将丰富、成熟的安卓生态迁移到国产平台下，目前可支持 2000 多款安卓应用（如微信、QQ、办公、股票、游戏等）。

（6）内生本质安全。

Kylin 提供了核内外一体化防护的安全体系，实现了自研麒麟安全管理工具（KylinSecure，Kysec）、沙箱（BOX）等安全机制和开源强访控制兼容管控。它既可以自动识别并阻止非法导入的软件，又可以实现私有数据不被超级用户获取；支持指纹、指静脉、人脸、虹膜和声纹等多种生物特征的认证方式等。

项目拓展

课后习题

一、选择题

1. 以下不是计算机组成中的主要部件是（　　）。
   A. 主存储器　　　　B. 输入设备　　　　C. 控制器　　　　D. 显卡

2. 以下关于 CPU 的描述不正确的是（　　）。
   A. CPU 的主频越高，处理速度越快
   B. CPU 的缓存越大，处理速度越快
   C. CPU 的位数越高，能够处理的数据越大
   D. CPU 的主频和位数没有直接的联系

3. 以下关于计算机发展历程的说法正确的是（　　）。
   A. 第一台电子计算机 ENIAC 主要使用晶体管作为电子元件
   B. 第四代计算机开始采用大规模和超大规模集成电路
   C. 第三代计算机的操作系统主要是 Windows 系列
   D. 第二代计算机已完全淘汰了第一代计算机的所有技术

4. 在计算机硬件系统中，负责存储程序和数据，且断电后数据会丢失的部件是（　　）。
   A. 硬盘　　　　　　B. 内存　　　　　　C. U 盘　　　　　　D. 光盘

5. 以下关于操作系统的描述错误的是（　　）。
   A. 操作系统是计算机系统的核心软件，负责管理硬件资源和软件资源
   B. Windows 是开源的，用户可以自由修改和分发
   C. Linux 具有开源、免费、稳定等特点，广泛应用于服务器领域
   D. 麒麟、统信 UOS 等国产操作系统在安全性、兼容性等方面不断提升

二、填空题

1. Kylin 包括_____和_____两个版本。

2. Kylin 是基于_____内核。

3. 在安装 Kylin 的硬件要求中，主内存至少需要_____GB。

项目 2

系统配置与管理

项目学习目标

◎ **知识目标：**

（1）了解 Kylin 上用户创建与管理的基本流程。

（2）掌握磁盘管理的基础知识，包括分区编辑器的基本操作、磁盘分区的类型与特点、磁盘数据的管理方法。

（3）了解有线网络连接的基本原理与配置流程，包括有线网络硬件的识别与连接、网络参数的设置与调整。

◎ **能力目标：**

（1）能够独立完成计算机本地用户账户的添加与登录操作，确保新用户可以顺利访问系统资源。

（2）熟练掌握账户信息的修改方法，包括用户名、密码、账户类型等关键信息的调整，以满足不同用户的需求。

（3）有效管理磁盘数据，包括备份、恢复、清理无用数据等，以提高磁盘的存储效率和数据安全性。

（4）能够开启并设置有线网络功能，确保计算机可以稳定地连接到有线网络，实现数据的传输与共享。

◎ **素质目标：**

（1）通过系统配置与管理的实践，培养学生细致入微的工作态度，确保每一步操作都准确无误，避免对系统造成损害。

（2）在解决用户账户与磁盘管理问题的过程中，锻炼学生的逻辑思维能力和问题解决能力，能够迅速找到问题的根源并给出有效的解决方案。

（3）培养学生持续学习和自我提升的意识，关注新技术和新工具的发展，不断提升自己的系统配置与管理技能。

（4）在有线网络连接配置过程中，树立学生的安全意识，了解网络安全的基本知识与防护措施，确保网络连接的安全与稳定。

■ 思维导图

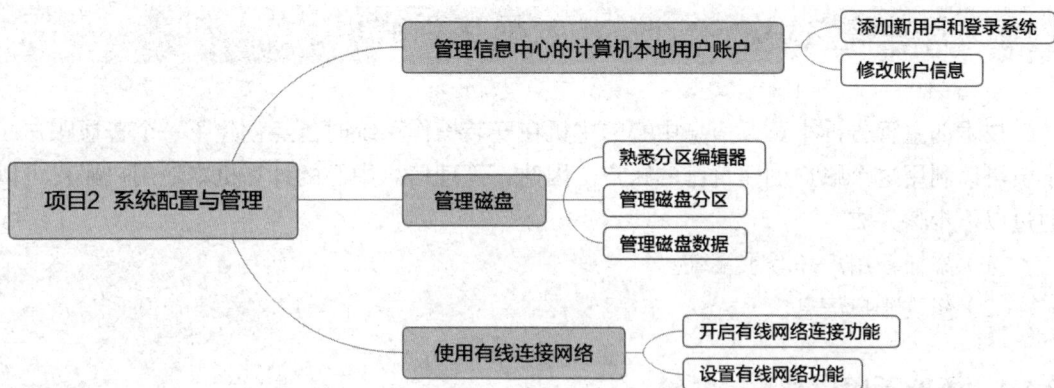

■ 项目描述

最近，Jan16 公司的技术部门入职了一名实习生小黄，该公司希望小黄能够快速熟悉并掌握信息中心办公网络的管理和维护。信息中心办公网络的拓扑结构如图 2-1 所示，PC1、PC2、PC3 均采用国产鲲鹏主机，且安装了 Kylin。目前，信息中心的主机需要进行基本的系统配置和管理，技术部主管决定让小黄在信息中心创建本地用户账户，除此之外，还要对磁盘进行管理及使用有线连接网络。

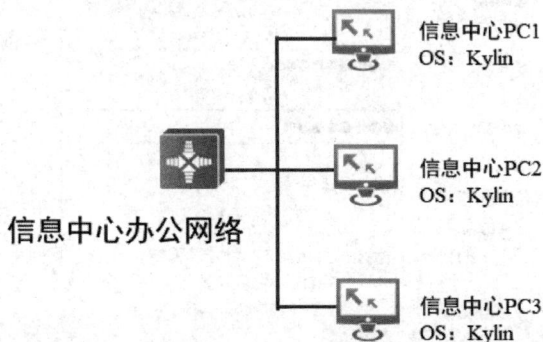

图 2-1　Jan16 公司信息中心办公网络的拓扑结构

■ 项目分析

Jan16 公司信息中心办公网络的 PC1、PC2、PC3 均采用国产鲲鹏主机，且安装了 Kylin，因此在本项目中，小黄对信息中心办公网络的系统配置和管理需要完成以下工作任务。

（1）管理信息中心的计算机本地用户账户。

（2）管理磁盘。

（3）使用有线连接网络。

相关知识

2.1　管理信息中心的计算机本地用户账户

技术部主管告诉小黄，信息中心的主机在安装操作系统时已经创建了一个普通账户，小黄可以利用这个账户创建自己的账户。因此，管理信息中心的计算机本地用户账户可以通过以下步骤完成。

（1）添加新用户和登录系统。

（2）修改账户信息。

2.1.1　添加新用户和登录系统

（1）在"开始"界面中，单击右下角的"设置"图标 ⚙，打开"设置"界面，单击"账户"→"账户信息"→"添加"选项，在"新建用户"对话框中输入用户名、用户昵称、密码及确认密码，选择账户[①]类型为"管理员"，单击"确定"按钮，如图 2-2 所示（需要注意的是，用户名首字母必须小写）。

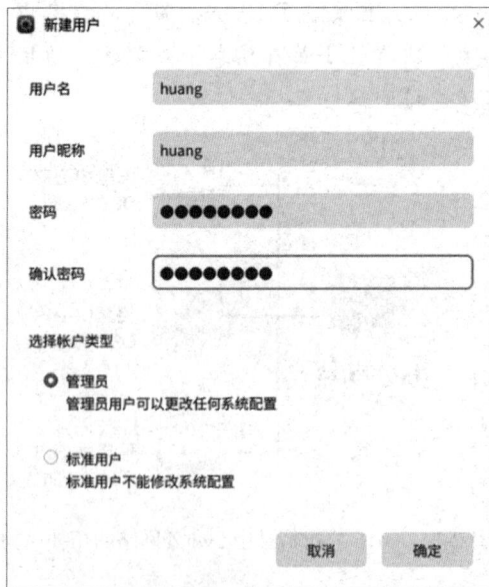

图 2-2　设置"新建用户"对话框

[①] 软件图中"帐户"的正确写法应为"账户"。

（2）在打开的"授权"对话框中，提示需要输入当前管理员的账户密码，如图 2-3 所示，验证成功后新账户就会添加到账户列表中，结果如图 2-4 所示。

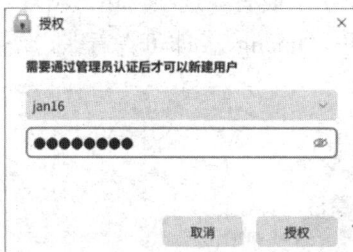

图 2-3　管理员授权

图 2-4　添加新账户

（3）注销计算机，系统进入登录界面，如图 2-5 所示，选择"huang"用户，并在密码文本框中输入账户的密码进行登录。

图 2-5　系统登录界面

2.1.2　修改账户信息

（1）在"开始"菜单中，单击"设置"选项，在"设置"界面中单击"账户"→"账户信息"选项，单击当前登录账户"huang"，即可查看账户信息，如图 2-6 所示。

图 2-6　查看账户信息

（2）在当前用户界面中，单击账户旁边的 ✎ 图标，在打开的"修改用户昵称"对话框中，可以对用户名进行修改，如图 2-7 所示。

（3）在当前用户界面中，如图 2-8 所示，单击账户名称左侧头像图标，系统打开若干个头像，选择一个头像或添加本地图片，可以替换用户头像。

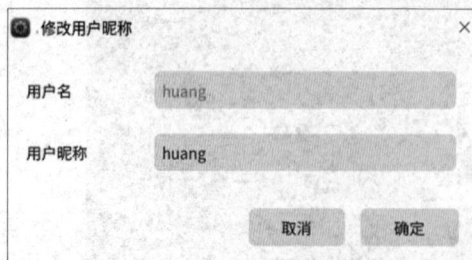

图 2-7　修改用户名

图 2-8　修改用户头像

（4）在当前用户界面中，单击"修改密码"选项，如图 2-9 所示，打开"修改密码"对话框，可以修改用户密码。

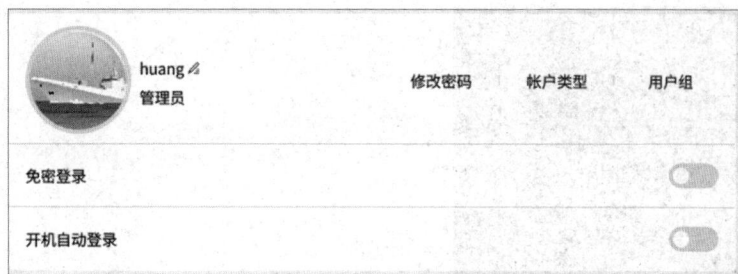

图 2-9　单击"修改密码"选项

（5）在"修改密码"对话框中输入当前密码、新密码及确认新密码，单击"确定"按钮，即可完成用户密码修改，如图 2-10 所示（需要注意的是，用户只能修改自己账户的密码，不能修改其他用户的密码）。

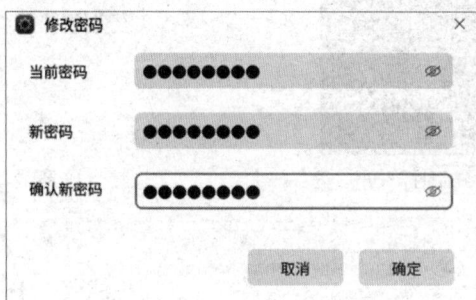

图 2-10　修改用户密码

2.2　管理磁盘

分区编辑器是一款管理磁盘的工具，可以帮助用户进行磁盘的分区管理、磁盘的数据管理及磁盘的健康管理。小黄学习运用分区编辑器对信息中心的计算机进行磁盘管理，可以通过以下步骤实现。

（1）熟悉分区编辑器。

（2）管理磁盘分区。

（3）管理磁盘数据。

2.2.1　熟悉分区编辑器

（1）运行磁盘管理器。单击任务栏上的"开始"图标，在"开始"界面的搜索框中输入"分区编辑器"，找到"分区编辑器"选项，单击图标，即可运行分区编辑器，如图 2-11所示。

（2）授权登录分区编辑器。在打开的"授权"对话框中输入当前系统管理员的登录密码进行认证，如图 2-12 所示，即可进入"分区编辑器"窗口，如图 2-13 所示。

（3）关闭分区编辑器。在"分区编辑器"窗口中，单击"分区编辑器"→"退出"选项即可关闭分区编辑器，如图 2-14 所示。

图 2-11　单击图标

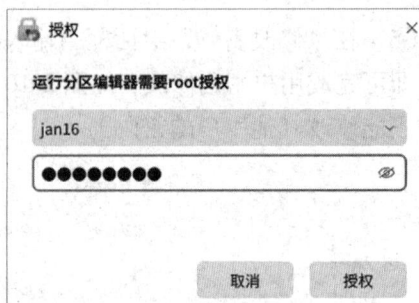

图 2-12　管理授权

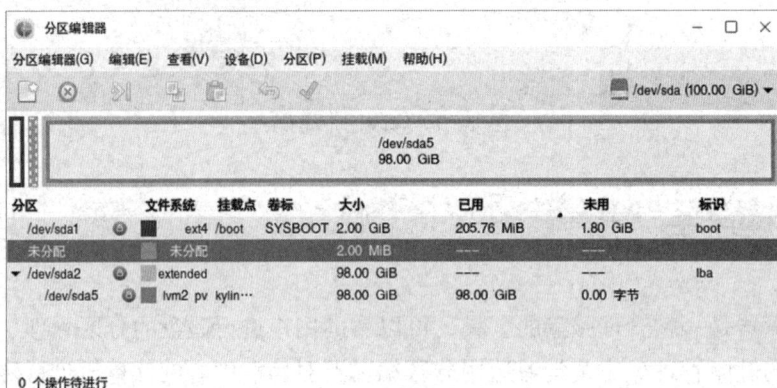

图 2-13　"分区编辑器"窗口

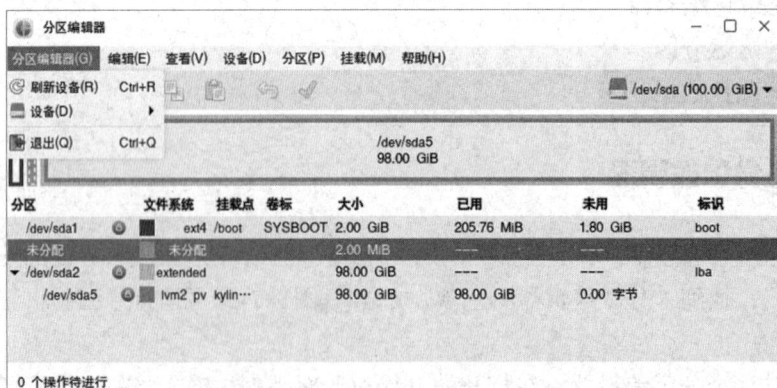

图 2-14　关闭分区编辑器

（4）查看磁盘信息。在"分区编辑器"窗口中，单击"查看"→"设备信息"选项，可以打开"设备信息"界面，如图 2-15 所示，通过该界面来查看磁盘信息。

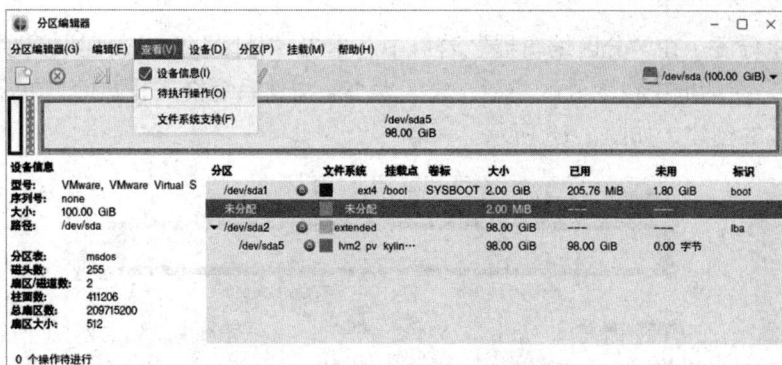

图 2-15 "设备信息"界面

（5）查看分区界面信息。在打开的"设备信息"界面中，双击对应的磁盘或右击选中的磁盘，在弹出的快捷菜单中单击"信息"选项，即可查看设备信息、型号、大小及路径等信息（以/dev/sda5 为例），如图 2-16 所示。

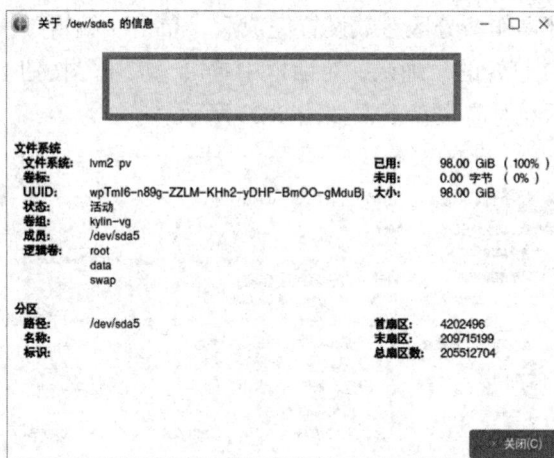

图 2-16 查看分区界面信息

（6）更换硬盘设备。单击"分区编辑器"→"设备"选项，即可更换硬盘设备，如图 2-17 所示。

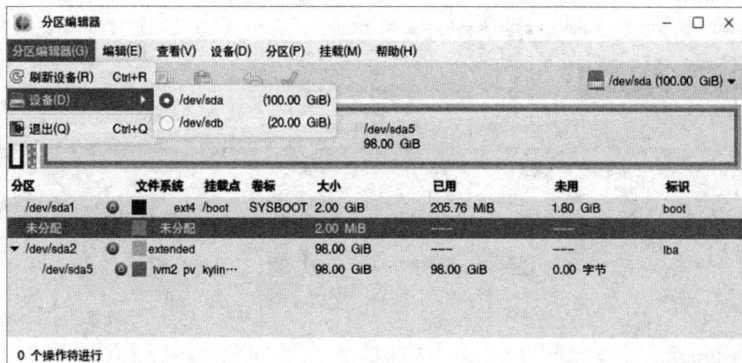

图 2-17 更换硬盘设备

2.2.2　管理磁盘分区

（1）新建分区。在"分区编辑器"窗口中，单击"分区"→"新建"选项，在打开的"创建新分区"对话框中设置分区类型、分区大小、文件系统格式和卷标，单击"添加"按钮，完成分区的创建，如图 2-18 所示。

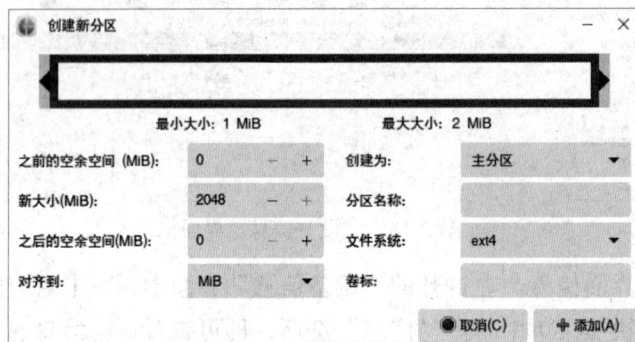

图 2-18　创建分区

（2）执行应用全部操作。分区参数设置完成后，单击"编辑"→"应用全部操作"选项，如图 2-19 所示，在打开的"确认"对话框中单击"应用"按钮，系统才会执行分区操作，新建的分区会显示在对应磁盘下，如图 2-20 所示。

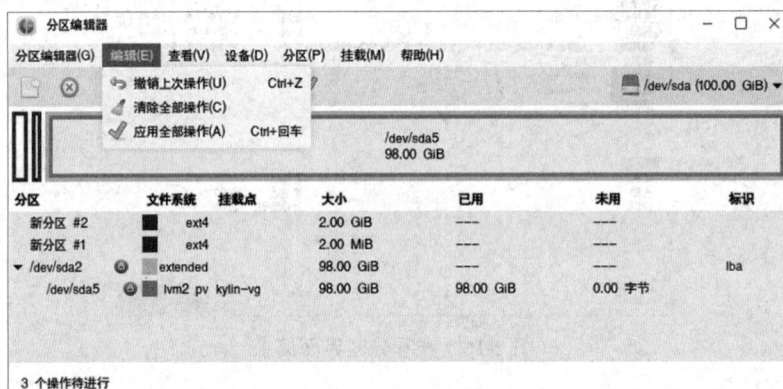

图 2-19　单击"应用全部操作"选项

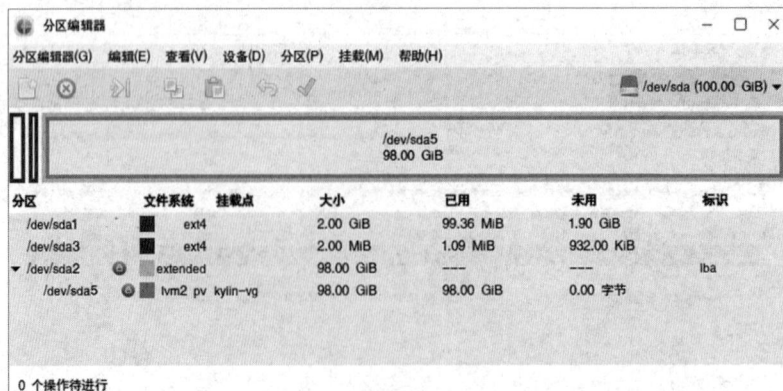

图 2-20　完成新建分区

（3）删除分区。完成新建分区后，可以右击该分区，在弹出的快捷菜单中单击"删除"选项，即可删除分区。

（4）格式化分区。在新建分区的过程中会自动格式化该分区。如果想要正常使用新建分区，则需要手动挂载（如果填写了卷标，则系统会自动进行挂载）。

（5）调整磁盘大小。在"分区编辑器"窗口，选中需要调整磁盘大小的分区并右击，在弹出的快捷菜单中单击"更改大小/移动"选项即可，如图 2-21 所示。

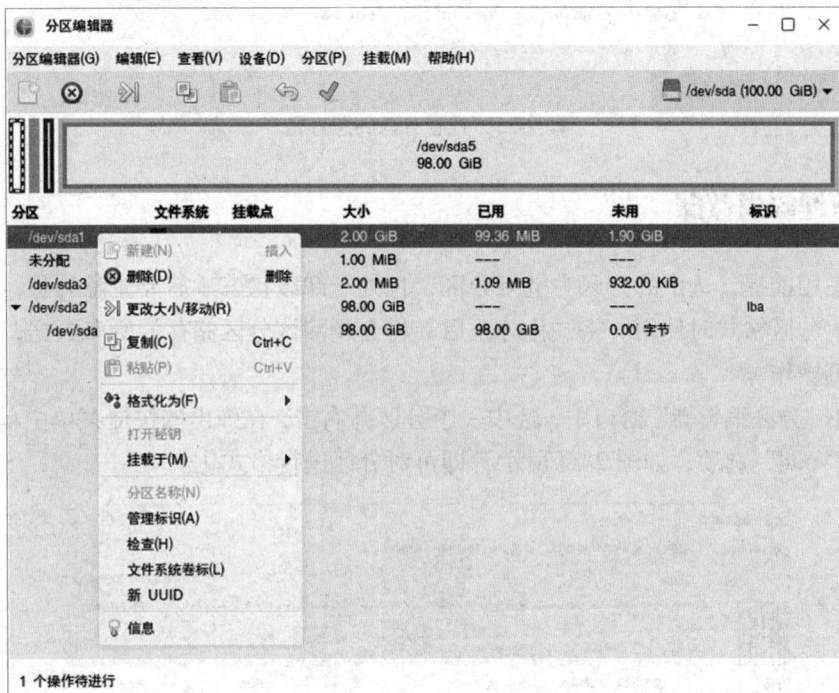

图 2-21　单击"更改大小/移动"选项

（6）设置磁盘扩容大小。在"调整大小/移动"对话框中，设置磁盘扩容大小，单击"调整大小/移动"按钮即可，如图 2-22 所示。

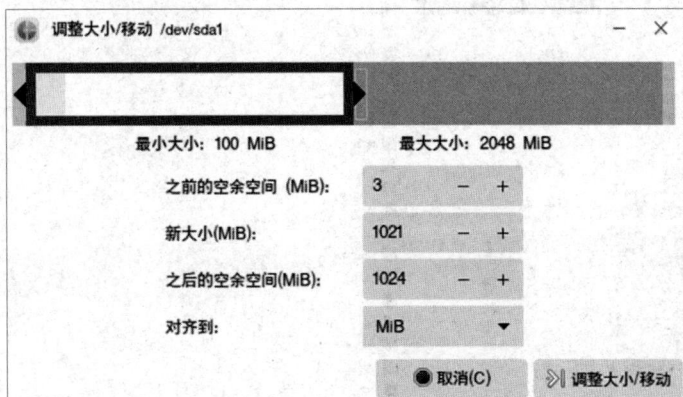

图 2-22　设置磁盘扩容大小

（7）完成磁盘分区。磁盘扩容完成后，可以查看分区的总容量，如图 2-23 所示。

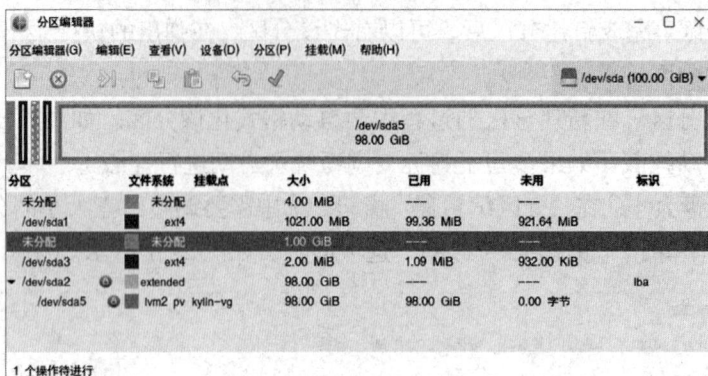

图 2-23　查看分区的总容量

2.2.3　管理磁盘数据

（1）使用前提，选中的分区为空闲分区，且处于卸载状态（需要注意的是，格式化主要是在更改分区格式时使用。格式化分区后，将会删除该分区储存的所有数据，且无法撤销，请谨慎操作）。

（2）在"分区编辑器"窗口中，选中一个分区并右击，在弹出的快捷菜单中单击"格式化为"→"ext4"选项，如图 2-24 所示，即可对分区进行格式化。

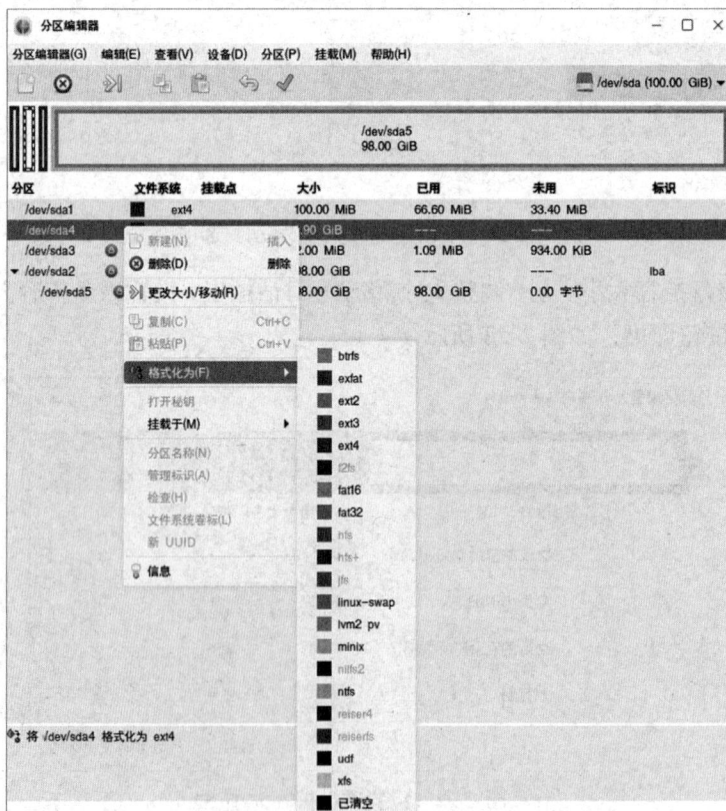

图 2-24　单击"ext4"选项

（3）设置分区挂载点。在"分区编辑器"窗口中，单击"挂载"→"添加挂载点"选项，在打开的"输入挂载点"对话框的"挂载点"文本框中输入"/mnt2"，如图 2-25 所示，单击"确定"按钮，即可设置分区挂载点。

图 2-25 设置分区挂载点

（4）设置了分区挂载点后，单击"开始"→"终端"选项，需要使用命令行创建一个可以承载挂载点的目录文件夹，如图 2-26 所示（需要注意的是，如果创建了新的挂载点后，没有创建对应的挂载目录文件夹，则系统提示无法将分区挂载到该挂载点）。

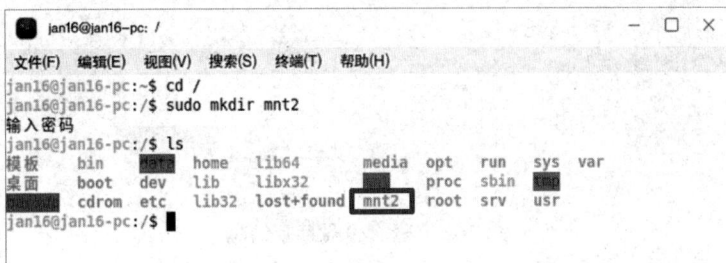

图 2-26 创建承载挂载点的目录文件夹

（5）选中要挂载的磁盘并右击，在弹出的快捷菜单中单击"挂载于"→"/mnt2"选项，如图 2-27 所示，完成对分区的挂载。

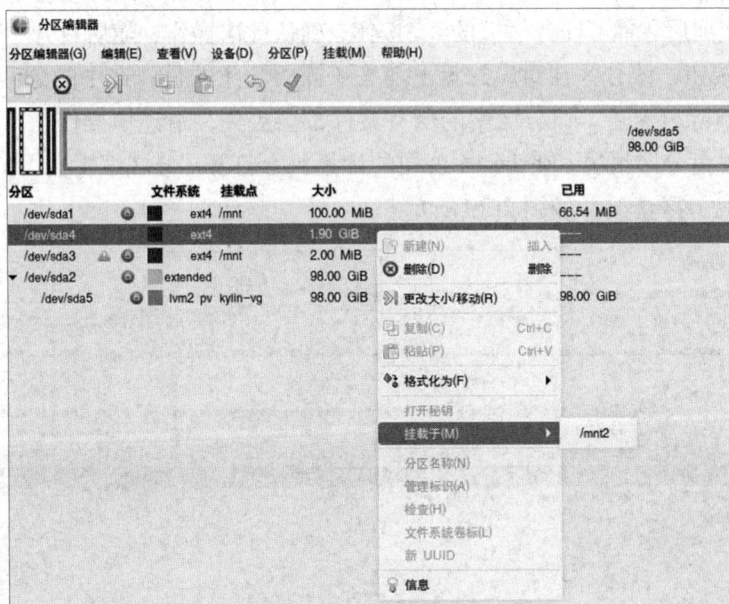

图 2-27 单击"/mnt2"选项

（6）在完成对分区的挂载后，双击磁盘，即可查看磁盘挂载信息，如图 2-28 所示。

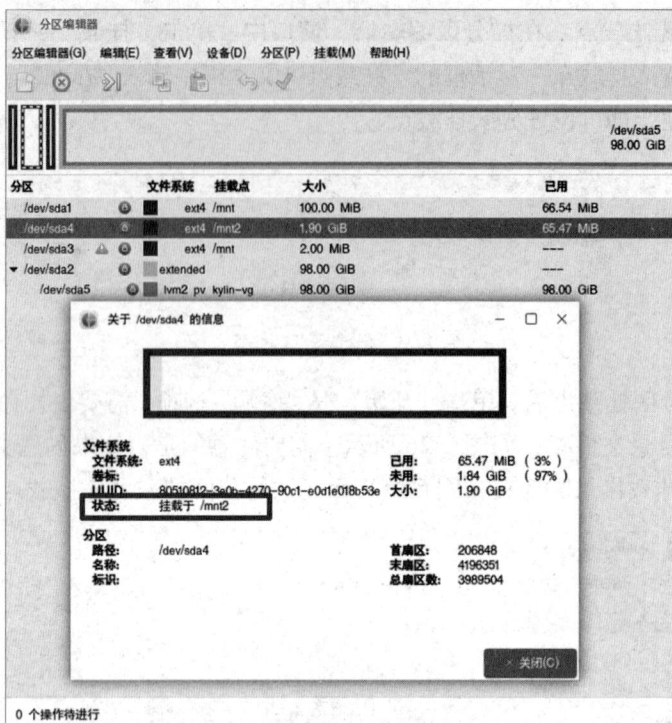

图 2-28　查看磁盘挂载信息

（7）卸载分区。如果想要修改分区的挂载点，则先卸载分区，再重新挂载。分区卸载的操作步骤为：在"分区编辑器"窗口中，选中一个分区并右击，在弹出的快捷菜单中单击"卸载"选项即可。

（8）删除分区。在"分区编辑器"窗口中，选中一个分区并右击，在弹出的快捷菜单中单击"删除"选项后，单击任务栏上的 ✓ 按钮，确认此次操作，随后打开"确认"对话框，单击"应用"按钮，该分区在对应磁盘下消失（需要注意的是，选中的分区处于卸载状态是使用前提。删除分区后，该分区中的所有文件都会丢失，请谨慎操作）。

（9）查看磁盘分区情况。在 Jan16 公司的计算机上打开"分区编辑器"窗口，可以查看磁盘数据和磁盘分区情况，如图 2-29 所示。

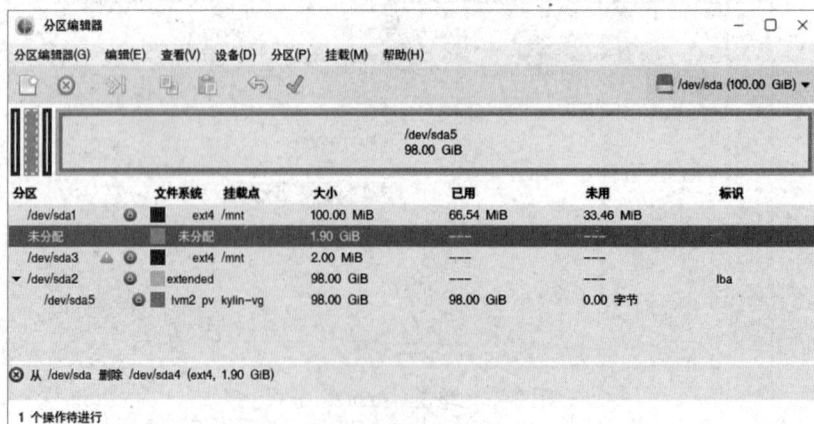

图 2-29　查看磁盘数据和磁盘分区情况

2.3　使用有线连接网络

Jan16 公司 Kylin 桌面设置完成之后，用户需要连接网络才能接收邮件、浏览新闻、下载文件，以及进行聊天、网上购物等操作。有线网络的特点是安全、快速、稳定，是较常见的网络连接方式。小黄通过以下步骤完成 Kylin 有线网络连接。

（1）开启有线网络连接功能。

（2）设置有线网络功能。

2.3.1　开启有线网络连接功能

（1）将网线的一端插入计算机上的网络接口，将网线的另一端插入路由器或网络端口。

（2）单击任务栏中的计算机图标，即可看到相关的网络连接，单击"有线连接 1"按钮，即可连接"有线连接 1"，如图 2-30 所示。当网络连接成功后，桌面右上角将弹出"连接有线网络成功"提示信息。

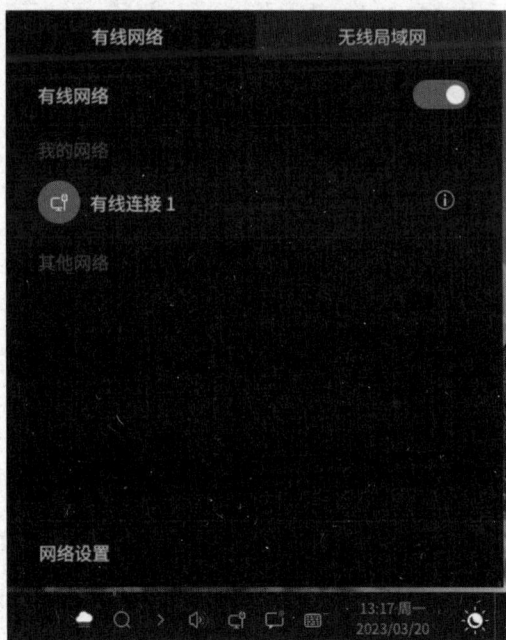

图 2-30　单击"有线连接 1"按钮

2.3.2　设置有线网络功能

（1）打开"设置"窗口，单击"网络"选项，如图 2-31 所示。

（2）在"网络"界面，可以对有线网络、无线局域网、代理、VPN 进行相关配置，如图 2-32 所示。

（3）用户可以编辑已有网络连接，或者新增网络连接。单击"高级设置"按钮，打开"网络连接"对话框，如图 2-33 所示，即可编辑相关的网络连接。

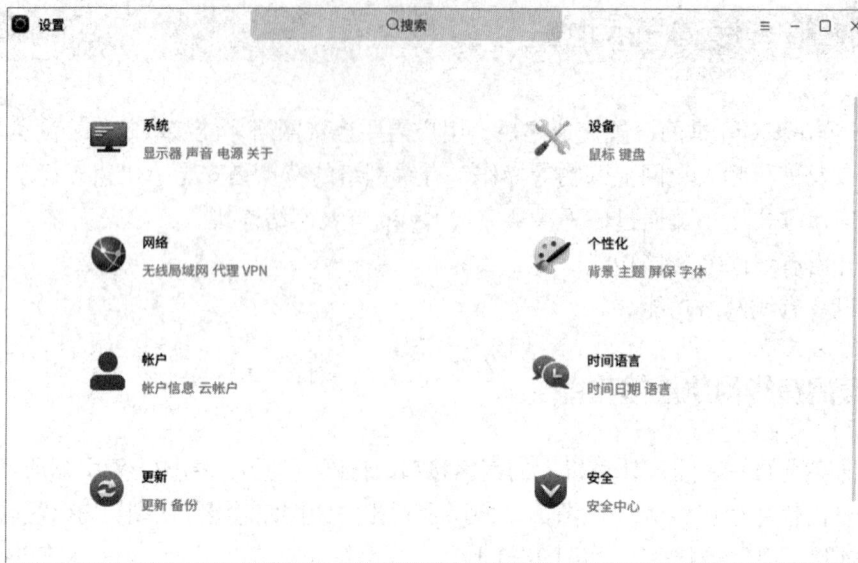

图 2-31 单击"网络"选项

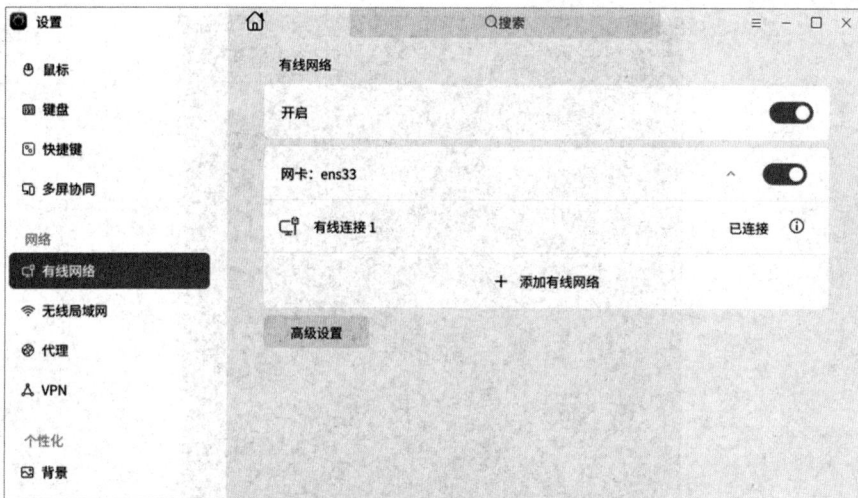

图 2-32 "网络"界面

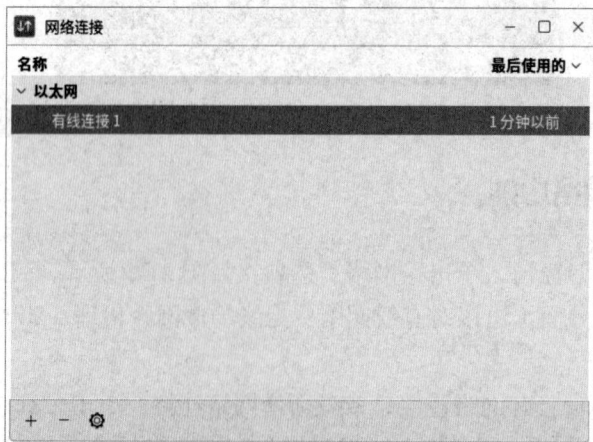

图 2-33 "网络连接"对话框

（4）单击 + 按钮，即可添加新的网络连接，在配置前需要选择网络类型，默认选择"以太网"，单击"新建"按钮，进入新的网络连接编辑界面。"正在编辑 以太网连接 1"对话框的菜单栏中有"常规"、"以太网"、"802.1X 安全性"、"DCB"、"代理"、"IPv4 设置"与"IPv6 设置"等选项，如图 2-34 所示；根据用户需求进行配置，完成后单击"保存"按钮即可添加新网络，如图 2-35 所示。

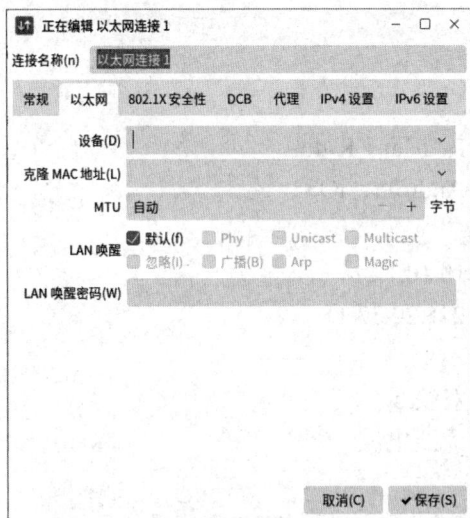

图 2-34 "正在编辑以太网连接 1"对话框

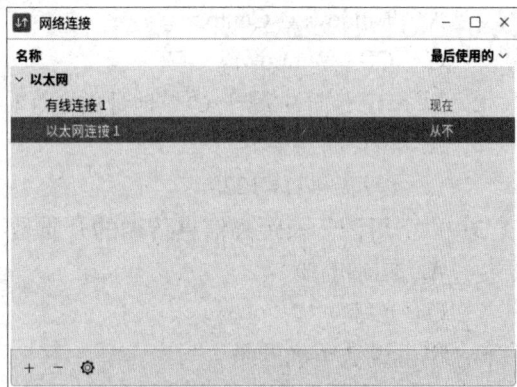

图 2-35 添加新网络

（5）在实施过程中，如果不小心把网络地址设置错了，则单击 − 按钮，即可删除相关的网络连接，选中"以太网连接 1"选项，单击 − 按钮，在打开的提示对话框中单击"删除"按钮，即可删除"以太网连接 1"的网络连接，如图 2-36 所示。

图 2-36 单击"删除"按钮

（6）设置好有线网络连接后，在终端使用"ping"命令测试连接百度网站以确认 Kylin能否正常连接网络，如图 2-37 所示。

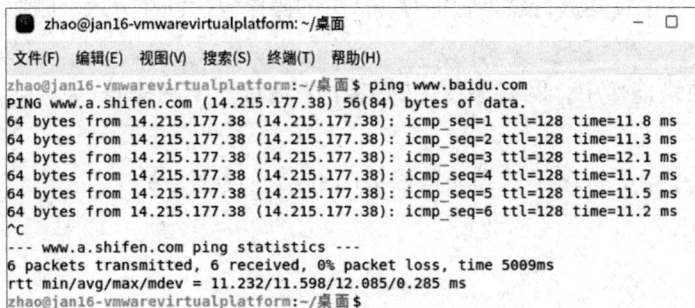

图 2-37 使用"ping"命令测试网络连接

项目拓展

课后习题

一、选择题

1. 以下使用相同内核的操作系统是（　　）。
   A. Windows、Centos　　　　B. RedHat、Kylin
   C. iOS、Windows　　　　　D. Android、iOS

2. 以下 IP 地址中属于 C 类地址的是（　　）。
   A. 141.0.0.0　　　　　　B. 10.10.1.2
   C. 197.234.111.123　　　D. 225.22.33.11

3. 以下可用于长距离信息传输的介质是（　　）。
   A. 同轴电缆　　　　　　B. 双绞线
   C. 光纤　　　　　　　　D. 无线电波

4. 以下说法正确的是（　　）。
   A. 1 个硬盘只有 1 个扩展分区　　B. 1 个扩展分区只有 1 个逻辑分区
   C. 1 个硬盘最多可以有 3 个主分区　D. 1 个硬盘必须要有 1 个扩展分区

5. 以下说法正确的是（　　）。（多选题）
   A. 格式化不会导致磁盘中的文件被清除
   B. /user 目录用于存放普通用户的数据
   C. /etc 目录用于存放各种配置文件
   D. 用户将磁盘格式化之后可以立即使用
   E. /dev 目录用于存放设备文件
   F. 格式化可以把分区格式化成不同的文件系统

二、填空题

1. 在 Kylin 中，创建用户时需要设置用户名、密码和_____等基本信息。
2. 磁盘分区类型主要有主分区、扩展分区和_____。
3. 在使用分区编辑器进行磁盘管理时，常见的操作包括创建分区、删除分区和_____等。
4. 在有线网络连接中，网络参数主要包括 IP 地址、子网掩码、_____和 DNS 服务器地址。
5. 在 Kylin 中，有线网络硬件通常包括网卡、_____等。

三、实训题

1. 项目背景

在"双 11"期间，小张买了一台计算机。首先，他想要在这台已经安装了 Kylin 的计算机上创建一个自己的账户并修改昵称和头像。然后，他想把 512GB 的硬盘分成 3 个区，第 1 个分区命名为系统盘，分配的容量大小为 100GB；第 2 个分区命名为软件盘，分配的容量大小为 200GB；第 3 个分区命名为文件盘，分配的容量大小为 200GB。最后，他想要通过有线连接网络。

2．项目要求

（1）根据项目背景的描述，帮小张创建一个账户，并修改相关的账号信息，截取账户信息的截图。

（2）根据项目背景的描述，对计算机上 512GB 的硬盘进行相应的操作，截取最终的磁盘分区截图。

（3）开启有线网络连接功能，截取有线网络设置界面。

（4）网络连接成功后，截取"连接有线网络成功"提示信息。

项目 3

应用软件的安装与管理

项目学习目标

◎ **知识目标：**

（1）了解应用软件安装的基本流程，包括获取安装包、执行安装程序、配置安装选项等步骤。

（2）掌握常见应用软件的卸载与清理方法，确保系统资源的合理分配与利用。

（3）熟悉应用软件更新与升级的重要性，了解版本更新带来的新功能和安全修复。

◎ **能力目标：**

（1）能够根据实际需求，选择合适的应用软件进行安装，并正确配置软件参数，确保软件能够正常运行。

（2）掌握应用软件的基本操作与管理技巧，如创建快捷方式、设置开机自启、管理后台进程等，以提高工作效率。

（3）掌握 WPS、微信等常用办公软件的安装、配置与管理方法。

◎ **素质目标：**

（1）通过应用软件安装与管理的实践过程，培养学生细心、耐心的品质，确保每一步操作都准确无误。

（2）在应用软件的选择与使用过程中，学生要树立对应用软件的正版意识，尊重知识产权，遵守相关法律法规。

（3）培养学生自我学习和解决问题的能力，面对新的应用软件或复杂的软件问题时，能够主动寻求解决方案，不断提升自己的技能水平。

思维导图

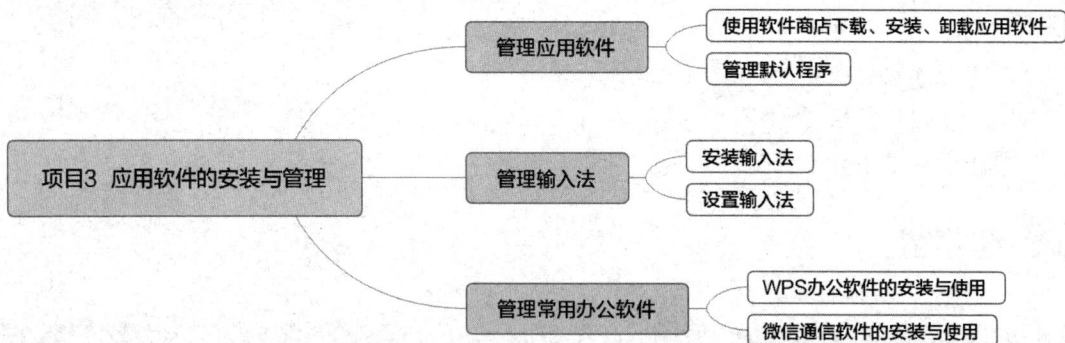

项目描述

Jan16 公司信息中心由黄工、赵工和宋工 3 位工程师组成，其组织架构如图 3-1 所示。

图 3-1　Jan16 公司信息中心的组织架构

Jan16 公司信息中心办公网络的拓扑结构如图 3-2 所示，PC1、PC2、PC3 均采用国产鲲鹏主机，已经安装 Kylin 并完成了网络配置。

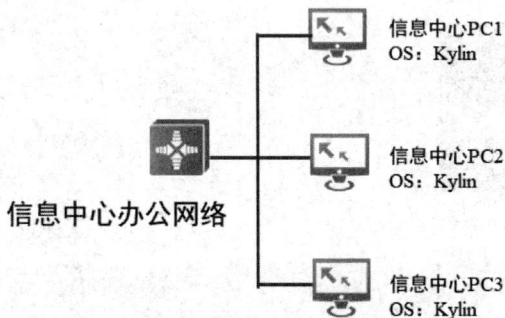

图 3-2　Jan16 公司信息中心办公网络的拓扑结构

为了能更好地进行日常办公，对 PC1、PC2、PC3 均要进行常用软件的安装与配置，需要下载、安装并设置应用程序，能够进行输入法的设置、安装并使用常见的办公软件等。

▌项目分析 ∥

本项目需要信息中心工程师熟悉软件管理的方法，下载、安装并管理各种应用程序，主要涉及以下工作任务。

（1）管理应用软件。

（2）管理输入法。

（3）管理常用办公软件。

▌相关知识 ∥

3.1　管理应用软件

Jan16 公司员工的计算机上都需要装一些常用应用软件来方便日常办公，因此对应用软件的管理就显得非常重要。Kylin 预装的软件商店就可以满足员工下载、安装、卸载应用软件的需要。

Jan16 公司办公计算机管理应用软件可以通过以下步骤实现。

（1）使用软件商店下载、安装、卸载应用软件。

（2）管理默认软件。

3.1.1　使用软件商店下载、安装、卸载应用软件

（1）打开软件商店。单击任务栏上的"软件商店"图标 ，即可打开"软件商店"窗口，如图 3-3 所示。

图 3-3　"软件商店"窗口

（2）搜索应用软件。软件商店自带搜索功能，支持文字搜索方式。在"软件商店"窗口，单击"搜索"按钮 🔍，在打开的搜索框中输入关键字，可以进行应用软件搜索。搜索框下方将自动显示包含该关键字的所有应用软件，如图 3-4 所示。

图 3-4　搜索应用软件

（3）安装应用软件。软件商店提供一键式的应用软件下载和安装，无须手动处理。在下载和安装应用软件的过程中，可以进行暂停、删除等操作，还可以查看当前应用软件下载和安装的进度。

（4）下载应用软件。在"软件商店"窗口，当鼠标指针悬停在应用软件的图标或名称上时，单击"下载"按钮，即可下载并安装该应用软件，如图 3-5 所示。

图 3-5　下载和安装应用软件

（5）单击"我的"选项，可以查看"正在下载"、"应用更新"、"应用卸载"与"历史安装"的相关信息，即查看当前应用软件的安装进度，如图 3-6 所示。

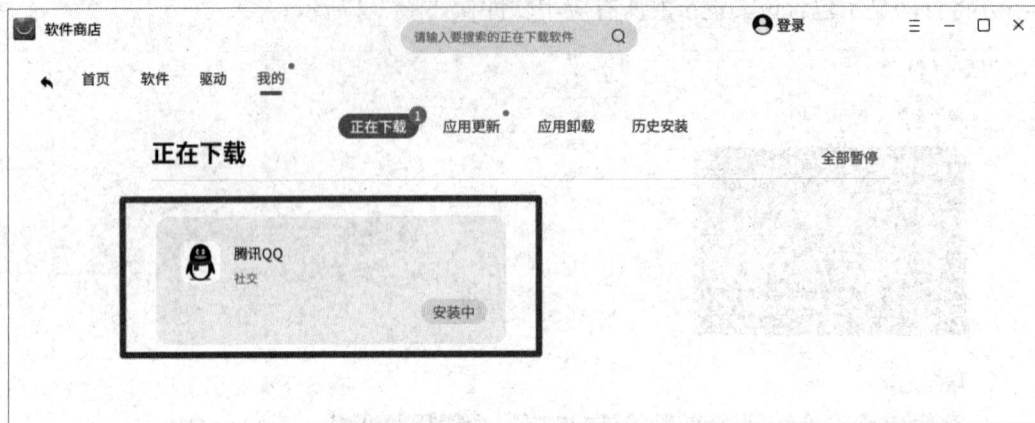

图 3-6　查看当前应用软件的安装进度

（6）安装完之后，应用软件就会显示在"历史安装"界面中，或者在桌面也可以查看到该应用软件的图标，如图 3-7 所示。

图 3-7　在"历史安装"界面显示已成功安装的应用软件

（7）卸载应用软件。对于不再使用的应用软件，可以将其卸载，以节省硬盘空间。可以通过软件商店卸载，具体步骤是：在"软件商店"窗口，单击"应用卸载"选项，选择相关的应用软件，单击"卸载"按钮后，在打开的"提示"对话框中单击"确定"按钮，即可删除应用软件，如图 3-8 所示。如果想要重新下载，可以在"历史安装"界面中进行搜索安装。

图 3-8　卸载应用软件

3.1.2　管理默认程序

（1）更改默认程序有两种方法，可以通过右键快捷菜单更改，或者通过设置中心更改。本项目通过设置中心更改默认程序。

（2）在设置中心首页，单击"系统"→"默认应用"选项，打开"默认应用"界面，在该界面即可查看当前的默认程序，单击 ∨ 按钮，即可查看或选择其他应用软件作为默认程序，如图 3-9 所示。

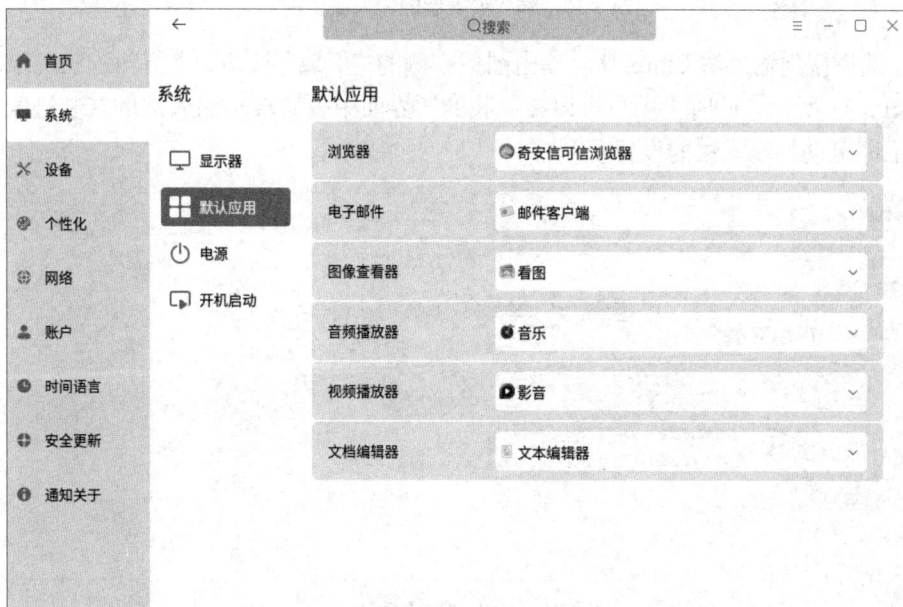

图 3-9　设置默认程序

3.2　管理输入法

　　虽然 Kylin 内置的输入法可以满足部分员工的办公需求，但是还有一部分员工希望安装更符合自己习惯的输入法，这时就可以通过安装其他第三方输入法来满足这部分员工的需求。

　　要完成 Kylin 输入法管理，可以通过以下步骤实现。

　　（1）安装输入法。

　　（2）设置输入法。

3.2.1　安装输入法

　　（1）在任务栏单击"软件商店"图标，打开"软件商店"窗口。在搜索框输入要安装的输入法名称（如搜狗输入法），如图 3-10 所示。

图 3-10　输入要安装的输入法名称

　　（2）选择搜狗输入法 Linux 版，单击图标右侧的"下载"按钮，进行输入法的下载与安装，如图 3-11 所示。此时，用户可以在"我的"界面中查看搜狗输入法的安装进度，安装完之后，即可进行输入法的设置。

图 3-11　输入法的下载与安装

3.2.2　设置输入法

输入法配置应用程序可通过以下方式打开。

（1）右击任务栏托盘上的输入法按钮 ，在弹出的快捷菜单中单击"配置"选项，如图 3-12 所示，打开"输入法配置"对话框，如图 3-13 所示。

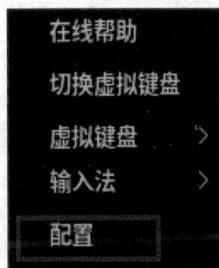

图 3-12　单击"配置"选项　　　　　　图 3-13　"输入法配置"对话框

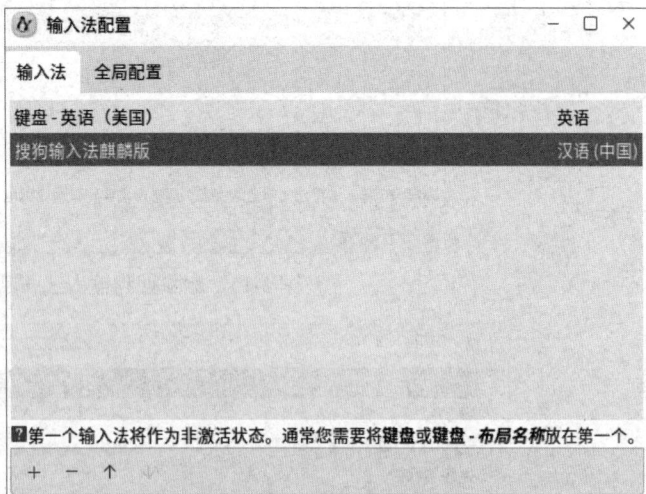

（2）在"输入法配置"对话框中，可以添加、删除、调整输入法的上下顺序，操作方法是：在"输入法配置"对话框中选中"搜狗输入法麒麟版"，如图 3-14 所示，单击 − 按钮，即可删除该输入法，在切换输入法时被删除的输入法将不会出现，如图 3-15 所示。

（3）如果后续还想使用已经被删除的输入法，则可以单击 + 按钮，在打开的"添加输入法"对话框中选中"搜狗输入法麒麟版"，如图 3-16 所示，单击"确认"按钮，即可将输入法添加到"输入法配置"对话框中，重新启用该输入法。

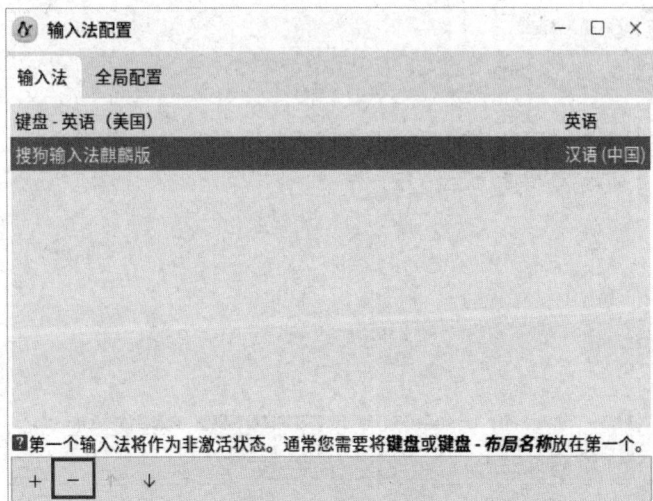

图 3-14　选中"搜狗输入法麒麟版"（1）

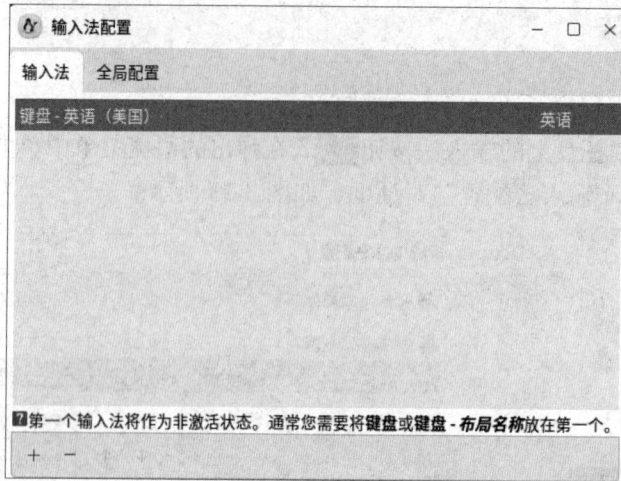

图 3-15　删除搜狗输入法麒麟版

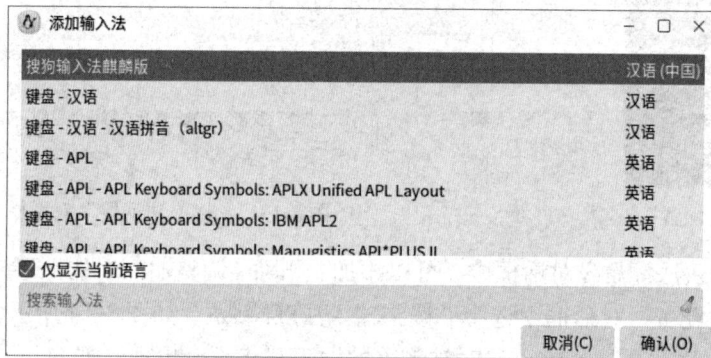

图 3-16　选中"搜狗输入法麒麟版"（2）

（4）在"输入法配置"对话框中选中"搜狗输入法麒麟版"，单击 ↑ 按钮或 ↓ 按钮，即可调整该输入法在列表中的顺序，如图 3-17 所示。

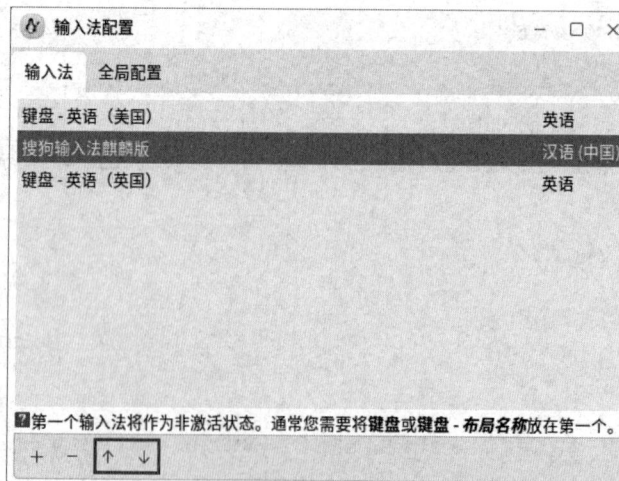

图 3-17　调整输入法在列表中的顺序

（5）在"输入法配置"对话框中，单击"全局配置"选项，可以根据个人操作习惯在

"全局配置"界面设置输入法快捷键和程序的相关选项，如图 3-18 所示。

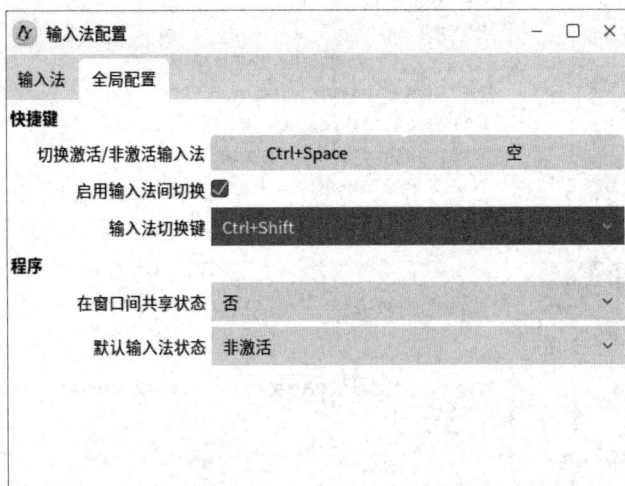

图 3-18　"全局配置"界面

（6）单击搜狗输入法"设置"图标，如图 3-19 所示，在打开的"属性设置"对话框中单击"外观"选项，打开"外观"界面，在该界面即可设置搜狗输入法界面的使用皮肤、更换颜色、更换字体和字体大小，如图 3-20 所示。

图 3-19　单击"设置"图标

图 3-20　搜狗输入法的外观设置

（7）在"属性设置"对话框中单击"高级"选项，打开"高级"界面，在该界面可以根据个人习惯配置快捷键、其他设置和辅助功能等。修改完之后，单击"应用"按钮或"确定"按钮完成设置，如图 3-21 所示。

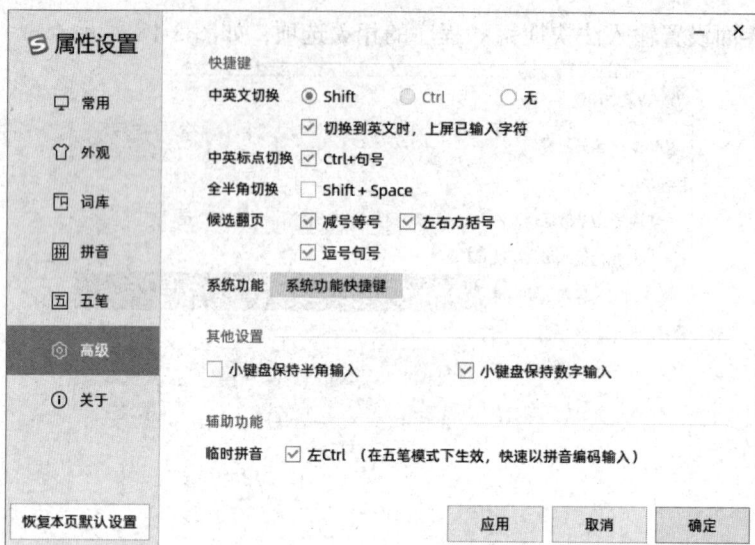

图 3-21　搜狗输入法的高级设置

3.3　管理常用办公软件

Jan16 公司员工在使用 Kylin 过程中需要应用一些办公软件来协助工作。常用的办公软件有 WPS、微信、腾讯会议等。这里详细介绍以下两个子任务。

（1）WPS 办公软件的安装与使用。

（2）微信通信软件的安装与使用。

3.3.1　WPS 办公软件的安装与使用

（1）在 WPS 官方网站下载对应的安装包并进行安装，如图 3-22 所示，此处以 wps-office_11.1.0.10702_amd63.deb 为例。

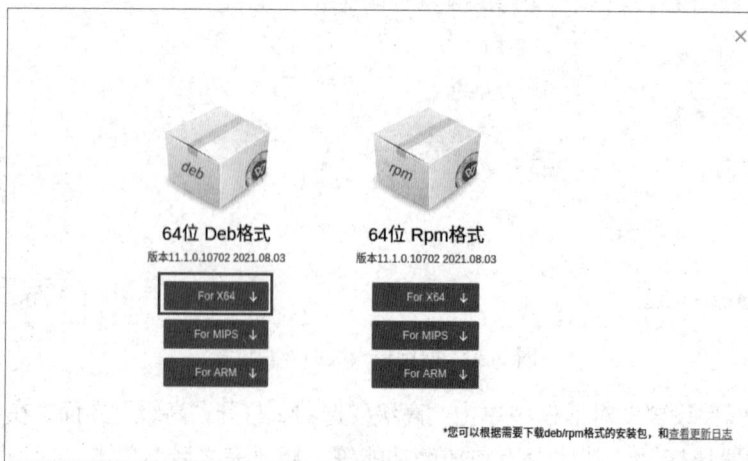

图 3-22　下载 WPS 安装包

（2）右击 WPS 安装包，在弹出的快捷菜单中单击"打开"选项，在打开的"安装器"对话框中单击"一键安装"按钮，即可进行安装，如图 3-23 所示。

（3）WPS 安装完成后，可以在"开始"菜单中找到"WPS 文字文档"选项、"WPS 演示文稿"选项与"WPS 表格工作表"选项，单击某个选项即可启动并使用；或者在桌面空白处右击，在弹出的快捷菜单中单击"新建"选项，在其子菜单中根据情况选择对应的新建文档类型［WPS 文字文档（以下简称 WPS 文字）、WPS 演示文稿（以下简称 WPS 演示）或 WPS 表格工作表（以下简称 WPS 表格）］，如图 3-24 所示。

图 3-23 单击"一键安装"按钮　　　　　　　　图 3-24 "新建"子菜单

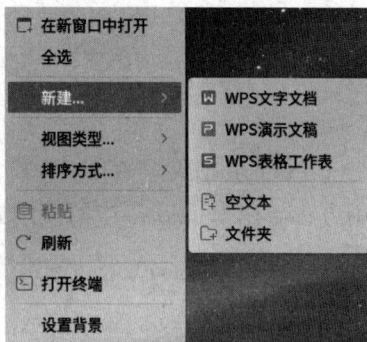

（4）WPS 中常用的功能在 Kylin 中均可使用，包括新建、打开、保存、另存为和打印等操作，其使用方法与在 Windows 中的使用方法类似。图 3-25 所示为新建"WPS 文字文档"界面。

图 3-25 新建"WPS 文字文档"界面

3.3.2　微信通信软件的安装与使用

（1）通过软件商店安装微信。在"开始"菜单中，通过上下滚动鼠标滚轮查找 图标，或者通过搜索"软件商店"，即可打开"软件商店"窗口。

（2）在"软件商店"窗口上方的分类栏中找到"软件"选项，单击该选项，然后在跳转的页面中单击"社交"选项，即可跳转到"社交"界面，或者通过软件商店的搜索功能找到"微信（官方版）"，单击"安装"按钮，即可下载并安装微信，如图 3-26 所示。

图 3-26　下载并安装微信

（3）微信的使用。在 Kylin 中，微信常用的功能均可使用，包括聊天、文件传输等，其使用方法与在 Windows 中的使用方法类似。图 3-27 所示为微信"文件传输助手"界面。

图 3-27　微信"文件传输助手"界面

项目拓展

课后习题

一、选择题

1. 下面可以彻底卸载软件安装包的命令是（　　　）。
   A. apt-get install <package>　　　　　B. apt-get remove <package> -purge

    C. apt-get remove <package>　　　　D. apt-get upgrage

2. Kylin 自带的截图软件可以对截取的图片进行的操作是（　　　）。（多选题）

    A. 绘制矩形　　　B. 绘制椭圆形　　C. 绘制三角形　　D. 添加文字

    E. 绘制线条　　　F. 保存到指定位置

3. 在 Linux 中，如果想要查看当前系统中所有已安装的软件包列表，则可以使用（　　　）命令。

    A. dpkg -l　　　　　　　　　　　B. apt list --installed

    C. yum list installed　　　　　　　D. rpm -qa

4. 以下关于国产操作系统 Kylin 的描述正确的是（　　　）。

    A. Kylin 是基于 Linux 内核开发的操作系统

    B. Kylin 主要面向政府、国防等关键领域

    C. Kylin 支持多种硬件架构（如 x86、ARM）

    D. Kylin 的桌面环境与 Windows 的桌面环境完全一致

5. 在 Kylin 中，可以使用（　　　）命令安装软件包。

    A. sudo apt install <package>　　　　B. sudo yum install <package>

    C. sudo zypper install <package>　　　D. sudo pacman -S <package>

二、填空题

1. 默认程序可以通过_____和_____这两种方法更改。

2. QQ 邮箱、网易邮箱、新浪邮箱等需要在设置中开启_____等服务后才可以在邮箱中使用。

3. 通过快捷键来操作截图软件省时省力。在截图模式下，按_____组合键可以打开快捷键预览界面，查看所有快捷键。

4. 按_____组合键可以快速进入截图模式。

三、实训题

1. 项目背景

Jan16 公司为了让员工更好地进行日常办公，在 Kylin 上通常都装有一些办公软件。如果员工熟悉各个应用软件，则工作起来会更加得心应手。所以员工能熟练下载、安装及设置应用软件就很必要了。根据表 3-1 中的项目实训规划完成相应的任务。

表 3-1　项目实训规划表

任务	任务步骤
一、熟悉软件商店程序	下载并安装企业微信、360 终端安全防护系统
二、熟悉设置默认程序	将相册作为图片文件的默认打开程序； 添加 WPS 文字，成为文本文件的默认打开程序
三、熟练操作企业微信	首先新建文本文档 Kylin.txt，写入一些内容，然后通过企业微信传输到文件传输助手

2. 项目要求

（1）根据项目实训规划表，完成第 1 个任务并截取软件商店的应用管理界面。

（2）根据项目实训规划表，完成第 2 个任务并截取控制中心的默认程序设置界面内图片和文本类型的默认程序列表图片。

（3）根据项目实训规划表，完成第 3 个任务并截取在企业微信内将 Kylin.txt 文件发送到"文件传输助手"界面的截图。

项目 4

输入与编排技术服务合同

项目学习目标

◎ **知识目标：**

（1）了解 WPS 文字工作环境，如窗口、选项组、选项卡等。

（2）掌握 WPS 文字软件的基本操作，包括文档的新建、保存、打开、关闭等。

（3）掌握 WPS 文字的文档格式设置，如设置字体、字号、颜色、段落格式等排版技巧。

◎ **能力目标：**

（1）能够根据合同的要求，准确、高效地输入合同内容，确保文字表述清晰、准确。

（2）掌握 WPS 文字中的编排技巧，以呈现清晰、规范的合同文本。

（3）了解 WPS 文字中格式刷、编号等辅助工具的使用，以提高合同的编辑效率。

◎ **素质目标：**

（1）通过分析合同条款和要求，培养学生的逻辑思维能力和条理性。

（2）通过分析合同的相关规定，增强学生的职业道德观念，树立诚实守信、遵守法律的意识。

（3）培养团队协作精神和沟通能力，在工作过程中与团队成员保持良好的沟通协作，共同完成任务。

思维导图

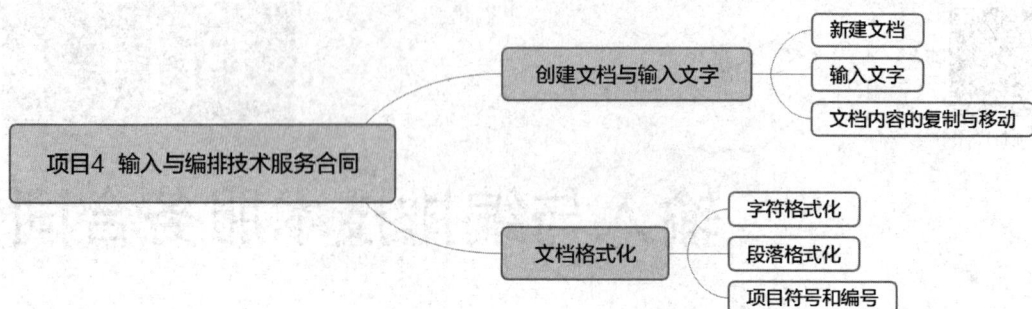

项目描述

小郑是 Jan16 公司的文员，现在该公司需要与一家小型企业签订一份技术服务合同，合同内容包括甲乙双方基本信息、合同条款、账户信息等。请使用 WPS 将合同内容输入文档中，并进行格式化，以便双方阅读和签署。

项目分析

文档的编辑和格式化工作主要包括文档的创建、字符格式的设置、段落格式的设置、文档符号的插入等。利用 WPS 文字的编辑和格式化工具，可以进行基本的文档排版工作。

相关知识

4.1　创建文档与输入文字

4.1.1　新建文档

WPS 文字新建文档的常用方法有以下几种。

方法 1：单击"开始"→"WPS Office"→"WPS Office"选项（见图 4-1），即可启动 WPS Office。打开"WPS Office"窗口，单击"新建"→"文字"选项，如图 4-2 所示，将会自动创建一个空白文档。

方法 2：在存放文档的文件夹空白处右击，在弹出的快捷菜单中单击"新建"→"DOC 文档"选项或"DOCX 文档"选项，如图 4-3 所示，即可创建一个空白文档。

方法 3：在"WPS Office"窗口中，单击"文件"→"新建"→"新建"选项，如图 4-4 所示，即可创建一个空白文档。

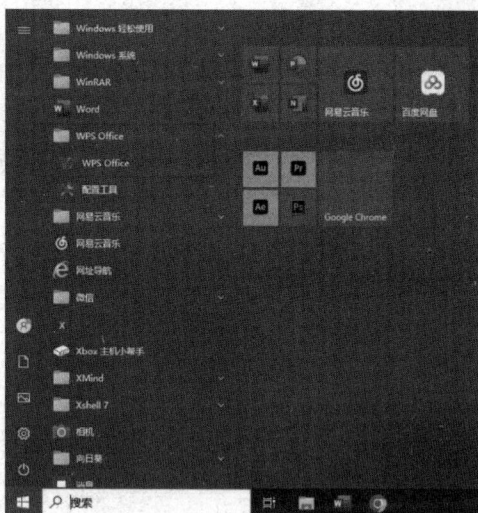

图 4-1　单击"WPS Office"选项

图 4-2　单击"文字"选项

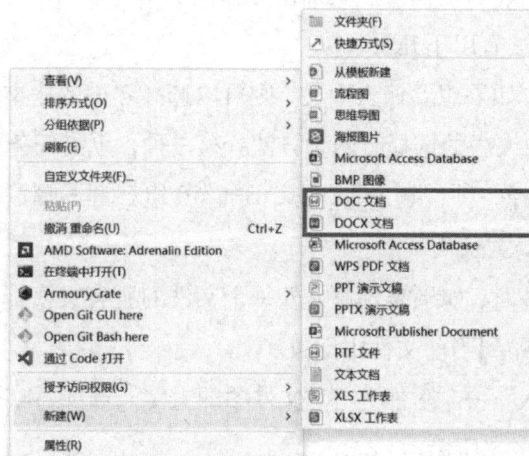

图 4-3　单击"DOC 文档"选项或"DOCX 文档"选项

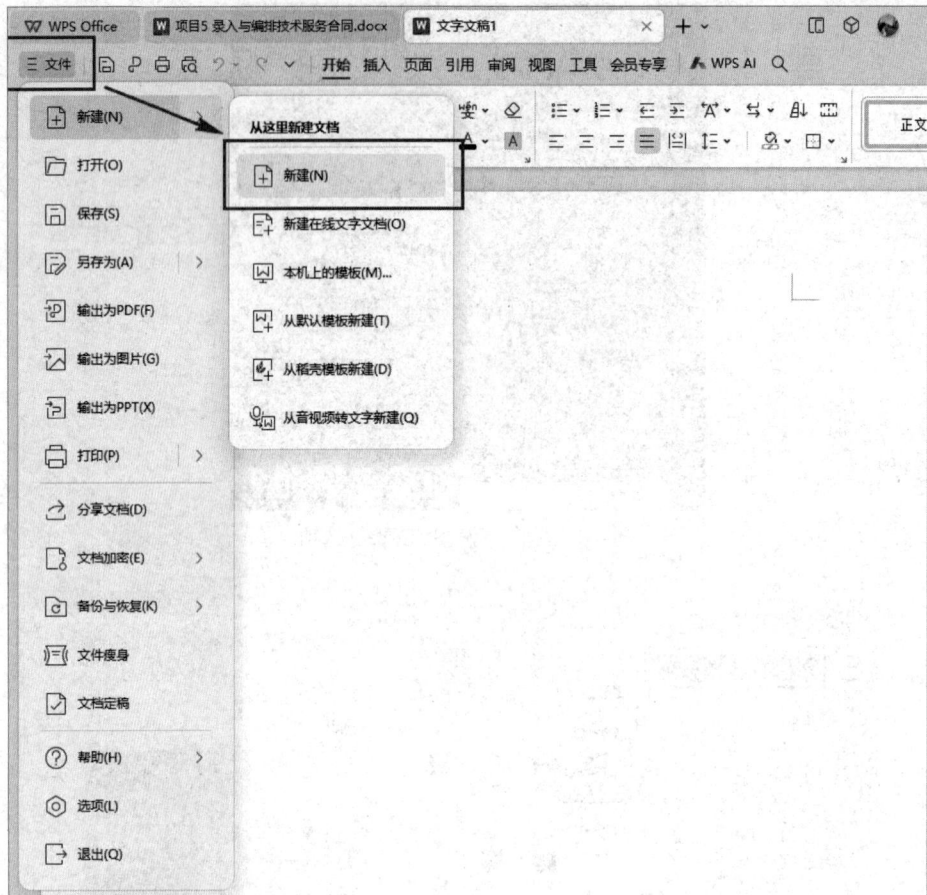

图 4-4　单击"新建"选项

4.1.2　输入文字

文本包括英文字母、汉字、数字和符号等内容，在文档窗口的文本编辑区中有一个闪烁的竖线，称为"插入点"。在插入点处确认好输入法即可输入对应的文本内容。

输入文字的常用方法有以下几种。

方法 1：直接输入。如果想要输入中文，则可以选择熟悉的中文输入法（如全拼、智能拼音、五笔字型等），输入法的选择有两种方法：第一种，单击任务栏上的输入法按钮，在打开的输入法菜单中选择一种；第二种，按 Ctrl+Shift 组合键选择输入法，按 Ctrl+Space 组合键切换中文和英文输入法。

方法 2：在编辑文件时，如果需要将另外一个文件的所有文字都插入当前文件中，打开源文件将内容复制、粘贴到当前文件中即可。

方法 3：单击"插入"→"附件"→"文件中的文字"选项，以插入文件的形式将文字插入当前文件中，如图 4-5 所示。

图 4-5 单击"文件中的文字"选项

4.1.3 文档内容的复制与移动

在创建文档过程中，可能会遇到对相同内容的文字进行编辑，为了不重复输入以增加工作量，可以使用复制功能完成相同文档内容的复制；如果需要调整文本前后顺序，则可以使用文本的移动功能来解决。

复制文本：选中要复制的文本，单击"开始"→"剪贴板"→"复制"选项，或者按 Ctrl+C 组合键，将选中的文本复制到剪贴板。

粘贴文本：将鼠标指针定位到要粘贴文本的位置，单击"选择性粘贴"选项，打开"选择性粘贴"对话框，可以根据需要进行粘贴操作，或者按 Ctrl+V 组合键完成粘贴操作。

移动文本：移动文本的操作和复制文本的操作相似，只是移动文本是将文本从一个地方移动到另一个地方。操作方法是，选中要移动的文本，首先单击"开始"→"剪贴板"→"移动"选项，或者按 Ctrl+X 组合键，将内容剪贴到剪贴板；然后按 Ctrl+V 组合键将剪贴板中的文本粘贴到需要移动的位置。

4.2 文档格式化

4.2.1 字符格式化

字符格式化操作包括字体、字号、字形的设置和对字符的各种修饰。这里说的字符包括汉字、英文字母、拼音字母、数字和各种符号。系统默认的中文字体有宋体、仿宋、楷体、黑体等，英文、数字和符号的常用字体为 Calibri。字号从八号到初号，或者 5 磅到 72 磅，常用的 5 号字体相当于 10.5 磅。

在 WPS 文字中，字符格式化的操作包括设置字体、字号、字形、颜色、缩放比例等。常用方法有以下几种。

方法 1：选中要设置格式的文本，在"开始"→"字体"选项组中单击相应的字体属性，如图 4-6 所示，可以快速完成字体设置。

方法 2：选中要设置格式的文本，单击"字体"选项组中的"字体设置"按钮 ↘，打开"字体"对话框，如图 4-7 所示，默认选中"字体"选项卡，在该对话框中可以完成相应的字体设置。

方法 3：选中要设置格式的文本并右击，在弹出的快捷菜单中单击"字体"选项，如图 4-8 所示，打开"字体"对话框，在该对话框可以完成相应的字体设置。

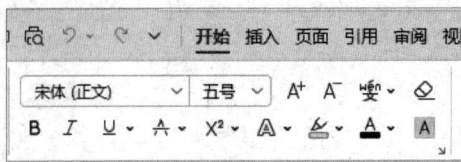

图 4-6 开始选项卡字体组

图 4-7 "字体"对话框

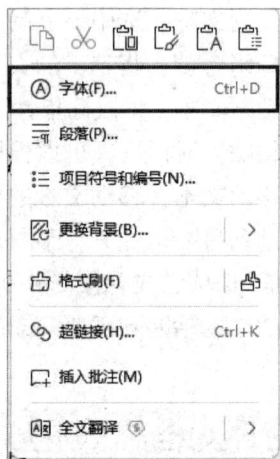

图 4-8 单击"字体"选项

方法 4：选中要设置格式的文本，在附近出现的"字体属性设置"窗格中可以完成字体设置，如图 4-9 所示。

图 4-9 "字体属性设置"窗格

4.2.2 段落格式化

对文档进行字符格式化设置后，还需要对段落进行格式化设置，以增加文档的层次感，突出重点，提高文档的可读性。段落格式化设置包括对齐、缩进、行距。

（1）设置对齐方式。

文档的水平对齐方式分为左对齐、居中、右对齐、两端对齐和分散对齐。垂直对齐方式分为靠页面顶端对齐、居中对齐和靠页面底端对齐。文档默认的水平对齐方式为两端对齐，垂直对齐方式为顶端对齐。

设置水平对齐方式的方法有以下几种。

方法 1：选中文本，单击"开始"→"段落"选项组中的对齐 三 三 三 三 凶 按钮即可进行文档对齐设置。还可以利用左右缩进按钮进行文档对齐设置，如图 4-10 所示。

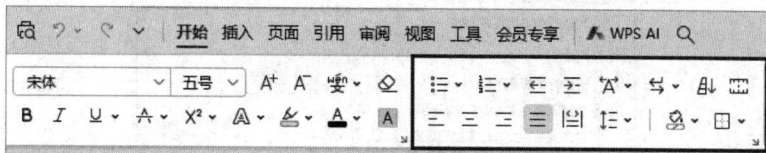

图 4-10　"段落"选项组

方法 2：选中文本并右击，在弹出的快捷菜单中单击"段落"选项，打开"段落"对话框，在该对话框中可以进行文档对齐设置。

方法 3：选中文本，单击"开始"→"段落"选项组中的 凵 按钮，在打开的"段落"对话框中单击"缩进和间距"选项卡，在"常规"→"对齐方式"下拉列表中单击合适的对齐方式，即可进行文档对齐设置，如图 4-11 所示。

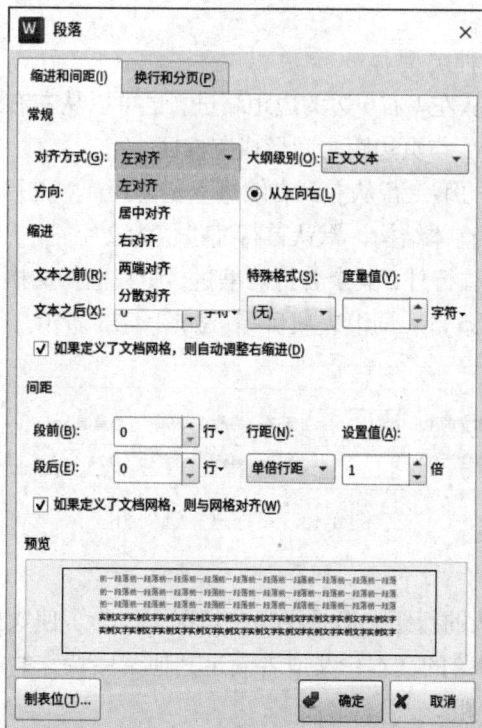

图 4-11　"对齐方式"下拉列表

设置垂直对齐方式的方法是：选中文本并右击，在弹出的快捷菜单中单击"段落"选项，或者单击"开始"→"段落"选项组中的 凵 按钮，在打开的"段落"对话框中单击"换行和分页"选项卡，在"文本对齐方式"下拉列表中单击合适的对齐方式，即可进行垂直对齐设置，如图 4-12 所示。

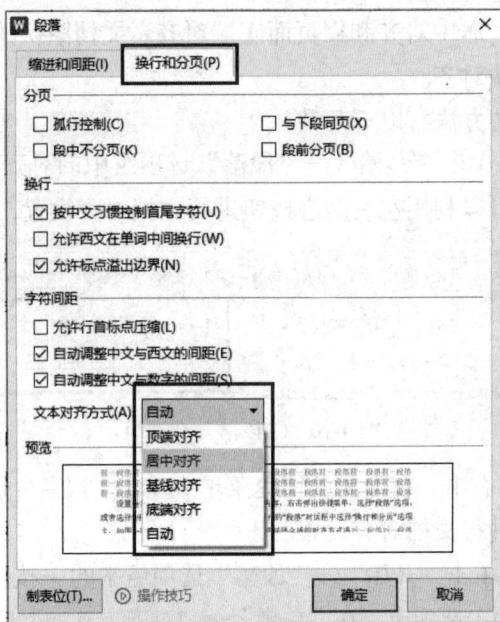

图 4-12　"文本对齐方式"下拉列表

（2）设置段落的缩进。

段落的缩进有以下几种类型。

- 左缩进或右缩进：从左（右）边的边距缩进，也可以从左右两边同时缩进，使文档的页边（一边或两边）与页边距之间形成空白区。
- 首行缩进：将段落的第 1 行从左到右缩进一定的距离，首行外的各行都保持不变，便于阅读和区分文章整体结构，默认首行缩进值为 2 字符。
- 悬挂缩进：文档除首行外，其余各行均缩进，使其他行文档悬挂于第 1 行之下。这种格式一般用于参考条目、词汇表项目等，如图 4-13 所示。

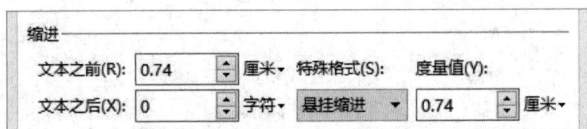

图 4-13　"缩进"选项组

（3）设置行距。

WPS 文字有一个默认的行距，但是在某些情况下，为了使文档层次清晰，方便人们阅读，或者突出某些行、段落的文本，又或者满足其他某些特殊的需求，希望改变默认的行距，为文档设置需要的行距。

设置行间距的方法是：打开"段落"对话框，选择"缩进和间距"选项卡，在"间距"选项组中可以设置行距。

4.2.3　项目符号和编号

项目符号和编号是放在文本（如列表中的项目）前面以添加强调效果的点或其他符

号。合理使用项目符号和编号，可以使文档的层次结构更清晰、更有条理，提高文档的编辑速度。

WPS 文字提供了项目符号和自动编号的功能，可以为文本段落添加项目符号或编号，也可以在键入时自动创建项目符号和编号列表。

（1）选中段落，单击"开始"→"段落"→"项目符号"或"编号"选项右侧的下拉按钮，在打开的悬浮窗格中单击"自定义项目符号"选项或"自定义编号"选项，如图 4-14 所示。

图 4-14　"段落"选项组

（2）在打开的"项目符号和编号"对话框中选择所需符号即可，如图 4-15 所示。

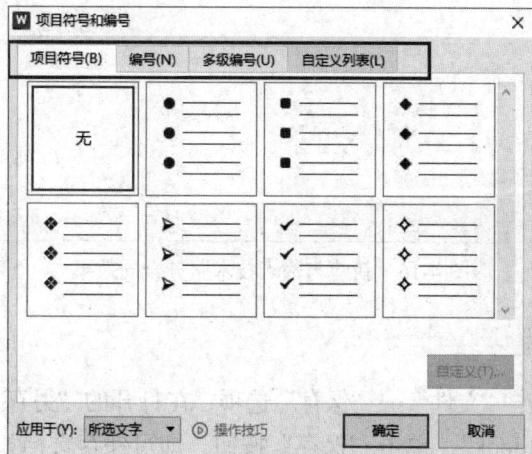

图 4-15　"项目符号和编号"对话框

项目实施

任务 4-1　新建与输入技术服务合同

本任务的目标是新建与输入一份技术服务合同，确保合同内容完整、准确、合法、符合合同法的规定。掌握合同的基本要素和格式，设置甲乙双方信息，完成文本的输入，效果如图 4-16 所示。

新建与输入技术服务合同，该合同包含以下内容。

（1）甲乙双方公司基本信息。

（2）合同条款。

（3）甲乙双方签章。

（4）签订日期。

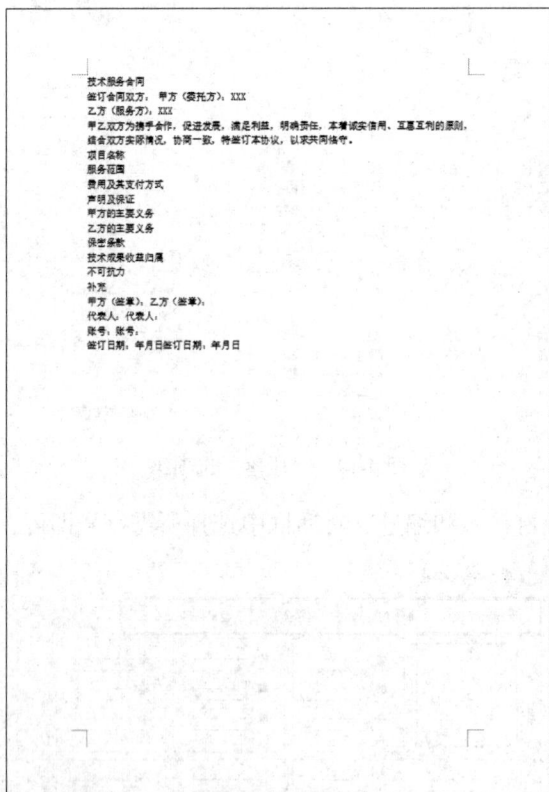

图 4-16　新建与输入技术服务合同效果

1. 新建并保存文档

新建空白文档，单击"文件"→"保存"选项，在打开的"另存为"对话框中，将文件命名为"技术服务合同.docx"，单击"保存"按钮，即可保存文档如图 4-17 所示。

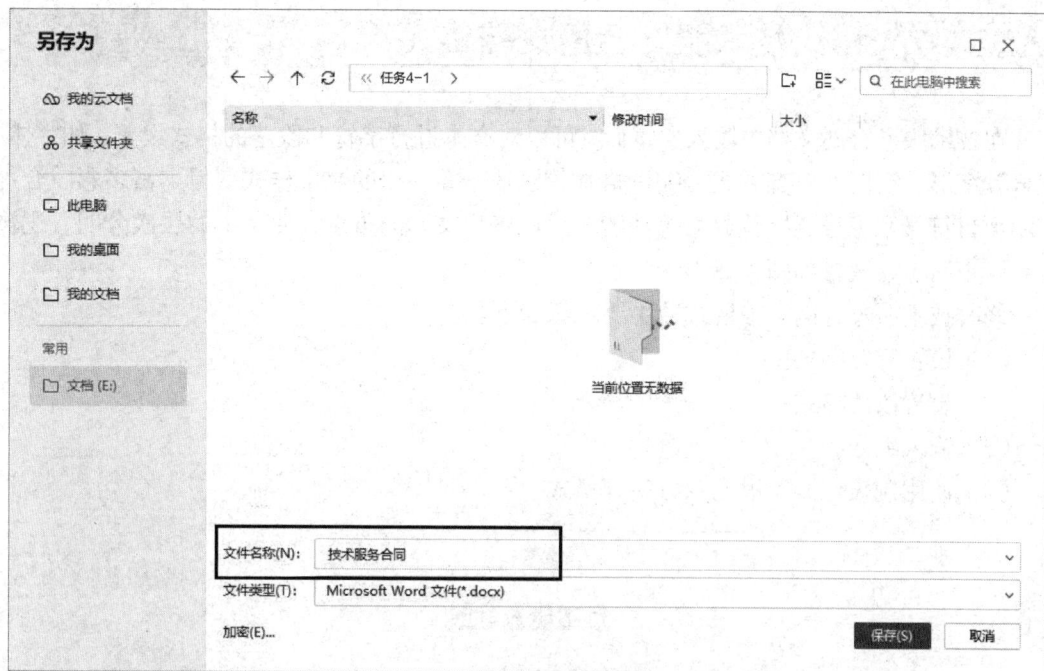

图 4-17　保存文档

2. 插入文档

单击"插入"→"附件"→"文件中的文字"选项，在打开的"插入文件"对话框中选择文件，单击"打开"按钮，如图 4-18 所示，即可将"技术服务合同（副本）.docx"插入"技术服务合同"文档中（其效果见图 4-16）。

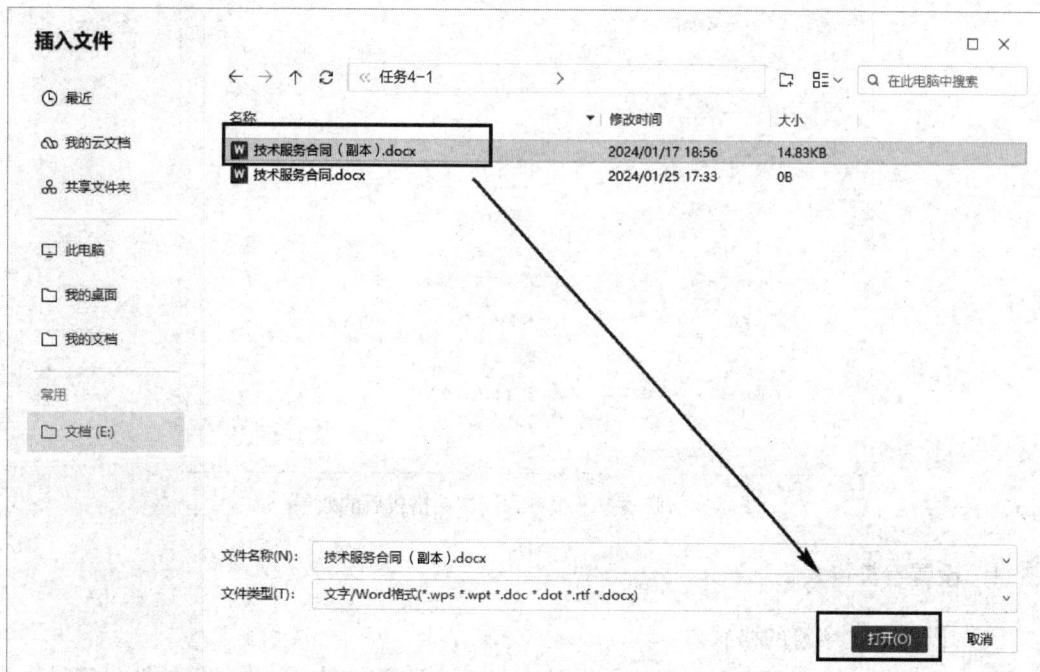

图 4-18　单击"打开"按钮

任务 4-2　修改技术服务合同文档格式

在技术服务合同文档中输入文本后，可以对文本进行字符和段落的格式设置，如字体、字号、字形、行距、对齐方式、缩进格式等，让千篇一律的文本样式变得丰富多彩。合理使用项目符号和编号、字符放大等功能，可以突出文本的重点，使文本的层次分明、逻辑关系清晰明了，效果如图 4-19 所示。

修改技术服务合同文档格式的主要步骤如下。

（1）设置字符格式。

（2）设置段落格式。

（3）输入编号。

（4）使用制表位调整甲乙双方签订格式。

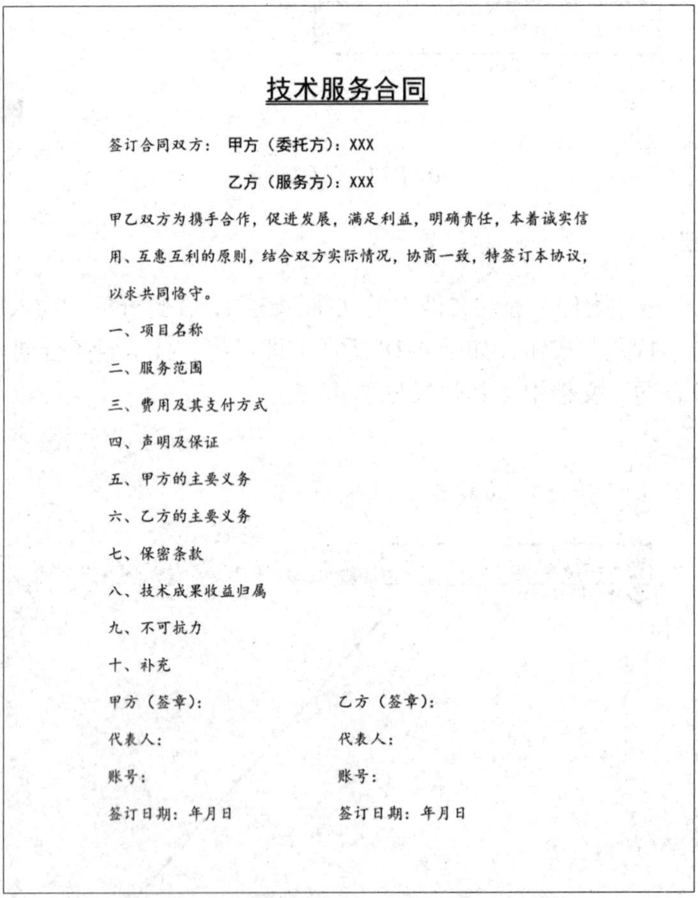

技术服务合同

签订合同双方：**甲方（委托方）：XXX**

　　　　　　　乙方（服务方）：XXX

甲乙双方为携手合作，促进发展，满足利益，明确责任，本着诚实信用、互惠互利的原则，结合双方实际情况，协商一致，特签订本协议，以求共同恪守。

一、项目名称

二、服务范围

三、费用及其支付方式

四、声明及保证

五、甲方的主要义务

六、乙方的主要义务

七、保密条款

八、技术成果收益归属

九、不可抗力

十、补充

甲方（签章）：　　　　　　　乙方（签章）：

代表人：　　　　　　　　　　代表人：

账号：　　　　　　　　　　　账号：

签订日期：年月日　　　　　　签订日期：年月日

图 4-19　修改技术服务合同文档格式后的效果

1．设置字符格式

（1）设置正文字符的格式。

选中全文本，在"开始"→"字体"选项组中，设置"字体"为"楷体"、"字号"为"四号"，如图 4-20 所示。

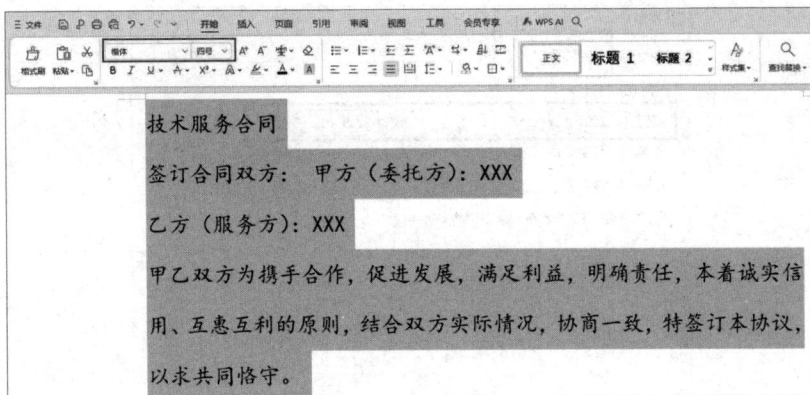

图 4-20 设置全文本的格式

（2）设置标题文字"技术服务合同"的格式。

选中标题文字"技术服务合同"，单击"开始"→"字体"选项组中的 ↘ 按钮，在打开的"字体"对话框的"字体"选项卡中，设置"中文字体"为"黑体"、"字号"为"二号"、"下画线线型"①为"双下画线"，如图 4-21 所示。

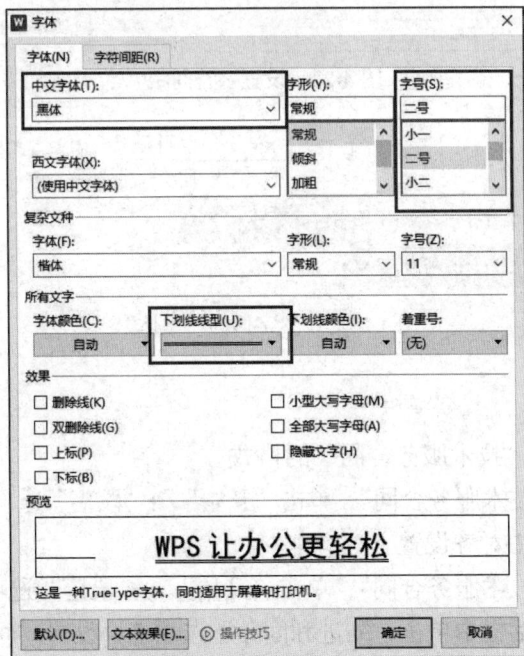

图 4-21 设置标题"技术服务合同"的格式

单击"字符间距"选项卡，设置"间距"为"加宽"，"值"为"0.5 磅"，如图 4-22 所示，单击"确定"按钮。

（3）设置签订合同双方文字的格式。

选中"甲方（委托方）：×××"与"乙方（服务方）：×××"文字，在右侧悬浮窗格中设置字体为"黑体"，如图 4-23 所示。

---

① 软件图中"下划线"的正确写法应为"下画线"。

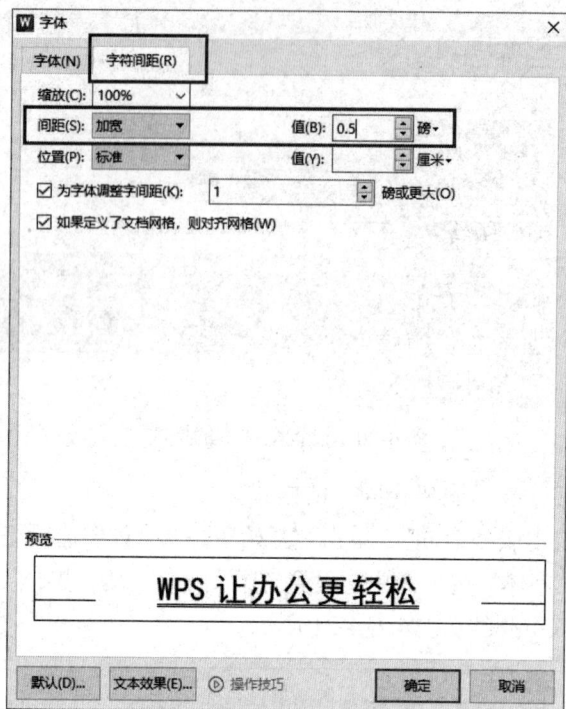

图 4-22　设置字符间距

图 4-23　设置字体为"黑体"

2. 设置段落格式

（1）设置标题文字"技术服务合同"的格式。

- 选中标题文字"技术服务合同"，单击"开始"→"段落"选项组中的居中对齐按钮，即可完成标题居中对齐设置。
- 选中标题文字"技术服务合同"，单击"开始"→"段落"选项组中的 ↘ 按钮，在打开的"段落"对话框中单击"缩进和间距"选项卡，设置"间距"选项组的"段前"为"1 行"、"段后"为"1 行"，如图 4-24 所示，单击"确定"按钮。

（2）设置全文本行距。

选中全文本，单击"开始"→"段落"选项组中的 ↘ 按钮，在打开的"段落"对话框中单击"缩进和间距"选项卡，设置"间距"选项组的"行距"为"多倍行距"，"设置值"为"1.5 倍"，单击"确定"按钮。

（3）设置段落缩进。

选中乙方信息"乙方（服务方）：×××"并右击，在弹出的快捷菜单中单击"开始"→"段落"选项组中的 ↘ 按钮，在打开的"段落"对话框中单击"缩进和间距"选项卡，设置

"特殊格式"为"首行缩进","度量值"为"7.5 字符",如图 4-25 所示,单击"确定"按钮。

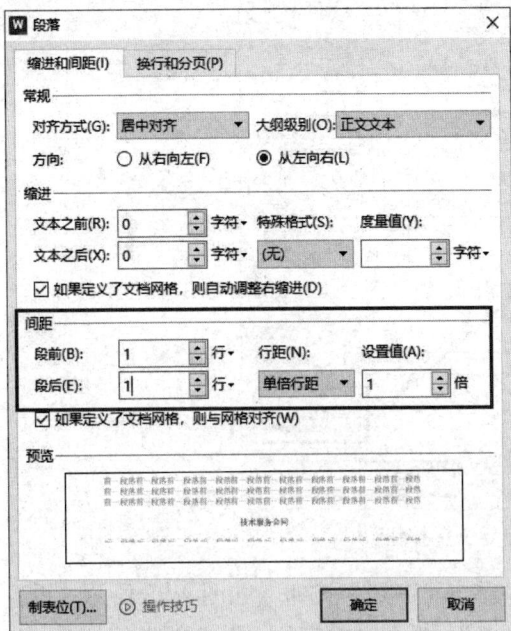

图 4-24　设置间距

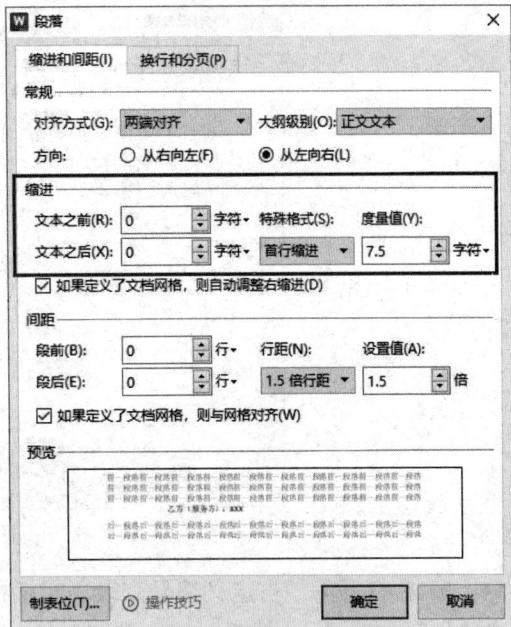

图 4-25　设置段落缩进

3. 输入编号

(1)选中段落文字,单击"开始"→"段落"→"编号"中的下拉按钮,在打开的下拉列表中单击"自定义编号"选项,如图 4-26 所示。

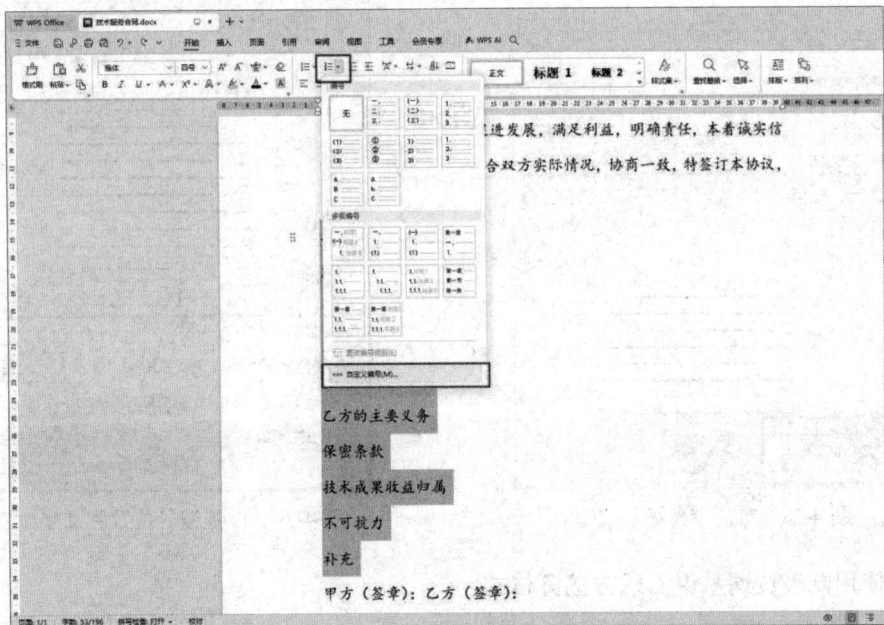

图 4-26　单击"自定义编号"选项

（2）在打开的"项目符号和编号"对话框中选择编号样式，单击"自定义"按钮，如图 4-27 所示。

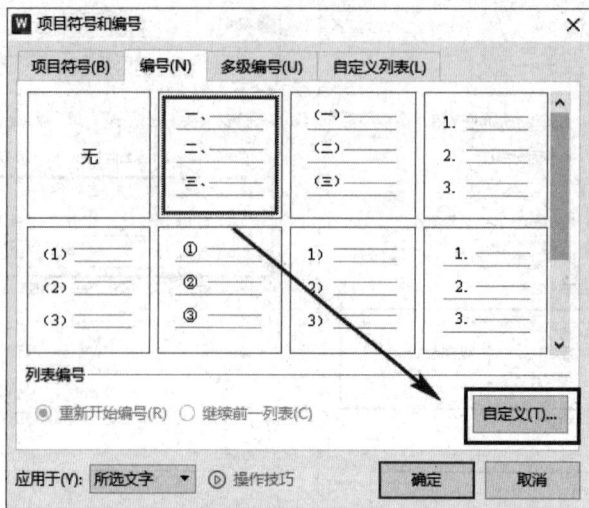

图 4-27　单击"自定义"按钮

（3）在打开的"自定义编号列表"对话框中单击"高级"按钮，如图 4-28 所示，设置"编号位置"为"左对齐"，"对齐位置"为"0 厘米"，设置"文字位置"选项组的"缩进位置"为"0 厘米"，如图 4-29 所示，单击"确定"按钮。

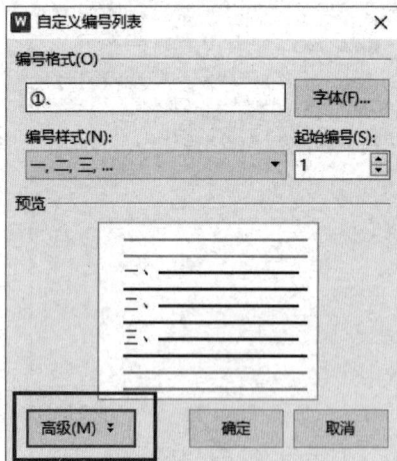

图 4-28　单击"高级"按钮

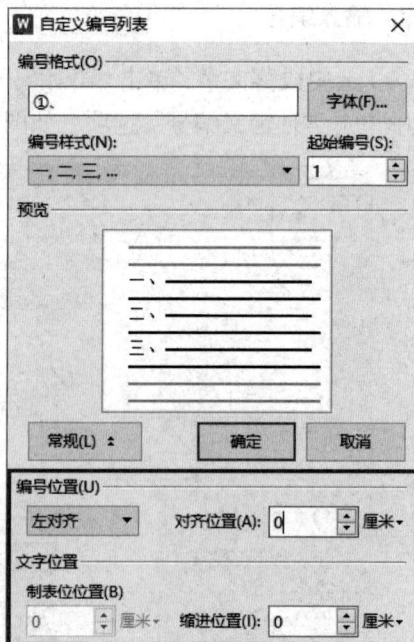

图 4-29　设置编号位置和文字位置

4. 使用制表位调整甲乙双方签订格式

（1）单击"视图"→"标尺"选项，显示标尺，如图 4-30 所示。

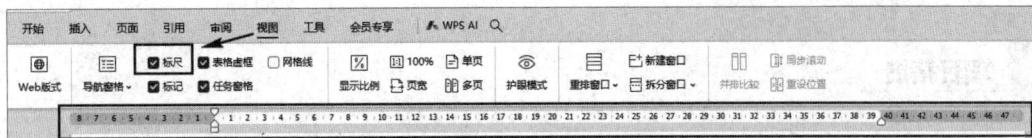

图 4-30　显示标尺

（2）选中要缩进的文字，在标尺上预计需要调整的位置单击，即可在标尺上进行标记，如图 4-31 所示。

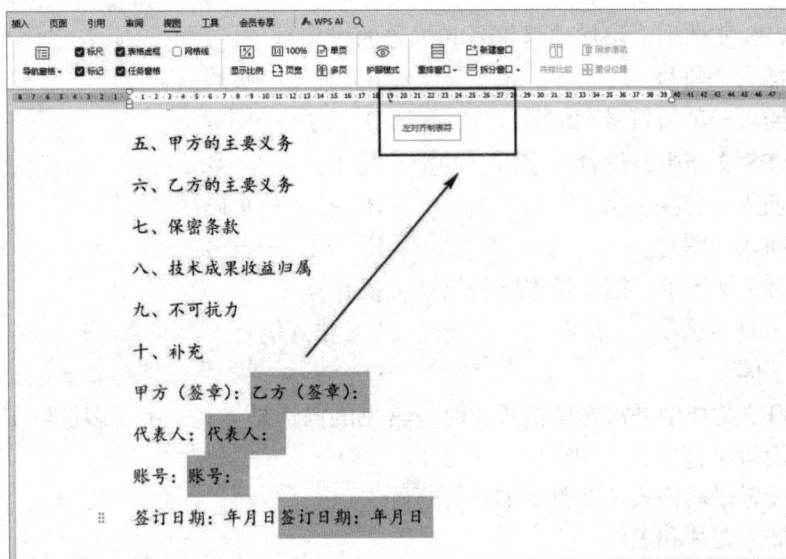

图 4-31　设置制表位

（3）将光标移动到合同签订相应位置，按 Tab 键，按照设置好的制表位向右缩进，如图 4-32 所示。

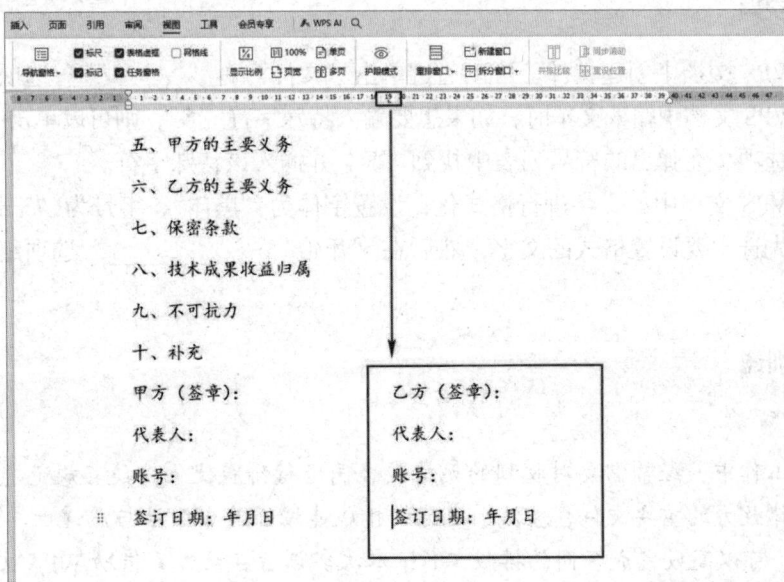

图 4-32　向右缩进

项目拓展

课后习题

一、选择题

1. 在 WPS 文档中，添加项目符号和编号的操作是（　　　）。
   A. 插入→符号　　　　　　　　　　B. 插入→页码
   C. 插入→项目符号和编号　　　　　D. 插入→图片

2. 在 WPS 文档中，设置首字下沉的操作是（　　　）。
   A. 插入→首字下沉　　　　　　　　B. 插入→页码
   C. 插入→图片　　　　　　　　　　D. 插入→符号

3. 在 WPS 文档中，用于设置字符格式的操作是（　　　）。
   A. 工具→选项　　　　　　　　　　B. 格式刷
   C. 字体　　　　　　　　　　　　　D. 段落

4. 在 WPS 文档中进行文档格式化时，常见的操作是（　　　）。（多选题）
   A. 设置字符格式（如字体、字号）
   B. 设置段落格式（如首行缩进、行距）
   C. 插入图片和表格
   D. 添加项目符号和编号

5. 在 WPS 文档中，可以通过"设计"菜单添加或修改的元素是（　　　）。
   A. 主题　　　　　B. 背景　　　　　C. 页眉和页脚　　　D. 分栏

二、填空题

1. 在 WPS 文档中创建文件，可以通过单击"文件"→"＿＿＿＿＿＿"选项来实现。

2. 在 WPS 文档中输入文本时，如果想要输入特殊字符"®"，则可以单击"＿＿＿＿＿＿"→"符号"选项，在弹出的符号列表中找到"®"并插入该特殊字符。

3. 对 WPS 文档中的文字进行格式化，设置字体为"黑体"、字号为"三号"、颜色为"红色"，首先选中要设置格式的文字，然后在"开始"→"＿＿＿＿＿＿"选项组中进行相应的设置。

三、实训题

1. 项目背景

在实际工作中，经常需要对收到的无格式合同进行排版优化，使其规范、易读。合同作为具有法律效力的重要文件，整洁、规范的排版能增强其专业性与严谨性。WPS 文字软件功能丰富，可以高效完成合同的排版工作。本次实训旨在让大家借助 WPS 文字软件，掌握无格式合同的排版技能，提升文档处理水平。

2．项目要求

（1）整体设置：正文内容设置为宋体、小四号字（英文字体为 Times New Roman）；合同标题设置为黑体、四号、加粗、居中；方括号填写项设置为楷体、五号、斜体。

（2）行距设置：合同标题设置为固定值 24 磅；条款标题设置为固定值 22 磅；正文段落设置为 1.5 倍行距；落款部分设置为单倍行距。

（3）缩进设置：所有正文段落首行缩进 2 字符。

（4）对双方权利与义务进行编号，样式为（1）、（2）…。

（5）使用制表位调整甲乙双方签订格式。

项目 5

创建与设计个人简历

项目学习目标

◎ **知识目标：**

（1）掌握 WPS 文字中表格的基本概念。

（2）掌握 WPS 文字中表格的组成元素。

（3）掌握 WPS 文字中表格的插入与编辑。

◎ **能力目标：**

（1）在文档中插入表格。

（2）设置文档中的表格格式。

（3）美化和修饰表格属性。

（4）设置边框和底纹。

（5）设置页面背景。

◎ **素质目标：**

（1）通过创建和设计个人简历的过程，学生能够了解职场文化和规范，培养职业素养和职业道德。

（2）在个人简历的设计过程中，学生能够培养审美意识，提升对美的感知和欣赏能力。

（3）通过个人简历的创建和设计，学生能够有效地展示自己的个人特点、专业技能和工作经验，提高自我展示和表达能力。

思维导图

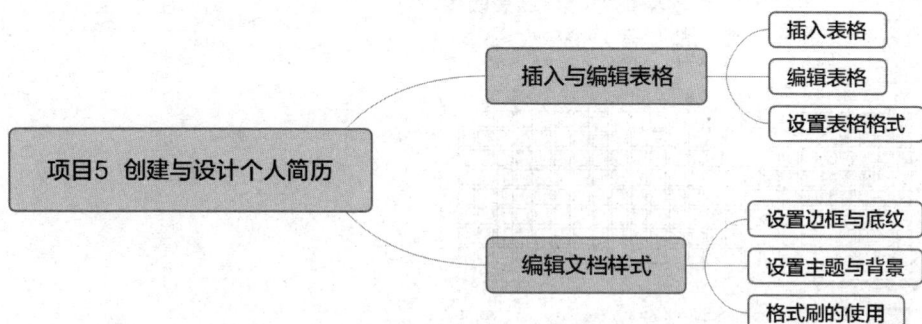

项目描述

在当今竞争激烈的职场环境中，一份精心设计和制作的个人简历对于求职者来说至关重要。小虎正在寻找一份与他的专业背景和技能特长相匹配的职位。为了向招聘方展示自己的优势和经验，小虎需要精心设计一份个人简历。这份简历不仅能详细列出他的教育背景、工作经历和技能特长，还能通过合理的排版和格式设计，让招聘方能够快速捕捉到他的核心竞争力和与职位的匹配度。

项目分析

本项目利用插入与编辑表格的功能，精确地创建了简历的框架。通过设置边框与底纹，为简历增添了美感，并强调了关键内容的重要性。最后，通过精心选择页面背景颜色或添加背景图片/水印，为简历增添了个性化的元素，整体设计既符合专业标准又富有吸引力。

相关知识

5.1 插入与编辑表格

5.1.1 插入表格

表格是一种简明扼要的表达方式。它以行和列的形式组织信息，结构严谨、效果直观。往往一张简单的表格就可以代替大篇的文字叙述，所以，各种科技、经济等书刊越来越多地使用表格来展示文字信息。

表格的操作主要是创建表格、编辑表格、设置表格格式、表格与文字转换、表格中数据的计算与排序等。单击"插入"→"表格"选项，可以选择多种不同的方法创建表格。

方法1：在"表格"下拉列表中，直接拖动鼠标指针可以选择行列数目来创建表格，如图5-1所示。

方法 2：单击"插入表格"选项，打开"插入表格"对话框，如图 5-2 所示，输入表格的列数和行数，单击"确定"按钮即可创建表格。

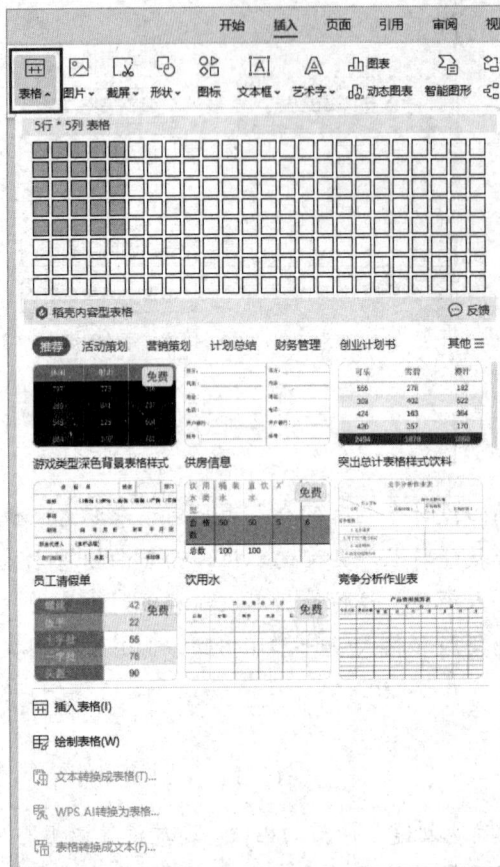

图 5-1　"表格"下拉列表

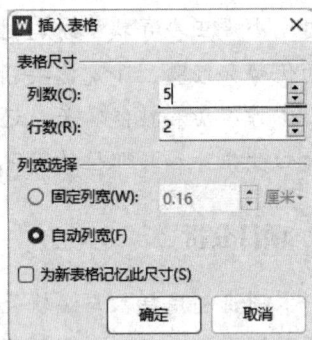

图 5-2　"插入表格"对话框

5.1.2　编辑表格

表格创建成功后，就可以进行表格的编辑，包括表格对象的选中，调整表格列宽与行高，插入或删除行或列，合并或拆分单元格。

表格对象的选中可以分为部分单元格选中和整个表格选中，其中整个表格选中的方法是：先选中任一个单元格，再单击表格左上角的 ⊞ 按钮即可。

调整表格的列宽与行高的方法如下。

方法 1：将光标定位到表格内，在"表格工具"→"高度/宽度"选项中进行设置，如图 5-3 所示。

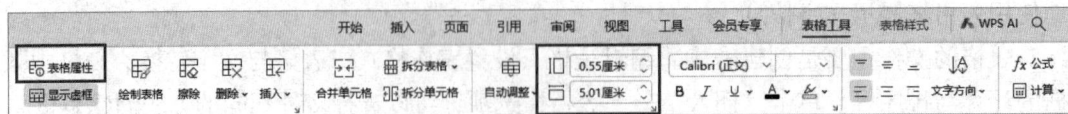

图 5-3　"高度/宽度"选项

方法 2：选中表格，单击"表格工具"→"表格属性"选项；或者右击，在弹出的快捷菜单中单击"表格属性"选项，打开"表格属性"对话框，如图 5-4 所示，在"行"选项卡与"列"选项卡中进行设置。

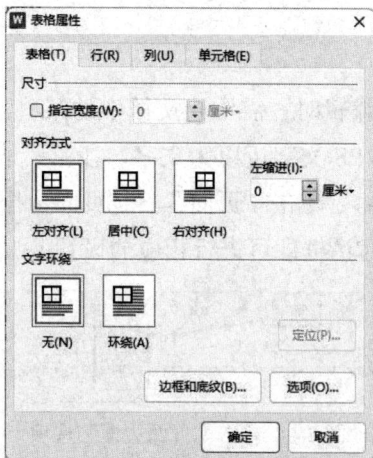

图 5-4　"表格属性"对话框

方法 3：还可以利用鼠标指针调整表格的行高、宽度。将鼠标指针移动到表格列的边界，按住鼠标左键左右拖动边界线，即可调整列的宽度，使用同样的方法可以对行高进行调整。

5.1.3　设置表格格式

表格结构确定好以后，为了使其美观可以适当地对表格进行格式设置，如自动套用格式、设置边框与底纹、设置表格位置与对齐方式。

内置表格样式是设置好边框和底纹效果的表格样式。选中表格，单击"表格样式"选项，在下拉列表中单击合适的表格样式即可，如图 5-5 所示。

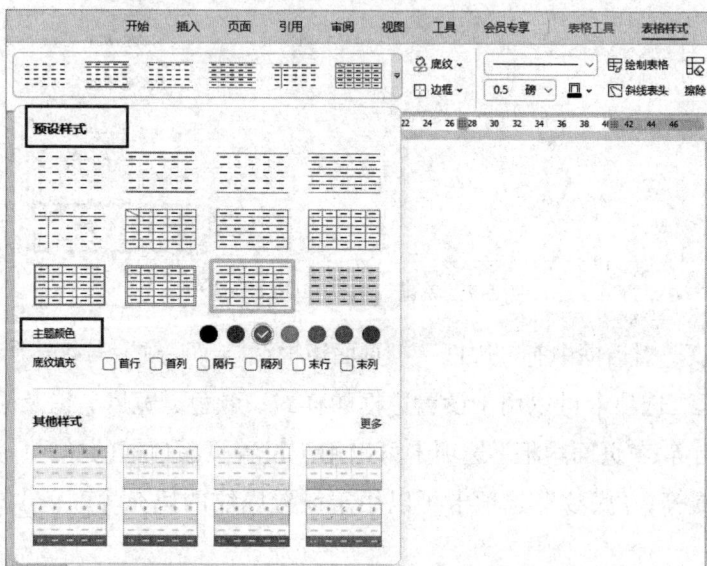

图 5-5　"表格样式"下拉列表

5.2 编辑文档样式

5.2.1 设置边框与底纹

在 WPS 文字中进行文档编辑时，需要让文档中的某些部分重点突出，这时就可以通过添加边框和底纹来实现。WPS 文字可以为文字、段落、表格和页面添加边框和底纹。

方法 1：选中要设置的内容，单击"页面"→"页面边框"选项，如图 5-6 所示，打开"边框和底纹"对话框，在该对话框即可进行相应的设置。

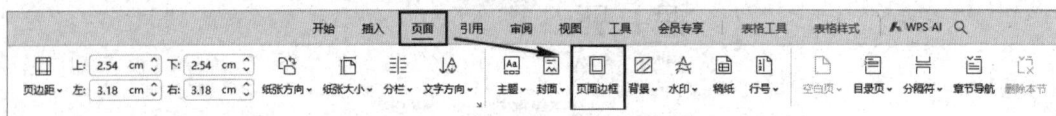

图 5-6 单击"页面边框"选项

方法 2：单击"开始"→"边框"→"边框和底纹"选项，如图 5-7 所示，打开"边框和底纹"对话框，在该对话框即可进行相应的设置。

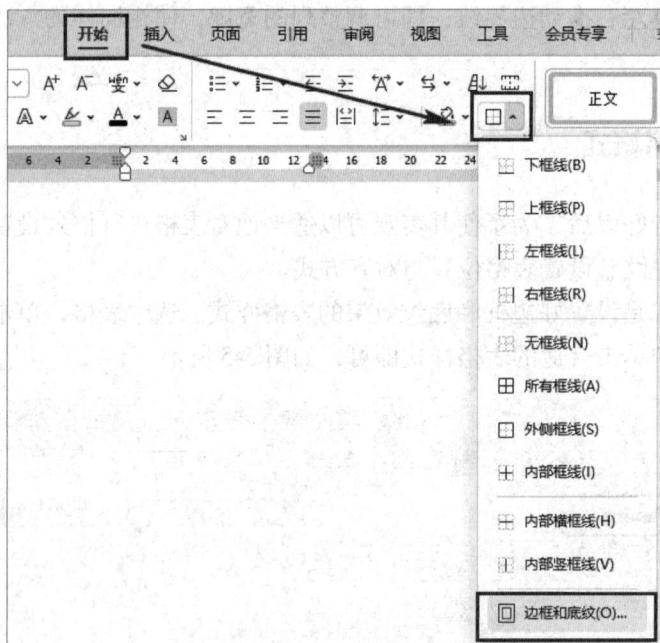

图 5-7 单击"边框和底纹"选项

"边框和底纹"对话框中有"边框"、"页面边框"与"底纹"3 个选项卡，如图 5-8 所示。其中"边框"选项卡可以用于设置边框的样式、颜色、宽度，以及应用于文字还是段落的应用范围等；"页面边框"选项卡可以用于设置页面边框的样式、颜色、宽度、艺术型及应用范围等；"底纹"选项卡可以用于设置底纹的填充（颜色）、图案及应用范围等。

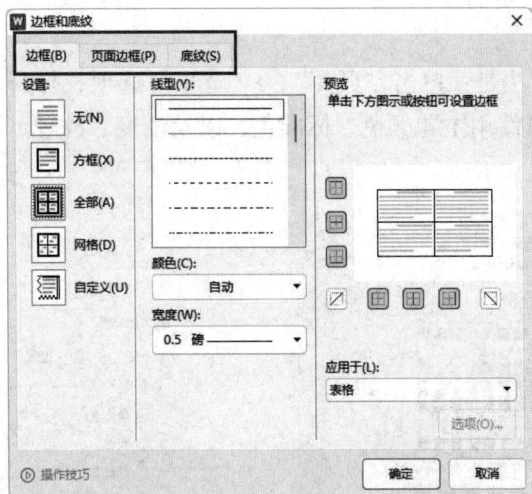

图 5-8　"边框和底纹"对话框

5.2.2　设置主题与背景

（1）设置主题。

"主题"下拉列表提供了多种样式的集合，使人们可以随时选择不同的主题，再应用不同的样式集合，快速更改文档的外观。主题颜色将根据主题的不同而改变。在本项目中，可以先把主题更改为"框架"，再对效果元素的颜色及样式进行设置。

设置主题的方法是：单击"页面"→"主题"选项，在"主题"下拉列表中可以选择各种主题的内置样式，如颜色、字体、效果等，如图 5-9 所示。

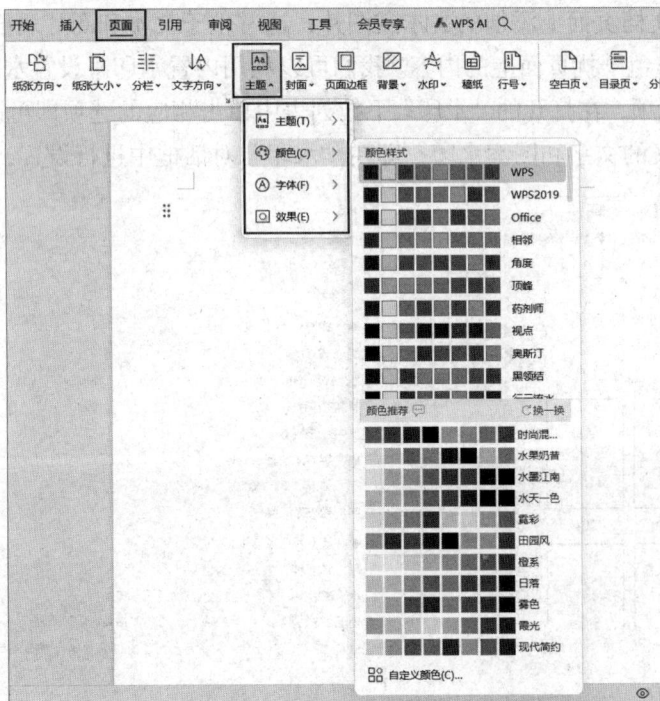

图 5-9　"主题"下拉列表

（2）设置背景。

设置页面背景的方法是：单击"页面"→"背景"选项，打开"背景"下拉列表，如图 5-10 所示。我们可以使用主题颜色、标准色，以及渐变、纹理、图案、图片设置背景效果，如图 5-11 所示。

图 5-10　"背景"下拉列表

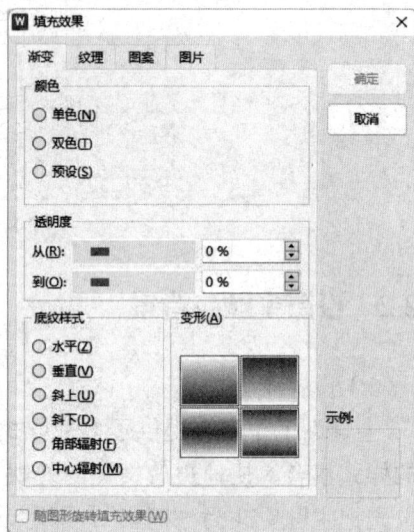

图 5-11　"填充效果"对话框

（3）设置水印。

水印是指在文档页面上添加的文本或图片，通常位于文本和图片后面，以淡化或冲淡的形式呈现，以避免干扰页面上的内容。我们可以利用内置水印来设置水印效果，单击"页面"→"水印"选项，在打开的"水印"下拉列表中单击相应的选项即可，如图 5-12 所示；也可以利用自定义的文字和图案水印，即在"水印"对话框中进行设置，如图 5-13 所示。

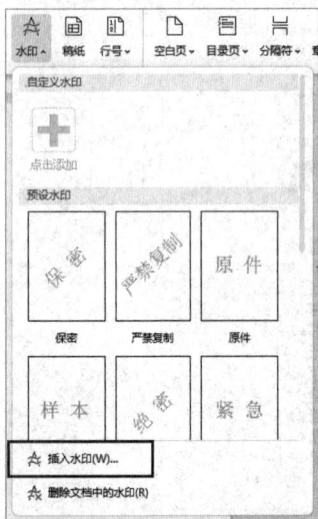

图 5-12　"水印"下拉列表

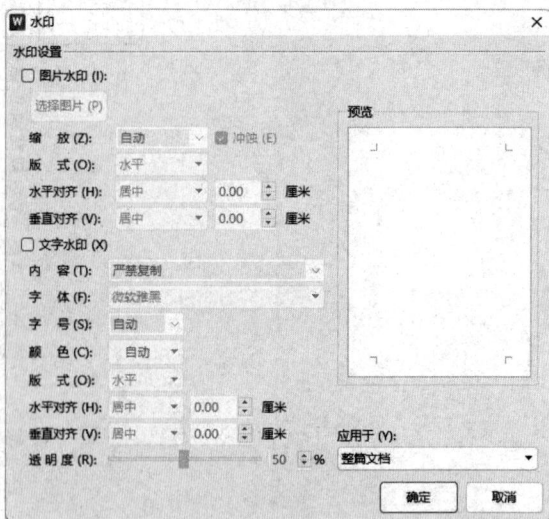

图 5-13　"水印"对话框

5.2.3　格式刷的使用

在 WPS 文字中可以使用"格式刷"选项进行文字和段落的格式复制。选中要复制格式的内容，单击"开始"→"格式刷"选项，如图 5-14 所示。

当鼠标指针变成刷子形状时，按住鼠标左键，刷过所有要使用该格式的文字，即可完成格式的复制。如果要将该格式复制到多处，则可以在选中带格式内容时，双击"开始"→"格式刷"选项，使格式复制可以多次使用。当不再需要复制格式时，再次单击"开始"→"格式刷"选项，鼠标指针恢复原状即可。

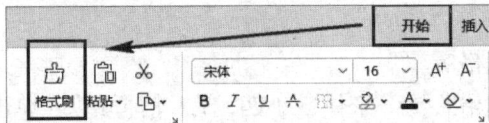

图 5-14　单击"格式刷"选项

项目实施

任务 5-1　创建个人简历基本框架

创建个人简历时，首先构思一个清晰的结构框架，涵盖个人信息、教育背景、丰富的工作履历与突出的技能资质，插入表格，调整格式，利用表格、列表、图形等元素组织内容。本任务将创建一个结构清晰、内容完整的个人简历基本框架，效果如图 5-15 所示。

图 5-15　创建个人简历基本框架效果

创建个人简历基本框架的主要步骤如下。

（1）打开文档与转换表格。

（2）合并单元格。

（3）设置表格。

1. 打开文档与转换表格

（1）打开文档。

打开"素材.docx"文档，单击"文件"→"保存"选项，在打开的"另存为"对话框中，将文件命名为"个人简历.docx"。

（2）将文字转换成表格。

选中全文，设置字体格式为"宋体，小四，1.3 倍行距"。单击"插入"→"表格"→"文本转换成表格"选项，打开"将文字转换成表格"对话框，如图 5-16 所示，按照文本内容，设置"文字分割位置"的字符，单击"确定"按钮。

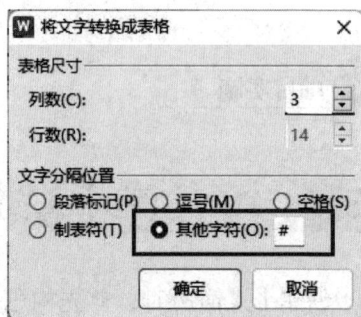

2. 合并单元格

（1）合并第 2~3 列单元格。

选中第 3 行"主修课程…"单元格，单击"表格工具"→"合并单元格"选项，如图 5-17 所示。采用同样的方式合并最后一行自我评价内容列。

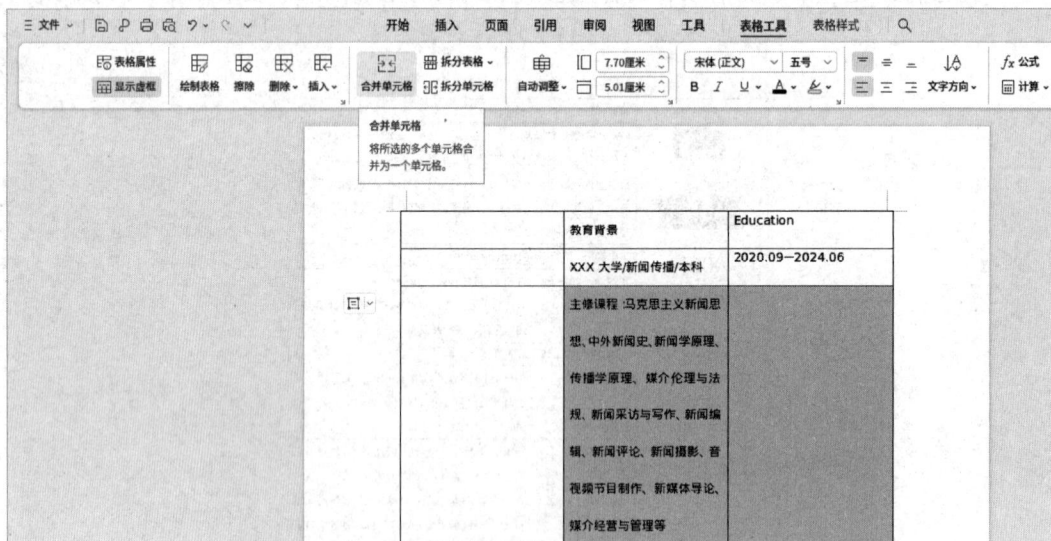

图 5-16　"将文字转换成表格"对话框

图 5-17　单击"合并单元格"选项

（2）合并第 1 列单元格。

选中第 1~3 行，合并单元格作为个人照片；第 4~6 行作为求职意向；剩余所有行作为基本信息，效果如图 5-18 所示。

图 5-18　合并第 1 列单元格

3. 设置表格

（1）设置表格宽度。

选中表格，单击"表格工具"→"表格属性"选项，在打开的"表格属性"对话框中设置"尺寸"选项组的"指定宽度"为"17 厘米"，居中对齐，如图 5-19 所示，单击"确定"按钮。

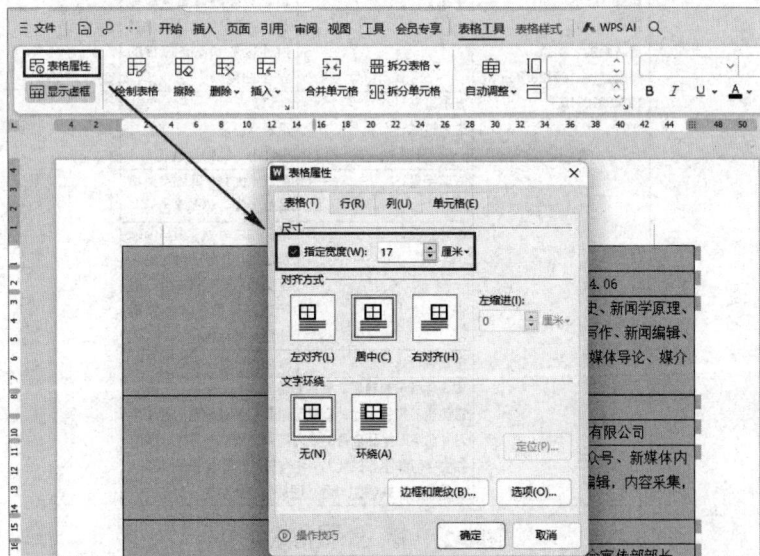

图 5-19　设置表格宽度

选中第 1 列，设置第 1 列宽度为"5 厘米"，如图 5-20 所示。

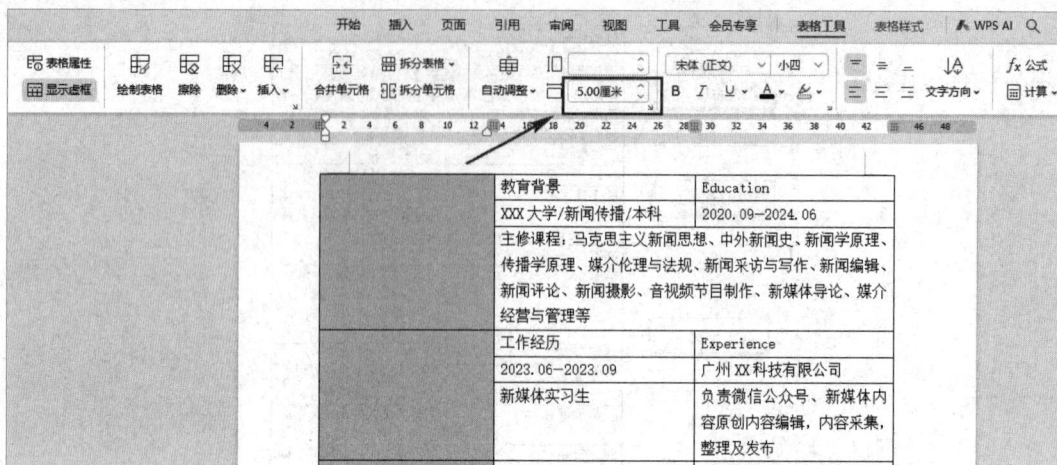

图 5-20　设置第 1 列宽度

（2）表格排版。

输入第 1 列的个人信息，包括个人照片，图片高度为 4 厘米；求职意向（姓名），宋体、小一、加粗；基本信息，宋体、小四。如图 5-21 所示。

图 5-21　输入个人信息

（3）设置表格对齐方式。

设置表格内所有项目格式水平及垂直居中对齐。选中表格的第 1 列，单击"表格工具"→

"对齐方式"→"水平居中"选项，如图 5-22 所示。

采用同样的方式，按照需求设置表格内对齐方式。

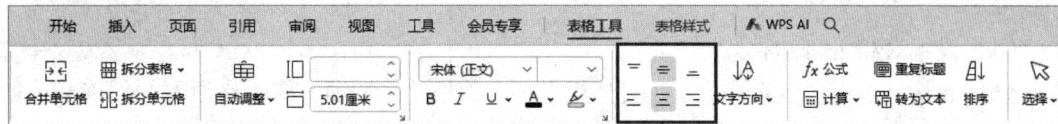

图 5-22 单击"水平居中"选项

任务 5-2 设计与美化个人简历

个人简历创建完成后，需要为表格设置合适的边框和底纹，以增强简历的视觉效果和专业性。这涉及选择适合的边框样式、颜色和宽度，以及底纹的填充颜色和图案。利用格式刷工具统一美化文档中的格式，有助于提高工作效率，效果如图 5-23 所示。

图 5-23 设计与美化个人简历

设计与美化个人简历的主要步骤如下。

（1）设置表格的边框。

（2）设置表格的底纹。

1. 设置表格的边框

（1）设置表格外部边框。

选中表格，单击"表格样式"→"边框"→"无框线"选项，将表格原本框线隐藏，如图 5-24 所示。

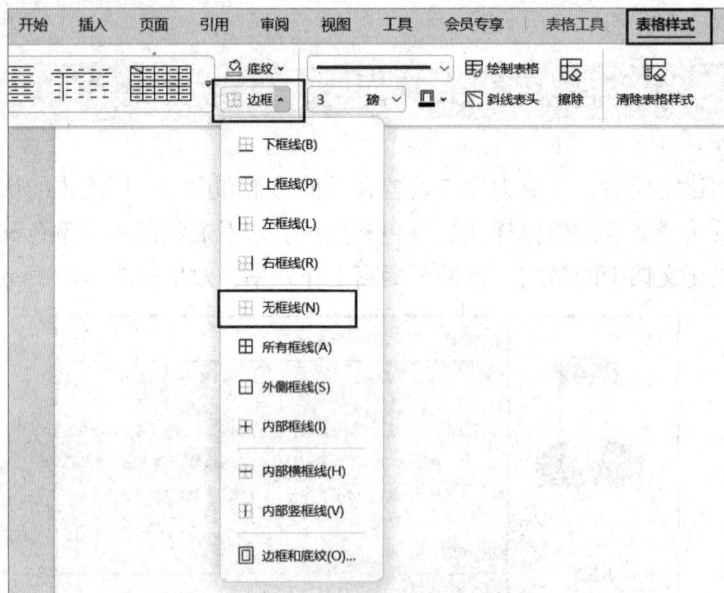

图 5-24　单击"无框线"选项

单击"表格样式"→"边框"→"边框和底纹"选项，如图 5-25 所示，在打开的"边框和底纹"对话框中，设置表格外部边框颜色为"橙色，着色 3，深色 50%"，"宽度"为"3 磅"，如图 5-26 所示，单击"确定"按钮。

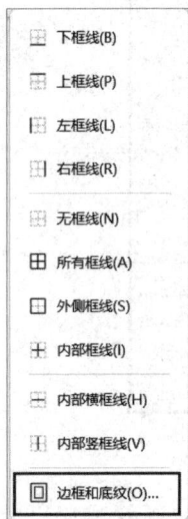

图 5-25　单击"边框和底纹"选项

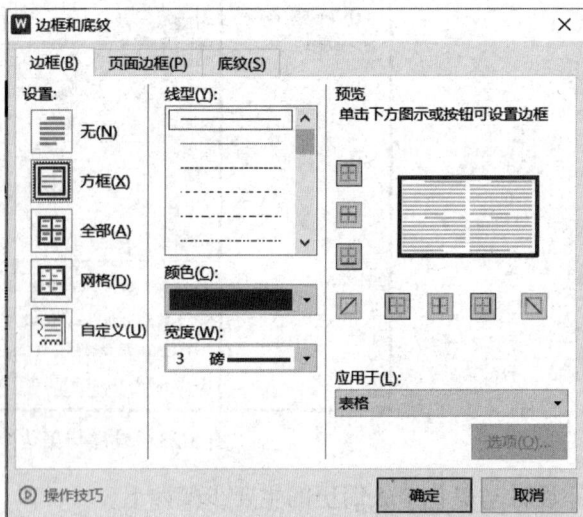

图 5-26　设置表格外部边框的颜色与宽度

（2）设置表格内部边框。

选中表格，单击"表格样式"→"边框"→"内部框线"选项，在打开的"边框和底纹"对话框中设置合适的表格内部边框的颜色与宽度。单击"表格样式"→"绘制表格"选项，如图 5-27 所示，在表格中直接绘制相应的框线，内部边框设置如下。

- 竖线：颜色为"橙色，着色 3，深色 50%"、宽度为"3 磅"。
- 横线：颜色为"橙色，着色 3，深色 50%"、宽度为"1 磅"。
- 设置表格中的字体格式。

效果如图 5-28 所示。

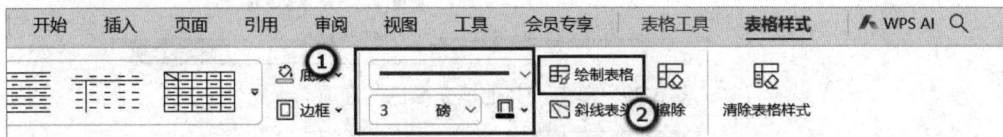

图 5-27　单击"绘制表格"选项

图 5-28　设置表格内部边框效果

2. 设置表格的底纹

选中表格，单击"表格样式"→"底纹"→"其他填充颜色"选项，如图 5-29 所示。

打开"颜色"对话框，设置背景颜色为"红色 252、绿色 243、蓝色 227"，如图 5-30 所示，单击"确定"按钮。

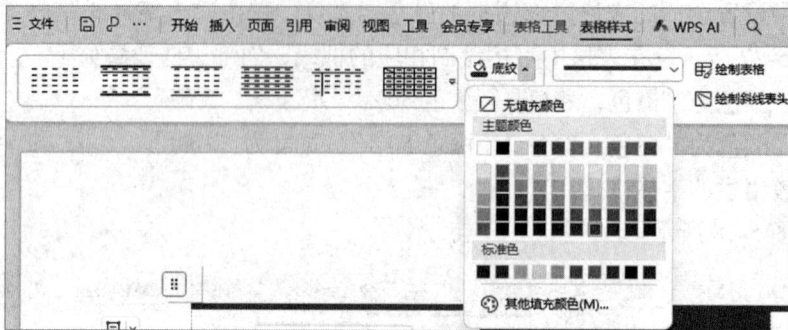

图 5-29　单击"其他填充颜色"选项

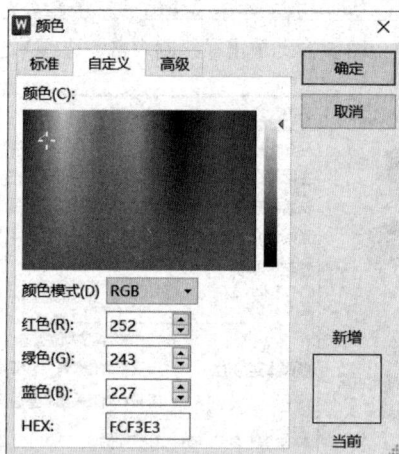

图 5-30　设置"颜色"对话框

项目拓展

课后习题

一、选择题

1. 在 WPS 文字中，添加边框和底纹的操作通常是在（　　）选项卡下进行的。

　　A. 开始　　　　　　　B. 插入　　　　　　　C. 设计　　　　　　　D. 格式

2. 在 WPS 文档中，如果想要在文档中插入页码，并希望页码从第二页开始显示，则以下操作正确的是（　　）。

　　A. 直接在页码设置中勾选"首页不同"

　　B. 插入分节符后，在第二节设置页码

　　C. 手动在第一页后面添加页码

　　D. 在页眉页脚编辑模式下设置

3. 在 WPS 文字中设置背景时，如果想要使用自定义图片作为背景，则以下操作正确的是（　　）。

    A. 页面布局→背景→标准色　　　　B. 页面布局→背景→图片背景

    C. 插入→图片　　　　D. 视图→背景

4. 在 WPS 文字中，关于页眉页脚的设置，以下说法正确的是（　　）。

    A. 可以插入页码

    B. 可以设置不同的奇偶页页眉页脚

    C. 可以添加横线等装饰元素

    D. 只能输入文本，不能插入图片

5. 如果想要在 WPS 文字中为特定文本应用已定义的样式，则用户应该先选择该文本，再通过（　　）应用样式。

    A. "插入"选项卡　　　　B. "开始"选项卡中的样式列表

    C. "审阅"选项卡　　　　D. "布局"选项卡

二、填空题

1. 在 WPS 文字中，表格是由一系列按＿＿＿排列的单元格组成的矩形结构，用于组织和展示数据。

2. WPS 文字中表格的组成元素主要包括单元格、＿＿＿、行和列。

3. 在 WPS 文字中插入表格，可以单击"插入"→＿＿＿选项实现；对已插入的表格进行编辑，如调整行高、列宽等，可以先选中表格后，再通过"表格工具"选项卡进行操作。

三、实训题

1. 项目背景

在竞争激烈的职场中，个人简历是求职者展现自身能力、经验与专业素养的关键工具，关乎职业形象，是求职成功的重要因素。在当下人才济济的就业市场，求职者数量远超岗位供给，竞争极为激烈。招聘方往往在短时间内会收到海量简历，如何让自己的简历脱颖而出，成为求职者获得面试机会的关键呢？一份精心制作的个人简历能够清晰、准确地呈现出求职者的核心竞争力，抓住招聘者的目光。

2. 项目要求

（1）在文档中插入表格，呈现个人基本信息、教育背景、工作/在校经历、技能证书、自我评价等信息。

（2）页面设置：A4 纸张，页边距上下 2.5cm、左右 3cm，装订线左侧 1cm。

（3）标题设置（如"教育背景"与"工作/在校经历"等），方正姚体、小二号字、深蓝色、段前间距 1 行；正文设置，宋体、小四、1.5 倍行距；工作在校经历、技能证书、自我评价的段落首行缩进 2 字符。

（4）教育背景中的"主修课程"用表格呈现（3 门课程），设置表格边框为 1.5 磅蓝色实线。

（5）页面背景填充灰色（灰色-25%，背景 2），标题区域添加浅蓝色底纹（RGB：204、232、255）。

项目 6

制作日程安排表

项目学习目标

◎ **知识目标：**

（1）了解 WPS 表格的基本操作，如新建工作表、输入文本与数字。

（2）掌握 WPS 表格中设置表格与单元格格式、调整行高与列宽的方法。

（3）掌握 WPS 表格中自动填充、合并单元格的方法。

◎ **能力目标：**

（1）能够高效、准确地输入文本和数字信息，并熟练运用序列填充功能提高输入效率。

（2）灵活运用表格和单元格格式化技巧，制作出既美观又实用的表格。

（3）能够独立解决问题，如格式调整不当、数据输入错误等。

◎ **素质目标：**

（1）培养学生的信息意识，使其能够认识到 WPS 表格在日常生活和工作中的重要性，并具备利用信息技术解决实际问题的能力。

（2）鼓励学生在制作日程安排表时发挥创造力，尝试不同的格式化方法和技巧，制作个性化和创新性的作品。

（3）通过数据输入和有效性设置等环节的实践，培养学生对待数据的严谨态度，确保信息的准确性和可靠性。

思维导图

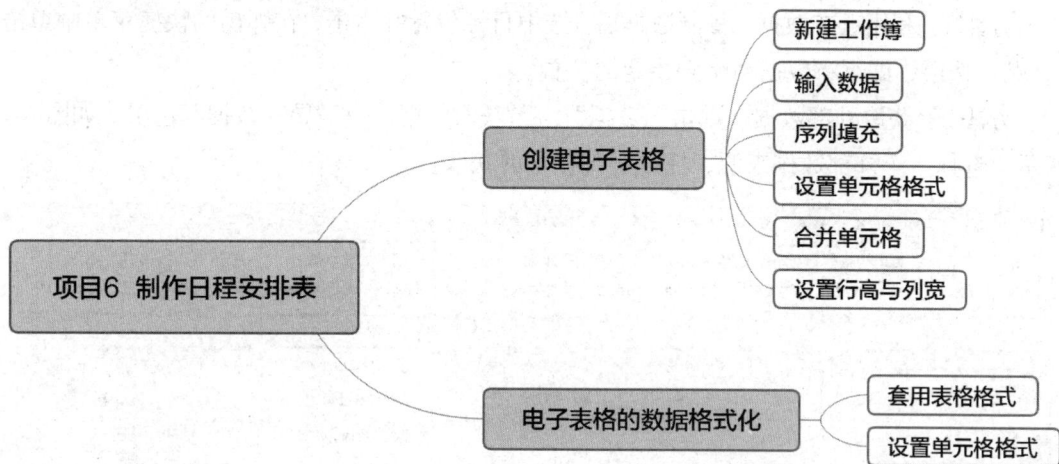

项目描述

小航是一名即将步入大三的学生，为了有效管理自己的学习与生活，提高时间利用效率，他决定制作一份日程安排表。作为一名注重效率与规划的个体，他希望通过这份日程安排表来合理安排每天的学习任务、社团活动、体育锻炼及休闲娱乐时间，确保自己能够平衡学业与兴趣发展，同时保持身心健康。

项目分析

利用 WPS 表格制作日程安排表，旨在熟练掌握其基本操作与数据管理方法，设计合理的表格结构以便清晰呈现日期、时间、事件等关键信息，并运用丰富的格式化技巧提升表格的美观度与可读性。

相关知识

6.1　创建电子表格

6.1.1　新建工作簿

新建 WPS 表格的常用方法有以下几种。

方法 1：单击"文件"→"新建"选项，即可新建一个空白工作簿。

方法 2：单击"文件"→"打开"选项，在打开的"打开"对话框中选择要打开工作簿的所在位置，选择对应文件。

6.1.2 输入数据

在工作表中输入数据有以下几种方法。

方法 1：利用已有数据。复制数据后，选中目标位置并右击，在弹出的快捷菜单中单击"粘贴"选项，即可将数据粘贴到指定的位置。

方法 2：获取外部数据。单击"数据"→"获取数据"→"导入数据"选项，如图 6-1 所示，选择一个外部数据来源，完成外部数据的获取。

图 6-1　单击"导入数据"选项

方法 3：直接输入。首先在工作表中选中单元格，双击该单元格，使单元格处于编辑状态，然后输入指定内容。也可以选中单元格后，直接在编辑栏输入指定内容。

6.1.3 序列填充

（1）序列填充。

文本一般是指字符型数据，可以是英文、中文、符号、数字等。在默认情况下，输入的文本是左对齐的。当输入的文本较长时，会延伸显示，即超过当前单元格的范围，当其后的单元格非空时，超出部分会被截断，隐藏显示。

除了使用上述方法输入数据，还可以使用 WPS 表格提供的填充功能快速、批量地输入数据。单元格的右下角有一个小方块，称为"填充柄"，如图 6-2 所示。当鼠标指针移到填充柄上时，会显示为实心的十字形状，拖动填充柄可以快速输入数据。填充柄可以向上、下、左、右 4 个方向拖动。

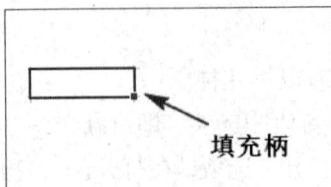

图 6-2　填充柄

（2）快速填充。

首先输入文本，然后拖动填充柄，文本内容不变，只是复制文本内容。

首先输入纯数值，然后拖动填充柄，数值不变，只是简单复制。因此需要连续输入两个数，同时选中指定的两个单元格，拖动填充柄，产生等差数列，差值为两数值之差。

以上填充为系统默认方式，如果想修改填充方式，则当填充拖动结束时，系统在填充柄右下方显示"自动填充选项"下拉按钮，可在其下拉列表中单击填充方式，如图6-3所示。

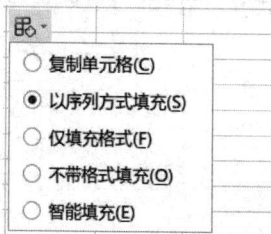

图6-3 "自动填充选项"
下拉列表

6.1.4 设置单元格格式

（1）设置单元格字体格式。

选中单元格，可以对单元格的所有内容进行字体格式设置，如果只想对单元格部分内容进行字体设置，则先双击单元格，使该单元格处于编辑状态，再选择指定的部分内容进行字体设置。在WPS表格中，设置字体的常用方法有以下几种。

方法1：在"开始"选项卡中单击相应的字体属性选项，即可快速完成字体设置。

方法2：单击"开始"→"字体"→"字体设置"按钮 ↘ ，打开"单元格格式"对话框，单击"字体"选项卡，如图6-4所示，在该界面可以完成相应的字体设置。

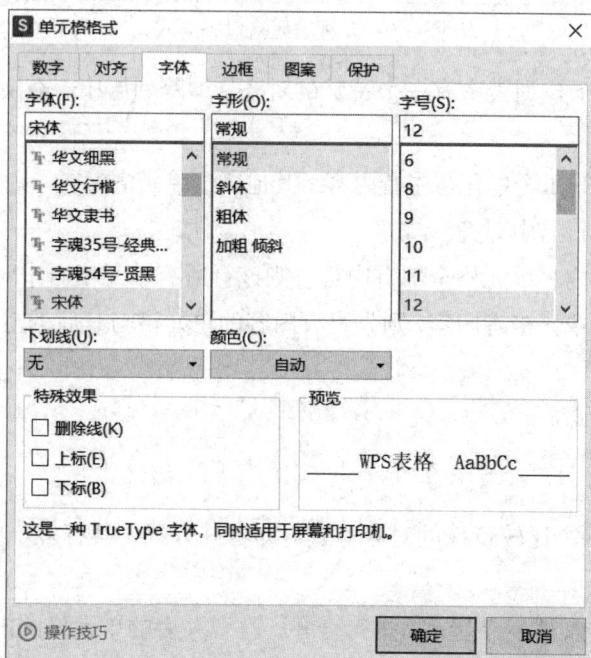

图6-4 单击"字体"选项卡

方法3：选中单元格并右击，在弹出的快捷菜单中单击"设置单元格格式"选项，打开"单元格格式"对话框，单击"字体"选项卡，在该界面可以完成相应的字体设置。

（2）设置单元格对齐方式。

设置单元格对齐的常用方法有以下几种。

方法 1：在"开始"选项卡中可以单击其中选项快速设置单元格对齐方式、自动换行等。

方法 2：单击"开始"→"字体"→"字体设置"按钮 ⏋，在"单元格格式"对话框中单击"对齐"选项卡，在该界面可以设置文本对齐方式、文本控制等，如图 6-5 所示。

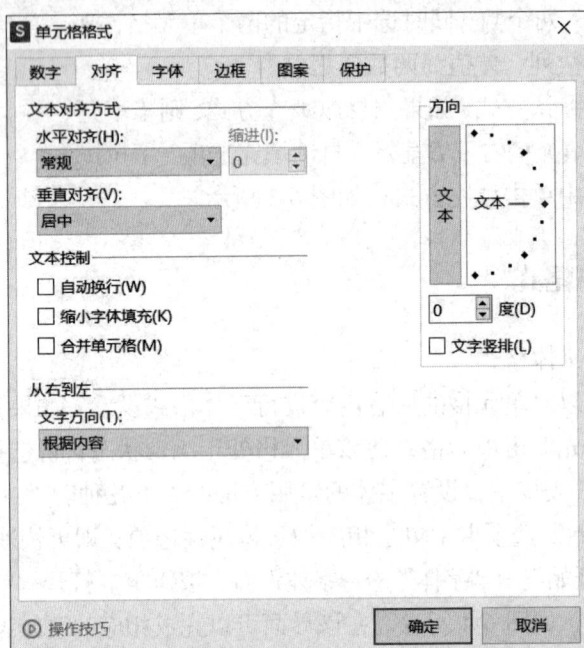

图 6-5　设置单元格对齐方式

在"水平对齐"下拉列表中有一个特殊的对齐，即跨列居中，在所选的单元格区域中，有以下几种情况。

- 如果某行只有第 1 个单元格中有内容，其他所选单元格为空，则先将该行的所选单元格合并，再进行居中对齐。
- 如果某行所有内容单元格全部有内容，则该行所有单元格居中对齐。
- 如果某行部分单元格有内容，则先将有内容的单元格与其后的空值单元格合并，再进行居中对齐。

6.1.5　合并单元格

WPS 表格中有一个比较特殊的对齐方式，即合并方式，其有多个子选项。下面介绍几个常用的合并方式。

- 合并居中：可以对多行单元格进行合并，且合并后的单元格的内容居中显示。
- 合并单元格：将所选的单元格合并为一个单元格，仅保留第 1 个单元格的内容。
- 合并内容：将所选的单元格内容合并到一个单元格。

需要注意的是，跨列居中对齐与合并居中对齐不是同一种对齐方式，一定要按要求，选择相应的对齐方式。图 6-6 所示为合并单元格的选项。

图 6-6　合并单元格的选项

6.1.6　设置行高与列宽

在 WPS 表中，设置行高与列宽的常用方法有以下几种。

方法 1：选中一行或多行，在行标位置右击，在弹出的快捷菜单中单击"行高"选项，如图 6-7 所示，打开"行高"对话框，输入指定的行高值，单击"确定"按钮，即可设置行高。

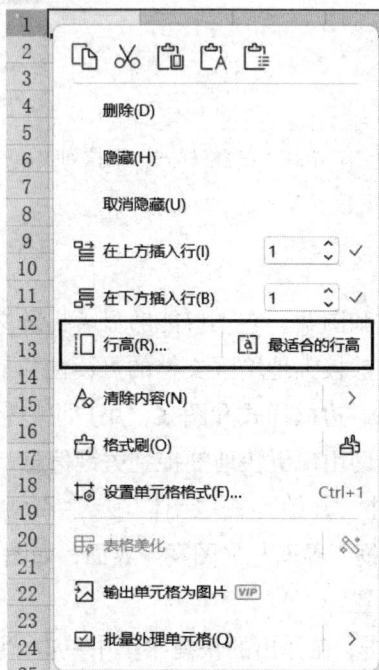

图 6-7　单击"行高"选项

方法 2：选中一行或多行，在行标的分割线位置双击，可以自动调整非空行的行高。列宽的设置方法与行高的设置方法类似，这里不再赘述。

6.2 电子表格的数据格式化

6.2.1 套用表格格式

套用表格格式可以将单元格区域快速转换为具有某种样式的表格。选中单元格，单击"开始"→"表格样式"选项，打开"表格样式"下拉列表，选择所需的表格样式即可，如图 6-8 所示。

图 6-8 "表格样式"下拉列表

6.2.2 设置单元格样式

设置单元格样式包括样式和图案，它不仅能够显著提升文档的整体视觉效果，使其看起来更加专业、有条理，还能够极大地增强文档的可读性和易理解性。通过为不同的数据或信息区域应用不同的填充色、边框样式和图案，用户可以轻松区分不同的数据类别、重要性级别或逻辑分组，从而帮助用户更快地捕捉到关键信息，减少阅读时间。

方法 1：选中单元格，单击"开始"→"字体"→"字体设置"按钮 ⏷，打开"单元格格式"对话框，分别打开"边框"界面与"图案"界面，如图 6-9、6-10 所示，在这两个界面中即可完成单元格样式的设置。

方法 2：选中单元格并右击，在弹出的快捷菜单中单击"设置单元格格式"选项，分别打开"边框"界面与"图案"界面，在这两个界面中即可完成单元格样式的设置。

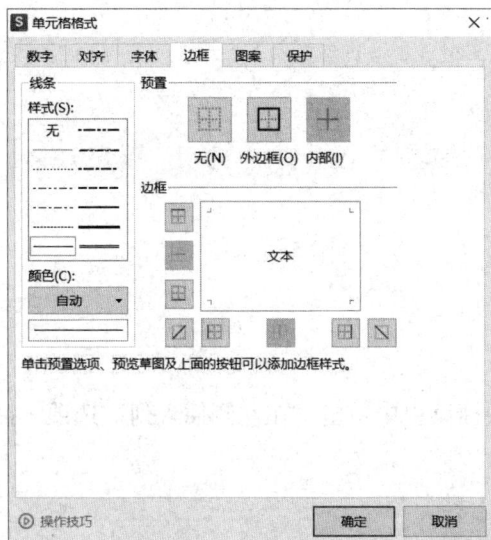

图 6-9 "边框"界面

图 6-10 "图案"界面

项目实施

任务 6-1 创建日程安排表

本任务旨在通过 WPS 表格制作一个高效、易读的日程安排表，用于个人或团队的时间管理或任务分配。本任务将涵盖输入数据、设置单元格格式及调整整体表格格式等关键步骤，确保日程安排表既美观又实用，效果如图 6-11 所示。

图 6-11 创建日程安排表效果

创建日程安排表的主要步骤如下。

（1）输入数据。

（2）序列填充。

（3）设置单元格格式。

（4）设置行高与列宽。

1. 输入数据

（1）打开表格"日程安排表.xls"。

（2）插入列：选中 A 列并右击，在弹出的快捷菜单中单击"在左侧插入列"选项，插入 2 列，如图 6-12 所示。

（3）输入文本：在 A2:A14 输入相应的文字内容。

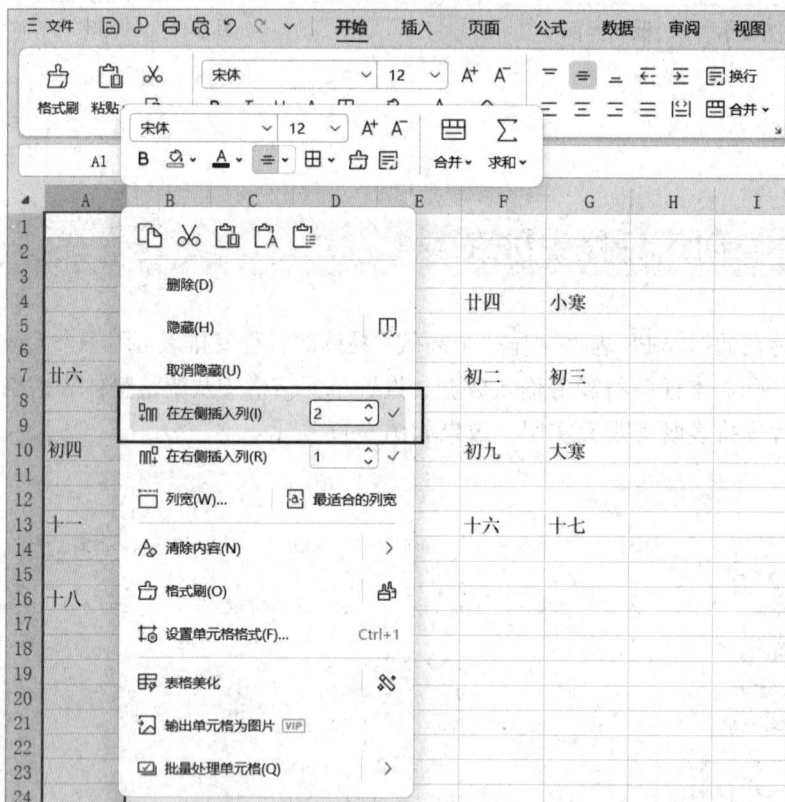

图 6-12　插入 2 列

2. 序列填充

（1）在 C2 单元格输入日期"星期日"。

（2）选中 C2 单元格，向右拖动填充柄，完成 C2:I2 单元格的序列填充。

（3）采用同样的方式，填充 C3:I3、C6:I6、C9:I9、C12:I12、C15:I15 单元格，如图 6-13 所示。

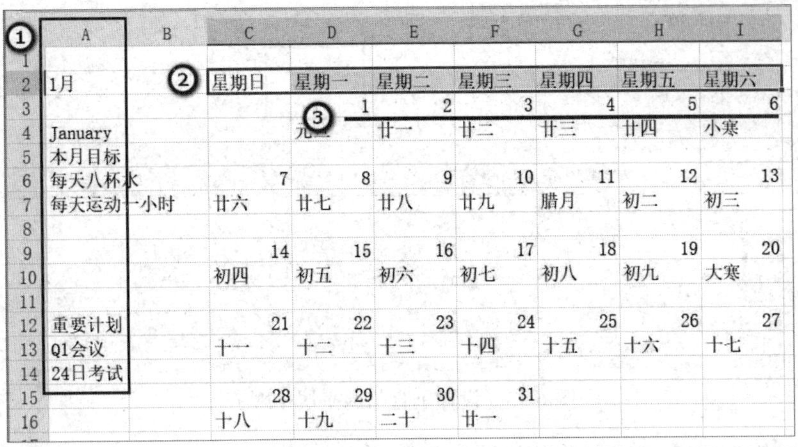

图 6-13　序列填充

3. 设置单元格格式

（1）设置单元格字体格式。

选中单元格，单击"开始"→"字体"选项组中的 ↘ 按钮，在打开的"单元格格式"对话框的"字体"界面设置字体格式，具体字体格式设置如下。

- A2 单元格"1 月"：微软雅黑、48 号、字体颜色 HEX 为"AD4949"。
- A4 单元格"January"：微软雅黑、12 号、字体颜色 HEX 为"AD4949"。
- A5、A12、C2:I2 单元格等日期小标题：微软雅黑、12 号。
- A6:A7、A13:A14 单元格：微软雅黑、11 号。
- C3:I3 等公历内容：微软雅黑、12 号、加粗、字体颜色 HEX 为"014D67"。
- C4:I4 等旧历内容：微软雅黑、9 号。

设置字体格式后的效果如图 6-14 所示。

图 6-14　设置字体格式后的效果

（2）设置单元格对齐方式。

选中工作表，在"开始"选项卡中设置字体对齐方式为垂直与水平居中对齐，如图 6-15 所示。

图 6-15　设置垂直与水平居中对齐

部分单元格的对齐方式要单独设置，具体要求如下。

- A4 单元格 "January"：垂直顶端对齐、水平居中对齐。
- C3:I3 等公历内容：垂直底端对齐、水平左对齐。
- C4:I4 等旧历内容：垂直顶端对齐、水平左对齐。

效果如图 6-16 所示。

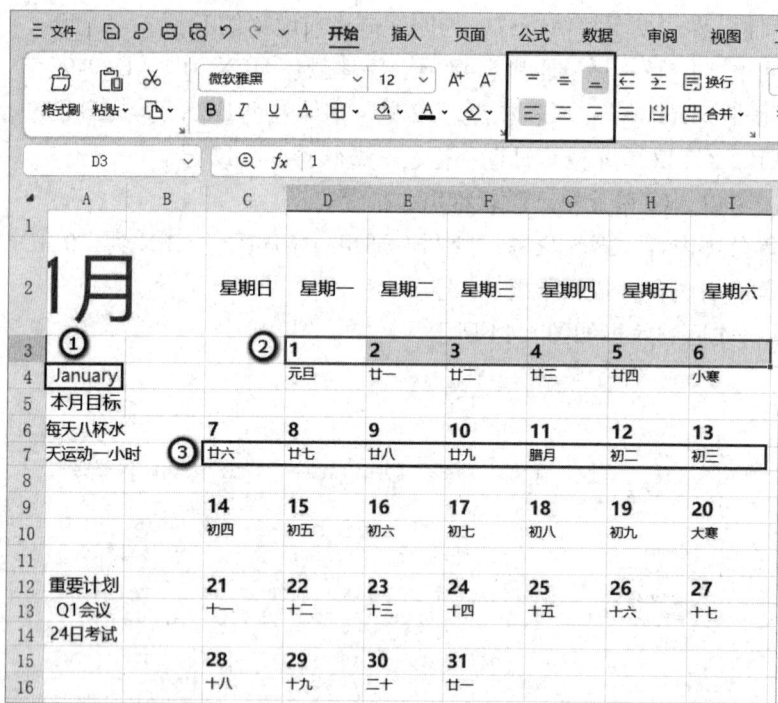

图 6-16　设置部分单元格对齐方式

（3）合并单元格。

选中 A2:A3 单元格，对单元格进行合并居中、垂直居中对齐，如图 6-17 所示。

选中 G16:I17 单元格，对单元格进行合并居中，输入文字 "备注"，设置字体格式为微软雅黑、12 号、加粗，字体颜色 HEX 为 "014D67"，对齐方式为垂直顶端对齐、水平左对齐，如图 6-18 所示。

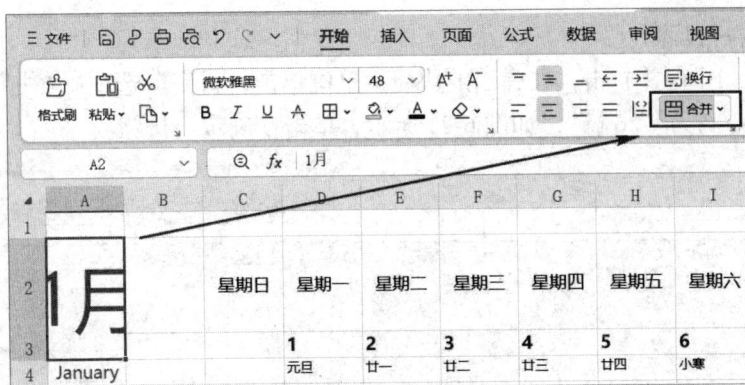

图 6-17 合并单元格

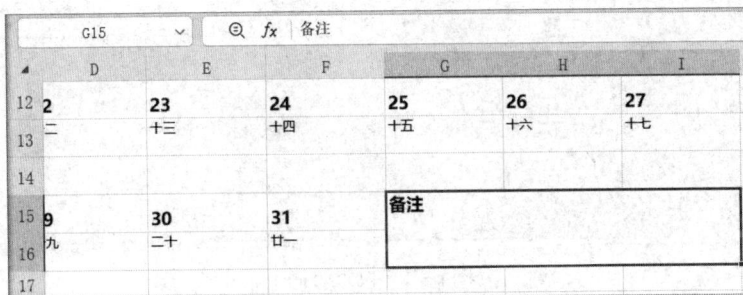

图 6-18 添加"备注"文字

4. 设置行高与列宽

（1）设置各列列宽。

选中 A 列，在列标的分割线位置双击，自动调整列宽。

选中 B 列并右击，在弹出的快捷菜单中单击"列宽"选项，如图 6-19 所示，在打开的"列宽"对话框中设置列宽为"13 字符"，如图 6-20 所示，单击"确定"按钮。

图 6-19 单击"列宽"选项

图 6-20 设置列宽

（2）设置各行行高。

选中第 2~16 行并右击，在弹出的快捷菜单中单击"行高"选项，在打开的"行高"对话框中设置行高为"26 磅"，如图 6-21 所示，单击"确定"按钮。

图 6-21　设置行高

任务 6-2　设计美化日程安排表

本任务聚焦于设计美化日程安排表。通过精心规划的边框样式、单元格填充色及字体调整，旨在提升表格的视觉吸引力和信息可读性，最终保存优化版本并收集反馈，确保日程安排表既美观又实用，效果如图 6-22 所示。

图 6-22　设计美化日程安排表效果

设计美化日程安排表的主要步骤如下。

（1）设置单元格边框样式。

（2）设置单元格背景样式。

1. 设置单元格边框样式

（1）取消网格线。

在"视图"选项卡中，取消勾选"网格线"复选框，即可取消网格线，如图6-23所示。

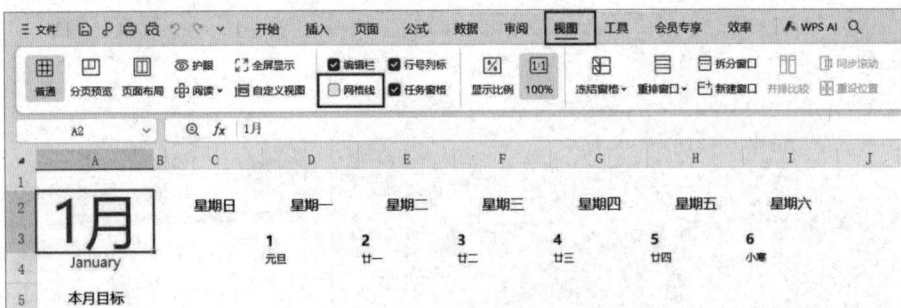

图6-23　取消勾选"网格线"复选框

（2）设置A列边框。

选中A5:A17单元格，单击"开始"→"字体"→"字体设置"按钮，打开"单元格格式"对话框，在"边框"界面设置线条的样式为"虚线"、颜色为"钢蓝，着色1，深色25%"、边框为"内部横框线"与"下框线"，单击"确定"按钮即可设置A列边框，如图6-24所示。

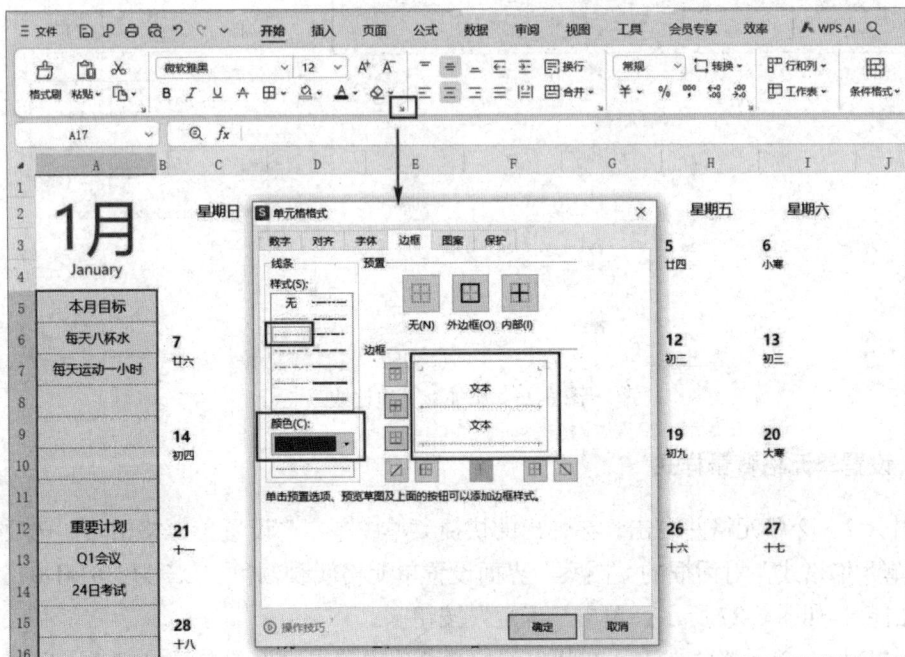

图6-24　设置A列边框

（3）设置日历外部边框。

选中 C2:I17 单元格，在"单元格格式"对话框的"边框"界面设置线条样式为"实线"、颜色为"灰色-25%，背景 2，深色 25%"、边框为"内部竖框线"与"外部框线"，单击"确定"按钮即可设置日历外部边框，如图 6-25 所示。

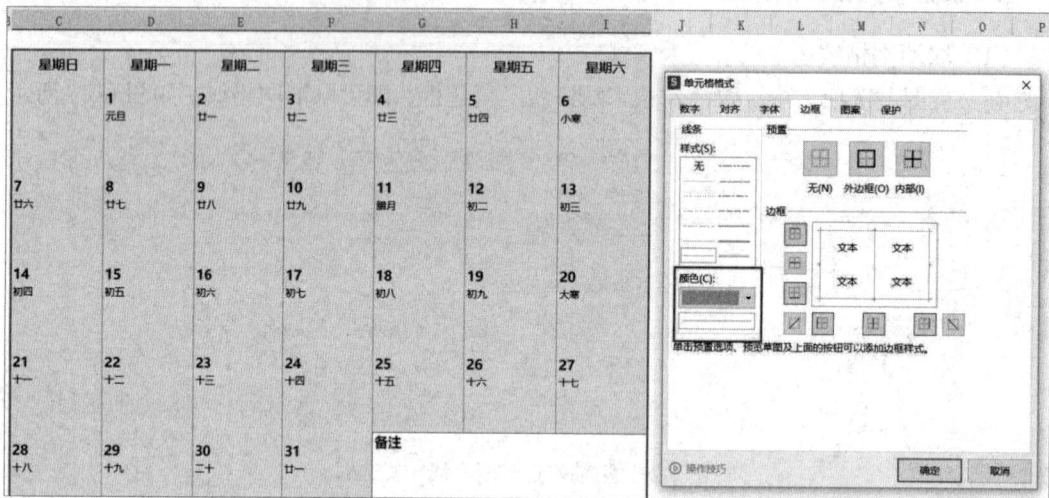

图 6-25　设置日历外部边框

选中 C3:I5 单元格，以 3 行为单位，添加上下边框线，如图 6-26 所示。

图 6-26　添加上下边框线

2. 设置单元格背景样式

选中 C2、I2 单元格并右击，在弹出的快捷菜单中单击"设置单元格格式"选项，在打开的"单元格格式"对话框的"图案"界面设置单元格底纹颜色 HEX 为"014D67"，字体颜色为白色，如图 6-27 所示，单击"确定"按钮。

选中 D2:H2 单元格并右击，在弹出的快捷菜单中单击"设置单元格格式"选项，在打开的"单元格格式"对话框的"图案"界面设置单元格底纹颜色 HEX 为"608F9F"，字体颜色为白色。采用同样的方法，设置 A5、A12 单元格均为白色字体加粗，如图 6-28 所示。

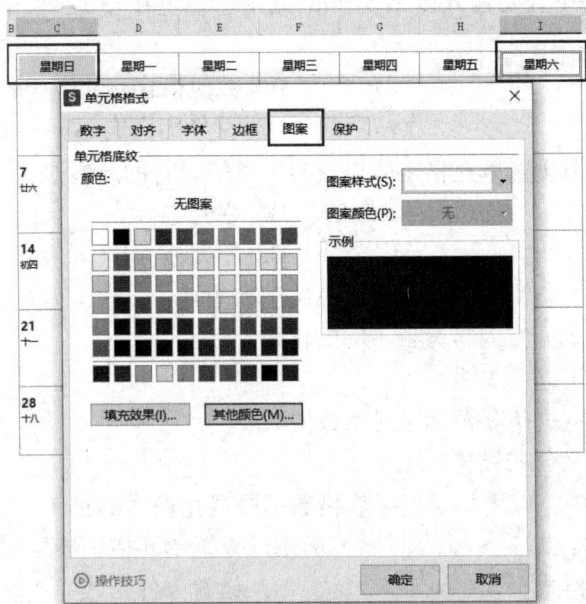

图 6-27 设置 C2、I2 单元格的背景样式

图 6-28 设置 D2:H2、A5、A12 单元格的背景样式

项目拓展

课后习题

一、选择题

1. 在 WPS 表格中设置单元格字体格式时，以下不包括的属性是（　　　）。

　　A. 字体　　　　　　　B. 字号　　　　　C. 下画线　　　　D. 数据验证

2. 在 WPS 表格中，要输入以 0 开头的数字（如 001），应该先将单元格格式设置为（　　）。

　　A. 常规格式　　　　　　　　　　B. 数值格式
　　C. 文本格式　　　　　　　　　　D. 百分比格式

3. 在 WPS 表格中设置单元格字体格式时，不能设置的属性是（　　）。

　　A. 字体　　　　　　　　　　　　B. 字号
　　C. 文本颜色　　　　　　　　　　D. 单元格大小

4. 在 WPS 表格中，关于条件格式的说法正确的是（　　）。

　　A. 可以根据单元格内容设置不同的格式
　　B. 只能应用于整个表格
　　C. 可以使用数据条和色标来显示数值大小
　　D. 支持自定义公式设置

5. 在 WPS 表格中，以下属于电子表格数据格式化操作的是（　　）。

　　A. 设置表格格式　　　　　　　　B. 设置单元格字体格式
　　C. 设置数字格式　　　　　　　　D. 设置条件格式

二、填空题

1. 在 WPS 表格中要想新建一个工作表，可以单击工作簿窗口下方标签栏右侧的_____按钮。

2. 在 WPS 表格中输入文本与数字时，文本默认在单元格中是_____对齐，而数字默认在单元格中是_____对齐。

3. 调整 WPS 表格的行高与列宽，除了使用鼠标指针拖动行号或列表边界的方法，还可以选中要调整的行或列，在"开始"选项卡的_____选项组中找到"行高"或"列宽"选项进行精确设置。

三、实训题

1. 项目背景

　　上课日程安排表是学校教学管理和学生学习规划的重要工具，它能清晰呈现课程信息，助力师生合理安排教学与学习活动。熟练运用办公软件制作此类表格，是提升工作或学习效率的必备技能。WPS 表格作为常用办公软件，具备丰富功能，可以高效制作出实用且美观的课日程安排表。本次实训旨在让大家掌握 WPS 表格的相关操作，制作两周的上课日程安排表，提升信息管理与表格设计能力。

2. 项目要求

　　（1）在表格第 1 行第 2 列开始依次向右输入文字"周一"、"周二"、……与"周五"作为表头文本。在第 1 列的第 2 个单元格开始，依次向下输入每天的上课节次，如"第 1 节"与"第 2 节"等。

　　（2）选中整个表格，将字体统一设置为宋体，字号设置为 12 号。

（3）设置行高为30磅。调整列宽，将第1列设置为10字符宽度，后面的列设置为15～20字符宽度。

（4）为表格添加边框，选择实线边框样式，将颜色设置为黑色，使表格轮廓清晰。为表头行设置底纹为淡蓝色，突出表头。

（5）将上课节次单元格进行合并，将每天的两节次合并为一个大单元格，用于后续输入课程名称。合并后的单元格要保证对齐方式正确，内容居中显示。

项目 7

统计分析学生成绩表

项目学习目标

◎ **知识目标：**

（1）掌握 WPS 表格中基础函数的基本功能、语法结构和参数设置方法。

（2）掌握 WPS 表格中排名函数、条件函数、统计函数的使用方法。

（3）理解 WPS 表格中条件格式的概念、单元格条件格式的使用方法。

◎ **能力目标：**

（1）能够独立运用 WPS 表格中的基础函数和条件格式。

（2）在面对实际的数据处理问题时，能够灵活运用所学知识设计合理的函数公式。

◎ **素质目标：**

（1）培养学生严谨、细致的科学态度，确保数据的准确性和分析的客观性。

（2）培养学生的团队合作精神和沟通能力，学会在团队中分享知识、共同解决问题。

（3）提高学生的信息素养，使其能够高效利用 WPS 表格处理和分析数据，为解决实际问题提供有力支持。

思维导图

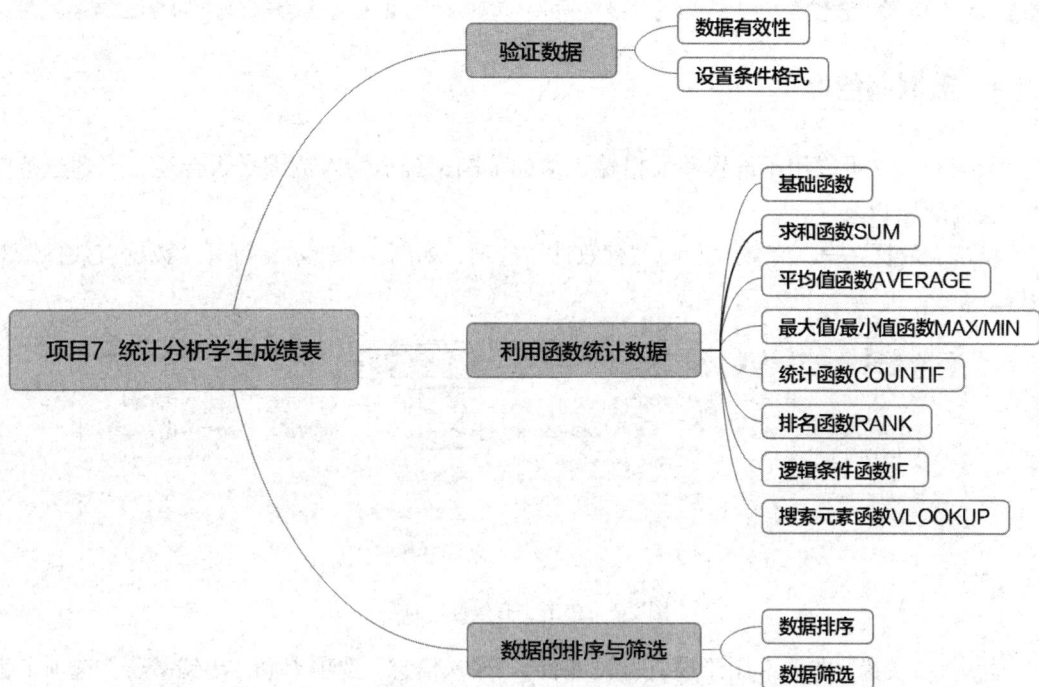

项目描述

小欣是一名高中班主任，在本学期期末即将来临之际，她想要制作一个学生成绩表，用于统计并分析全班学生在本学期各科目（如语文、数学、英语、物理、化学等）的学习表现。这个学生成绩表不仅作为对学生期末评价的重要依据，还将用于在家长会上的展示，以及为学校提供班级教学质量评估的参考。

项目分析

利用 WPS 表格强大的功能可以高效、快速地制作学生成绩表，旨在掌握基础函数在数据处理与分析中的灵活运用。同时，通过条件格式、数据排序和筛选功能进一步增强数据的可视化效果，使关键信息一目了然。这一过程不仅巩固了 WPS 表格的理论知识，更提升了制作者的实践操作能力，为日后处理复杂数据、制作专业报表奠定了坚实基础。

相关知识

7.1 验证数据

7.1.1 数据有效性

数据有效性可以用于设置单元格输入值的范围，提示输入范围是否合适，当超过范围时，会提醒用户。

单击"数据"→"有效性"→"有效性"选项，如图 7-1 所示，打开"数据有效性"对话框。

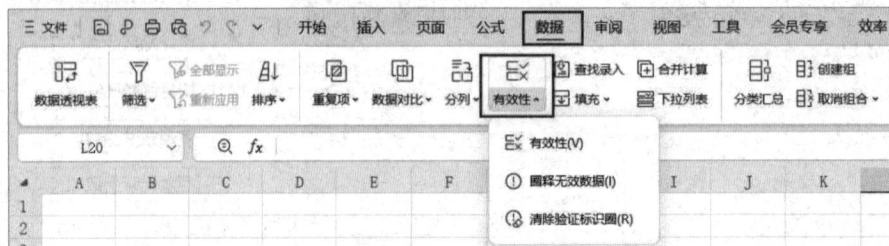

图 7-1 单击"有效性"选项

其中，"设置"选项卡用于设置验证条件，"输入信息"选项卡和"出错警告"选项卡都用于对验证内容进行提示，两者的设置方法类似，前者是对正确数据的提示，后者是对错误数据的提示。

（1）设置有效性条件。

设置数据有效性常用的两种方法如下。

方法 1：在"数据有效性"对话框中单击"设置"选项卡，打开"设置"界面，在"允许"下拉列表中单击"序列"选项，用于设置从指定名单中选择姓名，如图 7-2 所示。在"来源"框中选择单元格区域（如 A1:A4）。"来源"框不仅可以引用单元格的值，也可以直接输入选项文本，各选项之间用"，"隔开，单击"确定"按钮。

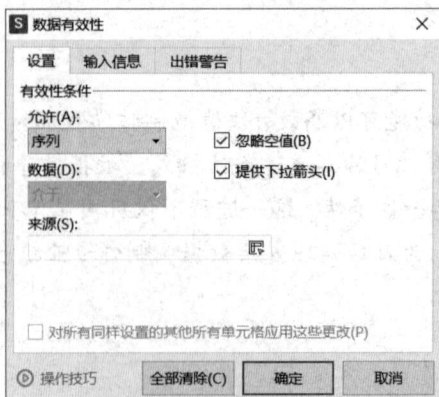

图 7-2 序列验证

方法 2：在"数据有效性"对话框中单击"设置"选项卡，打开"设置"界面，在"允许"下拉列表中单击"整数"选项，设置数据范围为 0～100，且为整数，如图 7-3 所示，单击"确定"按钮。

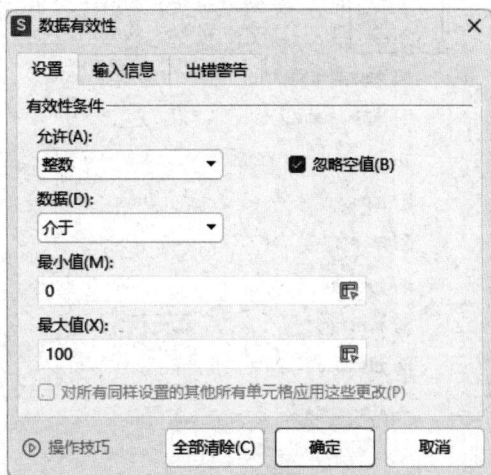

图 7-3　整数验证

（2）设置输入信息。

设置输入信息常用的两种方法如下。

方法 1：在"数据有效性"对话框中单击"输入信息"选项卡，在打开的"输入信息"界面可以设置标题内容和输入信息内容，如图 7-4 所示，单击"确定"按钮。设置好输入信息后，选中指定区域的单元格将显示设置好的信息。

方法 2：在"数据有效性"对话框中单击"出错警告"选项卡，在打开的"出错警告"界面可以设置样式图标警告、标题内容、错误信息内容，如图 7-5 所示，单击"确定"按钮。

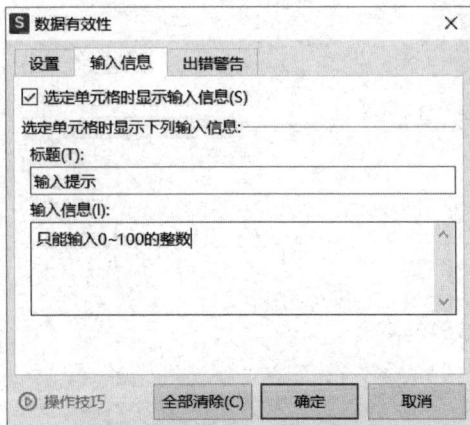

图 7-4　设置标题内容和输入信息

图 7-5　设置出错警告

7.1.2　设置条件格式

在 WPS 表格中，可以根据条件设置不同的格式，操作方法是：选中指定单元格区域，单击"开始"→"条件格式"→"突出显示单元格规则"选项，如图 7-6 所示，在下拉列表中单击"大于"选项，打开"大于"对话框，并设置相应参数，如图 7-7 所示，单击"确定"按钮。

图 7-6 "条件格式"下拉列表

图 7-7 设置条件格式

在"条件格式"下拉列表中单击"新建规则"选项，打开"新建格式规则"对话框，在该对话框中设置相应的规则，如图 7-8 所示，单击"确定"按钮。

图 7-8 设置新建格式规则

常用规则有以下几种。

①　突出显示单元格规则：可以通过改变颜色、字体、特殊效果等格式使某一类具有共性的单元格突出显示，如大于、小于、文本包含、重复值等规则。

②　项目选取规则：可以标记前 10 项、前 10%、高于平均值等内容。

③　数据条：数据条规则可使数据图形化，添加带颜色的数据条可以代表某个单元格的值，值越大，数据条越长。

④　色阶：为单元格区域添加颜色渐变，颜色指明每个单元格值在区域内的位置。

⑤　图标集：通过图标来表示每个单元格的值在区域中的位置。

7.2　利用函数统计数据

7.2.1　基础函数

WPS 表格提供了很多函数，而且与数学函数一样，这些函数都有明确的功能，且有唯一的函数名称。很多函数需要提供自变量的值来计算函数值。在 WPS 表格中，自变量称为"函数参数"，而且函数参数要放在函数名称后面的一对圆括号内。因此，在 WPS 表格中使用函数时，也需在函数名称后面输入一对圆括号，如 "=NOW()"。

输入函数的常用方法有以下几种。

方法 1：直接在"编辑栏"中输入函数名称。在输入函数名称前面几个英文字母时，系统会自动提示以此开头的函数，供用户选择，如图 7-9 所示。

图 7-9　在"编辑栏"中输入函数名称

方法 2：单击"开始"→"求和"选项，在打开的"求和"下拉列表中可以选择相应的函数选项，如图 7-10 所示，即可直接引用函数。

图 7-10　"求和"下拉列表

方法 3：单击"编辑栏"前面的"插入函数"选项 fx，打开"插入函数"对话框，如图 7-11 所示。

使用以下几种方法可以搜索函数，随后在"选择函数"列表框中选中指定函数。

- 在"查找函数"文本框中输入函数名称。
- 在"或选择类别"下拉列表框中选择函数类型。
- 在"选择函数"列表框中输入某个英文字母可以快速找到对应英文字母开头的函数。

"选择函数"列表框下面显示所选函数的语法格式和函数功能。选择函数后，单击"确定"按钮，打开对应函数的"函数参数"对话框，设置相应参数，单击"确定"按钮即可。

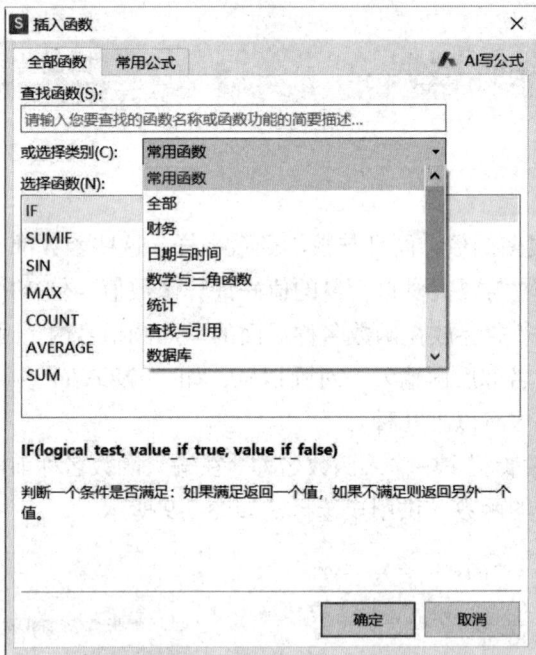

图 7-11　"插入函数"对话框

方法 4：单击"公式"选项卡，在"函数库"选项组中显示各类常用函数下拉列表，如图 7-12 所示。如果对函数分类比较熟悉，则可以快速从下拉列表中单击对应的函数。

"函数库"选项组

图 7-12　"公式"选项卡

7.2.2　求和函数 SUM

SUM 函数的功能是计算单元格区域内所有数值之和，其语法格式如下。

```
SUM(数值1,数值2,……)
```

- 数值 1：要相加的第 1 个数。该数可以是数字，或者表格中的单元格引用（如 A1）

或单元格范围（如 A2:A8）。
- 数值 2：要相加的第 2 个数。

图 7-13 所示为 SUM "函数参数" 对话框。

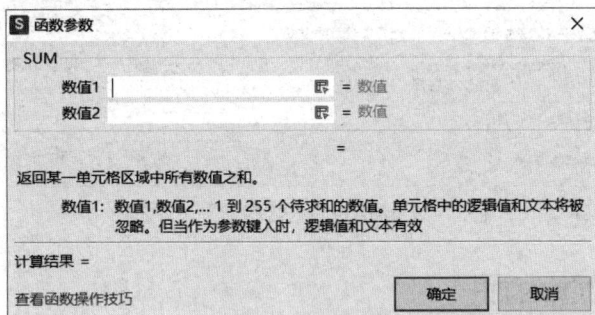

图 7-13 SUM "函数参数" 对话框

7.2.3 平均值函数 AVERAGE

AVERAGE 函数的功能是返回其参数的算术平均值，其语法格式如下。

AVERAGE(数值 1,数值 2,……)

- 数值 1、数值 2：要计算平均值的 1~30 个参数。这些参数可以是数字，或者涉及数字的名称、数组或引用。如果数组或单元格引用参数中有文字、逻辑值或空单元格，则忽略其值。但是，如果单元格包含零值，则计算在内。

图 7-14 所示为 AVERAGE "函数参数" 对话框。

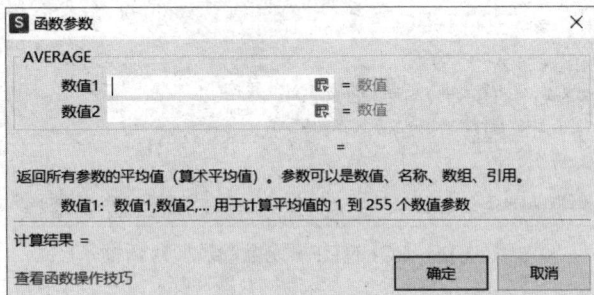

图 7-14 AVERAGE "函数参数" 对话框

7.2.4 最大值/最小值函数 MAX/MIN

MAX 函数的功能是返回一组数据值中的最大值，忽略逻辑值和文本。MAX 函数可设置多个参数，表示从多个区域中选择最大值，其语法格式如下。

MAX(数值 1,数值 2,……)

MIN 函数的功能是返回一组数据值中的最小值，忽略逻辑值和文本，其语法格式如下。

MIN(数值 1,数值 2,……)

图 7-15 所示为 MAX "函数参数" 对话框。

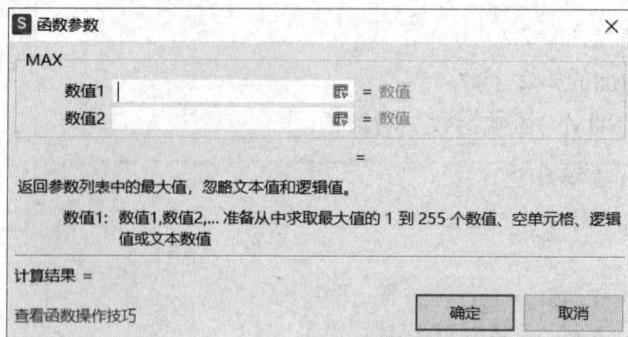

图 7-15 MAX "函数参数"对话框

7.2.5 统计函数 COUNTIF

COUNTIF 函数的功能是计算区域中满足给定条件的单元格的个数，其语法格式如下。

`COUNTIF(区域，条件)`

- 区域：要计算其中非空单元格数目的区域。
- 条件：用来计算的条件。这个条件可以是数字、表达式或文本字符串。条件可以用比较运算符（如 >、<、= 等）来定义；或者对于文本字符串，可以使用通配符（如 ?和 *）来匹配模式。

图 7-16 所示为 COUNTIF "函数参数"对话框。

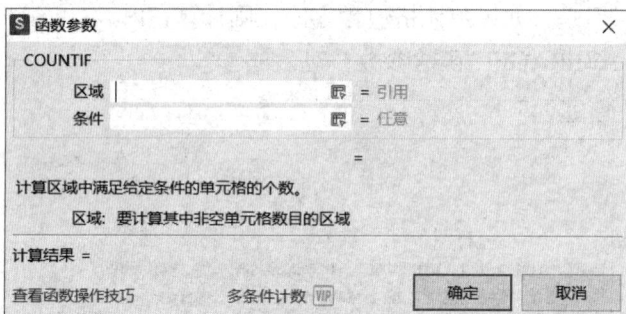

图 7-16 COUNTIF "函数参数"对话框

7.2.6 排名函数 RANK

RANK 函数的功能是返回某数字在一列数字中相对于其他数值的大小排名，其语法格式如下。

`RANK(数值,引用,〔排位方式〕)`

- 数值：查找排名的数字。
- 引用：一组数或对一个数据列表的引用。
- 排位方式：列表中排名的数字（如果为 0 或忽略，则进行降序排列；如果为非零值，则进行升序排列）。

图 7-17 所示为 RANK "函数参数"对话框。

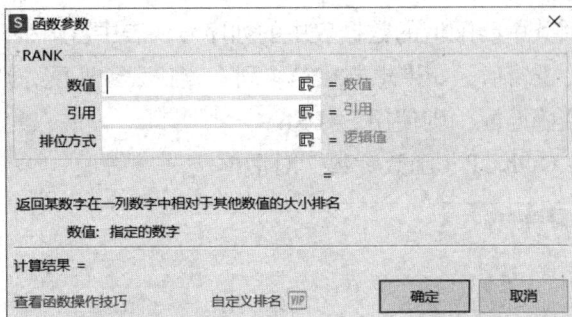

图 7-17　RANK "函数参数"对话框

7.2.7　逻辑条件函数 IF

IF 函数的功能是判断是否满足某个条件，如果满足，则返回一个值，如果不满足，则返回另一个值。找出判断条件，条件为 TRUE 时该如何处理，条件为 FALSE 时该如何处理，其语法格式如下。

IF(测试条件,真值,[假值])

IF 函数有以下 3 个参数。

- 测试条件：任何可能被计算为 TRUE 或 FALSE 的数值或表达式。
- 真值：测试条件为 TRUE 时的返回值。
- 假值：测试条件为 FALSE 时的返回值。

图 7-18 所示为 IF "函数参数"对话框。

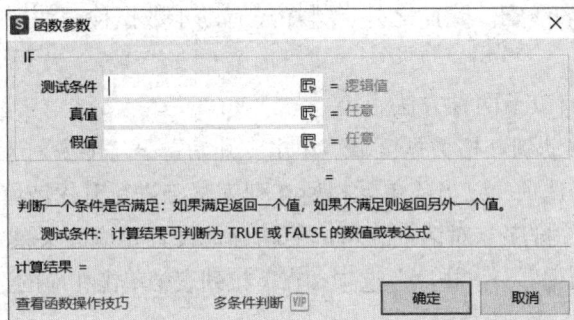

图 7-18　IF "函数参数"对话框

7.2.8　搜索元素函数 VLOOKUP

VLOOKUP 函数的功能是搜索表区域首列满足条件的元素，确定待检索单元格区域中的行序号，再进一步返回选定单元格的值。在默认情况下，表是以升序排列的，其语法格式如下。

VLOOKUP(查找值,数据表,序列数,[匹配条件])

VLOOKUP 函数有以下 4 个参数。

- 查找值：需要在数据表首列进行搜索的值，可以是数值、引用或字符串。
- 数据表：要在其中搜索数据的文字、数字或逻辑表。

- 序列数：应返回其中匹配值的数据表中的列序号，表中首值列序号为 1。
- 匹配条件：一个逻辑值，如果想要在第 1 列中查找大致匹配，则使用 TRUE 或忽略；如果想要查找精确匹配，则使用 FALSE。

图 7-19 所示为 VLOOKUP "函数参数"对话框。

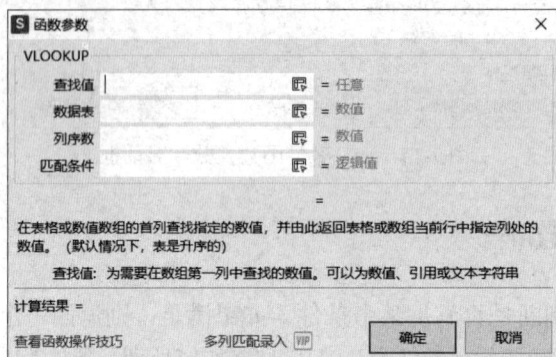

图 7-19　VLOOKUP "函数参数"对话框

7.3　数据的排序与筛选

7.3.1　数据排序

数据排序是按一定顺序将数据排列，以便研究者通过浏览数据发现一些明显的特征或趋势，找到解决问题的线索。除此之外，排序还有助于数据检查纠错，以及为重新归类或分组等提供方便。

对数据进行排序有以下两种方法。

方法 1：将光标移动到表格数据区域，单击"开始"→"排序"选项，在下拉列表中单击"升序"或"降序"选项，以当前单元格所在列为基础进行升序或降序排列。单击"自定义排序"选项，打开"排序"对话框，可以更精确地设置相应的关键字进行排序。

方法 2：单击"数据"→"排序"选项，在下拉列表中单击相应的选项，如图 7-20 所示。

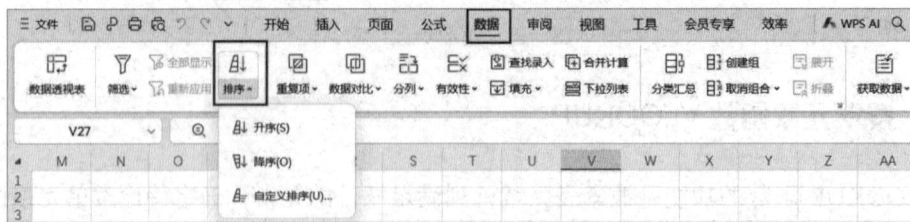

图 7-20　"排序"下拉列表

7.3.2　数据筛选

数据筛选就是在原数据中筛选出所需的数据。WPS 表格提供了自动筛选和高级筛选两种方式。图 7-21 所示为"筛选"下拉列表，在该下拉列表中可以单击相应的选项进行自动筛选或高级筛选。

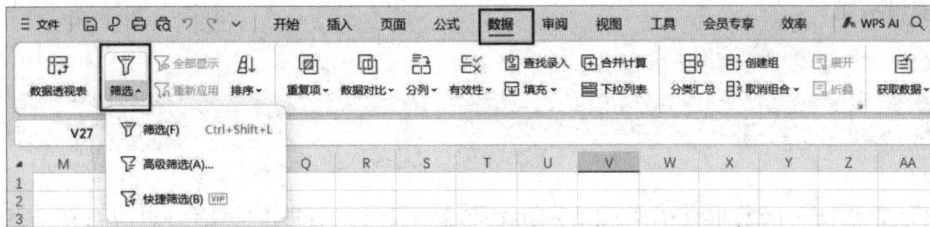

图 7-21 "筛选"下拉列表

（1）自动筛选。

在数据区域任何位置单击即可选中一个单元格，单击"开始"→"筛选"→"筛选"选项，数据区域第 1 行即标题行，每列都在单元格右侧显示下拉按钮，单击该下拉按钮打开下拉列表，可以直接选择所需的数据。也可以单击"数字筛选"条件设置列表。

（2）高级筛选。

单击"数据"→"筛选"→"高级筛选"选项，即可进行高级筛选。高级筛选的关键是设置正常的筛选条件。例如，筛选出 3 本图书"销售额季度累计同比增长（%）"都大于 2.7 的季度。

根据需求可知，有 3 个条件，而且这 3 个条件需要同时成立，所以条件之间是"与"关系。在 WPS 高级筛选中，条件之间的"与"关系要求放在同一行，"或"关系放在不同行。

条件一般包括两部分，第 1 行输入条件对象，即数据源第 1 行的数据，最好直接从数据源中复制，减少人为输入失误，在第 2 行输入具体条件，如图 7-22 所示。

图 7-22 高级筛选条件区域

设置好条件区域后，选择数据源，单击"高级"按钮，打开"高级筛选"对话框，如图 7-23 所示，选中"将筛选结果复制到其他位置"[①]单选按钮，检查列表区域是否是期望的原数据，选择条件区域和复制到位置。

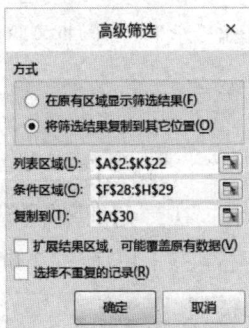

图 7-23 "高级筛选"对话框

---

① 软件图中"其它"的正确写法应为"其他"。

项目实施

任务 7-1　学生成绩数据校验

对单元格输入的数据从内容到范围进行限制，让我们在整理表格时可以避免一些错误。本任务将利用 WPS 表格的数据验证功能来设置成绩输入的范围，确保输入的成绩数据符合逻辑且有效。同时，利用条件格式功能为单元格应用不同颜色或图标，便于教师和学生对成绩进行快速评估，效果如图 7-24 所示。

学生成绩数据校验包含以下内容。

（1）数据有效性。

（2）设置条件格式。

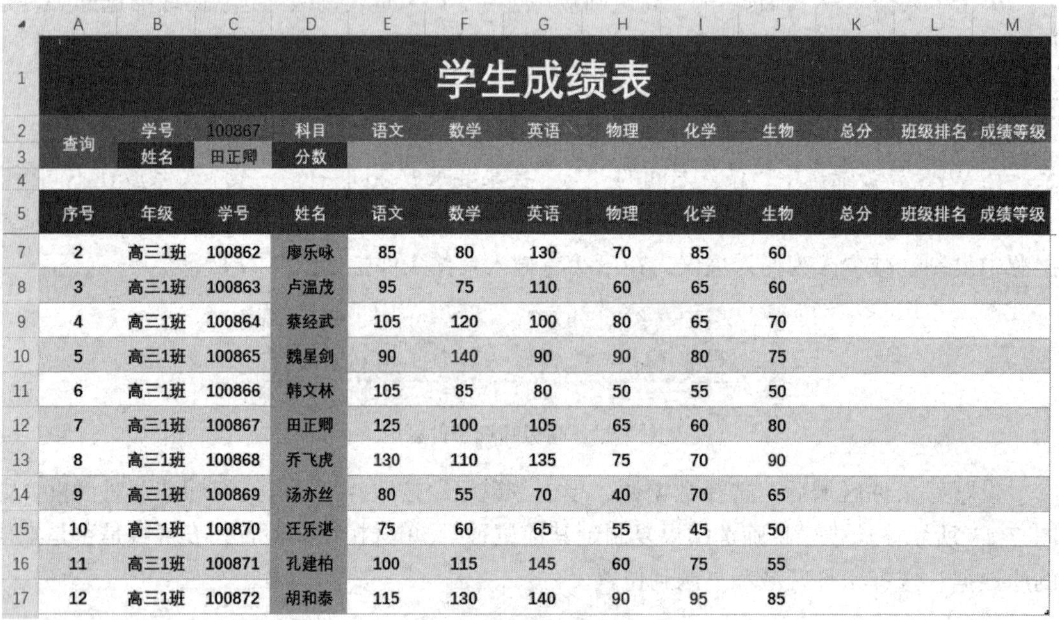

序号	年级	学号	姓名	语文	数学	英语	物理	化学	生物	总分	班级排名	成绩等级
								学生成绩表				
查询	学号	100867	科目	语文	数学	英语	物理	化学	生物		总分	班级排名 成绩等级
	姓名	田正卿	分数									
序号	年级	学号	姓名	语文	数学	英语	物理	化学	生物	总分	班级排名	成绩等级
2	高三1班	100862	廖乐咏	85	80	130	70	85	60			
3	高三1班	100863	卢温茂	95	75	110	60	65	60			
4	高三1班	100864	蔡经武	105	120	100	80	65	70			
5	高三1班	100865	魏星剑	90	140	90	90	80	75			
6	高三1班	100866	韩文林	105	85	80	50	55	50			
7	高三1班	100867	田正卿	125	100	105	65	60	80			
8	高三1班	100868	乔飞虎	130	110	135	75	70	90			
9	高三1班	100869	汤亦丝	80	55	70	40	70	65			
10	高三1班	100870	汪乐湛	75	60	65	55	45	50			
11	高三1班	100871	孔建柏	100	115	145	60	75	55			
12	高三1班	100872	胡和泰	115	130	140	90	95	85			

图 7-24　学生成绩数据校验效果

1. 数据有效性

（1）选中 B6:B17，单击"数据"→"有效性"→"有效性"选项，在打开的"数据有效性"对话框中单击"设置"选项卡，在"允许"下拉列表中单击"序列"选项。

（2）在"来源"框中依次输入"高三 1 班,高三 2 班,高三 3 班"，各元素之间用","隔开，如图 7-25 所示，单击"确定"按钮。

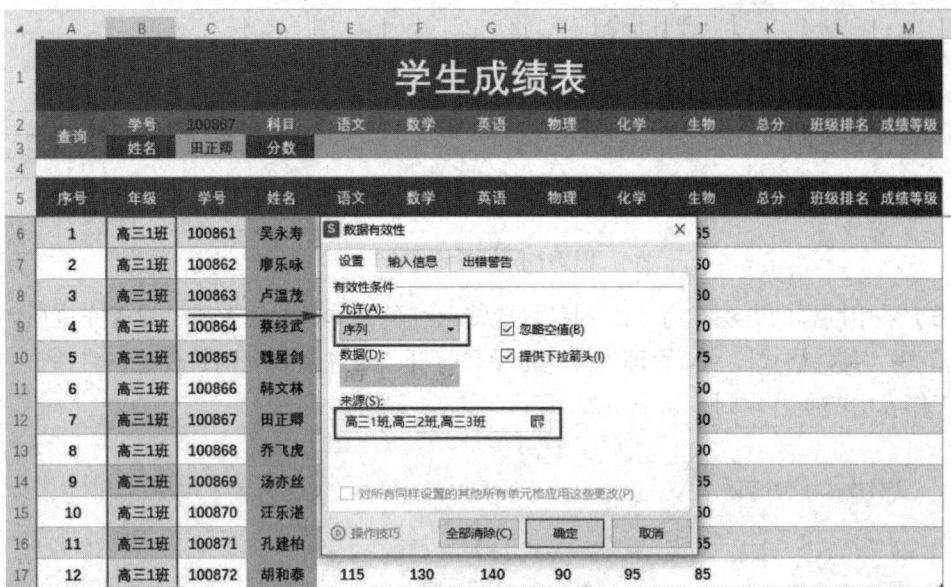

图 7-25　设置数据有效性条件

2. 设置条件格式

（1）选中 E6:E17。

（2）单击"开始"→"条件格式"→"项目选取规则"→"前 10 项"选项，如图 7-26 所示。

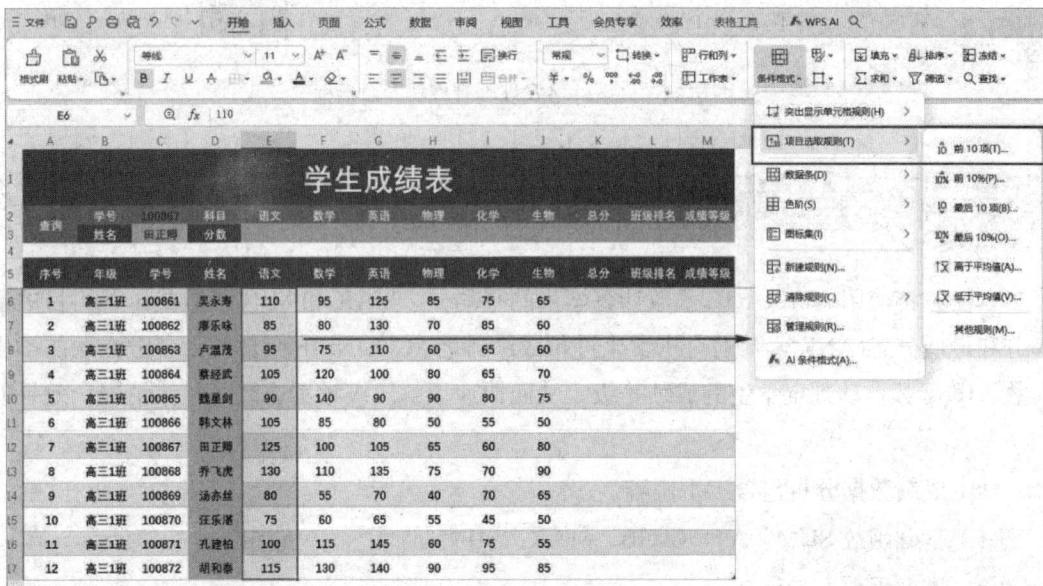

图 7-26　单击"前 10 项"选项

（3）打开"前 10 项"对话框，在文本框中输入"1"，在"设置为"下拉列表中单击"红色文本"选项，如图 7-27 所示，突出所选区域中的最大值，完成条件格式的设置后，单击"确定"按钮。

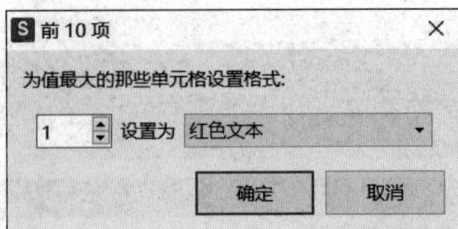

图 7-27　设置条件格式

（4）采用同样的方法，为 F:J 列各科成绩以红色文本显示最大值，设置完成后，单击"开始"→"条件格式"→"管理规则"选项，打开"条件格式规则管理器"对话框，查看当前工作表中的所有规则，如图 7-28 所示，单击"确定"按钮。

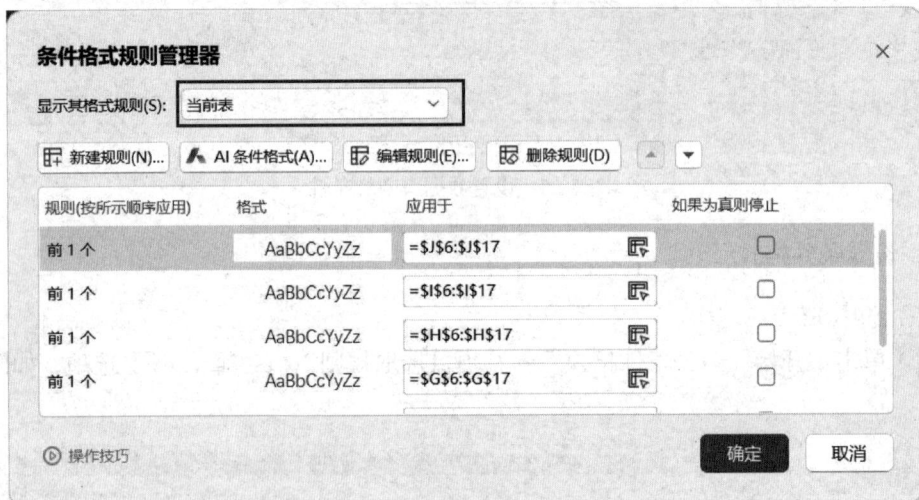

图 7-28　"条件格式规则管理器"对话框

任务 7-2　学生成绩数据分析

本任务将使用 AVERAGE 函数计算学生的平均分、MAX 和 MIN 函数找出各科目的最高分和最低分、RANK 函数对全班学生进行成绩排名、COUNTIF 函数统计各分数段的学生人数、IF 函数自动判定学生的成绩等级，从而快速了解班级学生成绩的整体情况，效果如图 7-29 所示。

学生成绩数据分析包含以下内容。

（1）基础函数 SUM、AVERAGE、MAX、MIN。

（2）排名函数 RANK。

（3）统计函数 COUNTIF。

（4）逻辑条件函数 IF。

（5）搜索元素函数 VLOOKUP。

图 7-29　学生成绩数据分析效果

1. 求和函数 SUM

在学生成绩表中，计算每个学生各科成绩的总分。

（1）选中 K6 单元格，单击"开始"→"求和"→"求和"选项，如图 7-30 所示，选中求和区域 E6:J6，按 Enter 键。

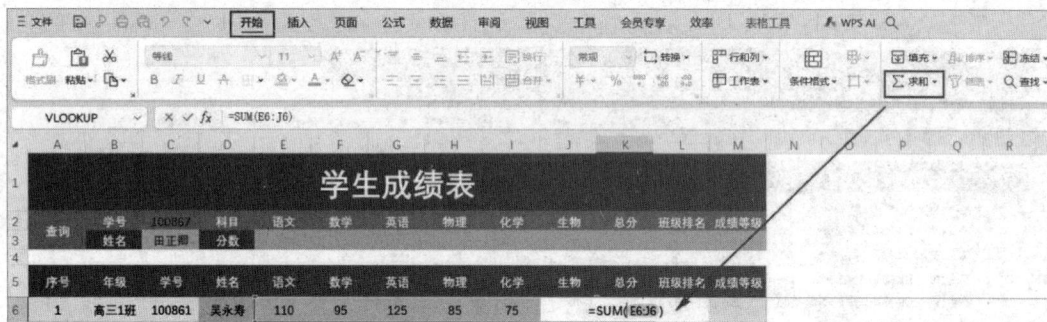

图 7-30　单击"求和"选项

（2）自动向下填充 K7:K17 的结果。

2. 平均值函数 AVERAGE

在学生成绩表中，计算各科成绩平均分。

（1）选中 E19 单元格，单击"开始"→"求和"→"平均值"选项，自动填充参数 E6:E17，按 Enter 键，如图 7-31 所示。

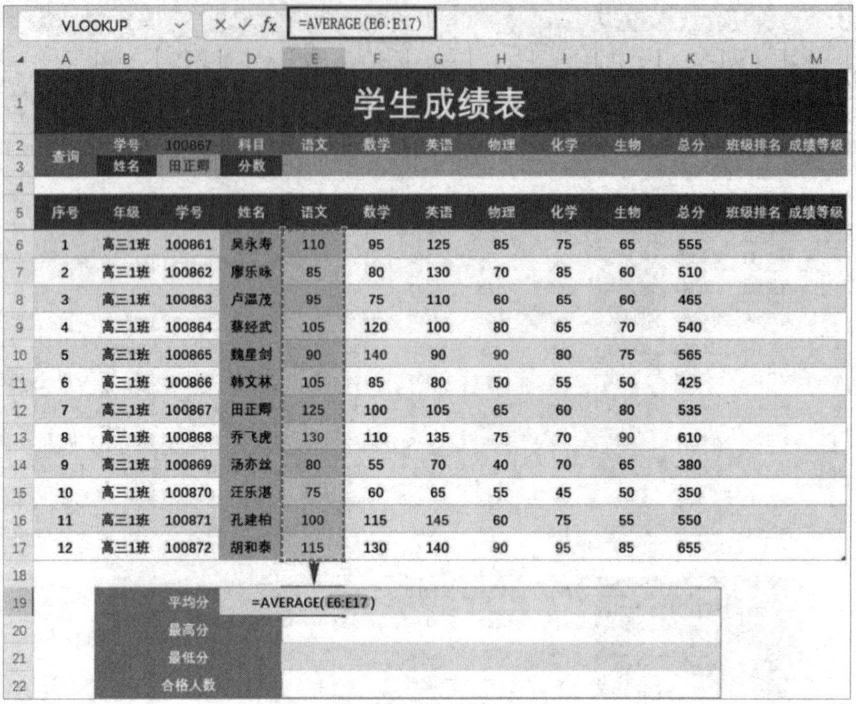

图 7-31　计算各科平均值

（2）向右填充 F19:K19 的结果，在"单元格格式"对话框中设置相应的单元格格式（数值、小数位数 1 位），如图 7-32 所示。

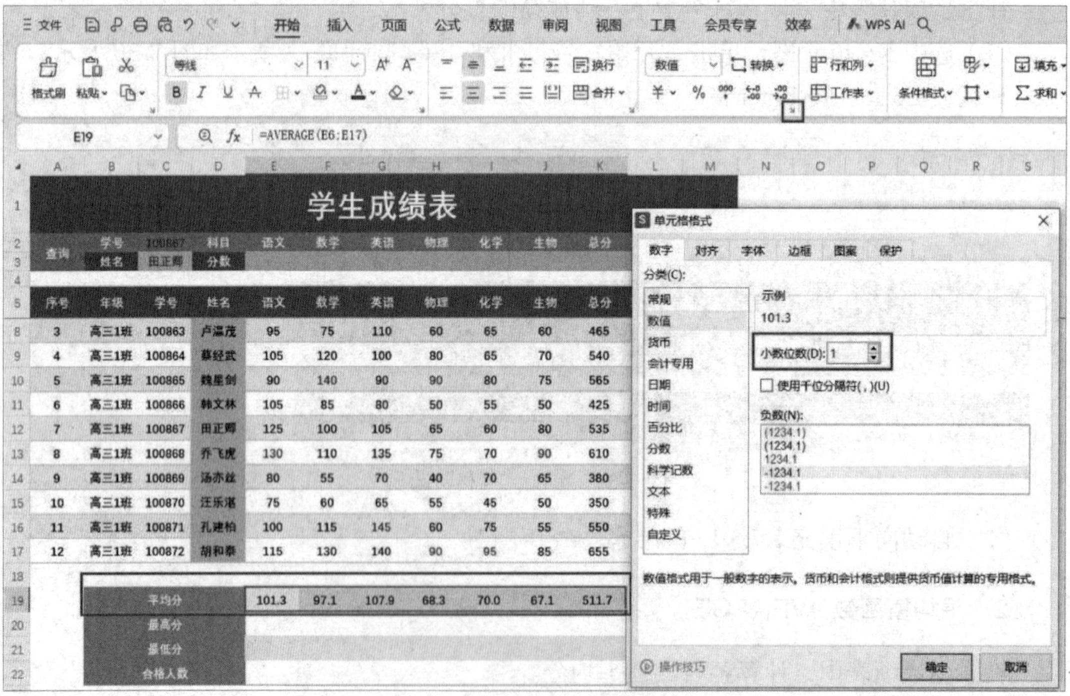

图 7-32　设置单元格格式

3. 最大值/最小值函数 MAX/MIN

在学生成绩表中，计算各科成绩的最高分和最低分。

（1）选中 E20 单元格，单击"编辑栏"前面的"插入函数"按钮，打开"插入函数"对话框，选择"MAX"函数，单击"确定"按钮，打开"函数参数"对话框。

（2）在"数值 1"文本框中输入"E6:E17"，单击"确定"按钮，如图 7-33 所示。向右填充 F20:K20 的结果。

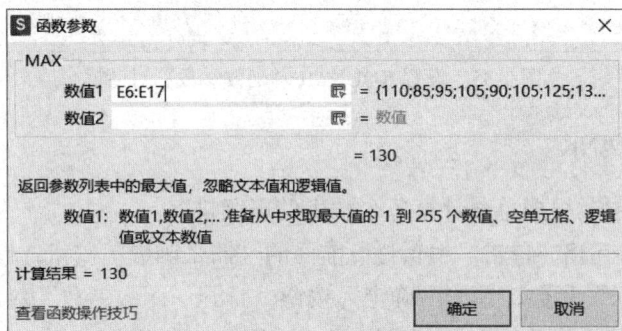

图 7-33　设置 MAX"函数参数"对话框

（3）采用同样的方法，用最小值函数 MIN 在 E21:K21 计算各科成绩的最低分，如图 7-34 所示。

图 7-34　计算各科成绩的最低分

4. 统计函数 COUNTIF

在学生成绩表中，计算各科成绩的及格人数（语文、数学、英语均低于 90 分为不及格，物理、化学、生物均低于 60 分为不及格）。

（1）选中 E22 单元格，单击"编辑栏"前面的"插入函数"按钮，打开"插入函数"对话框，选择"COUNTIF"函数，单击"确定"按钮，打开"函数参数"对话框。

（2）在"区域"文本框中输入"E6:E17"，在"条件"文本框中输入">=90"，单击"确定"按钮，如图 7-35 所示，向右填充 F22:G22 的结果（COUNTIF 函数可以引用单元格值，但在引用单元格值时，一定要用&连接）。

（3）采用同样的方法，将条件设为">=60"，向右填充 H22:J22 的结果。

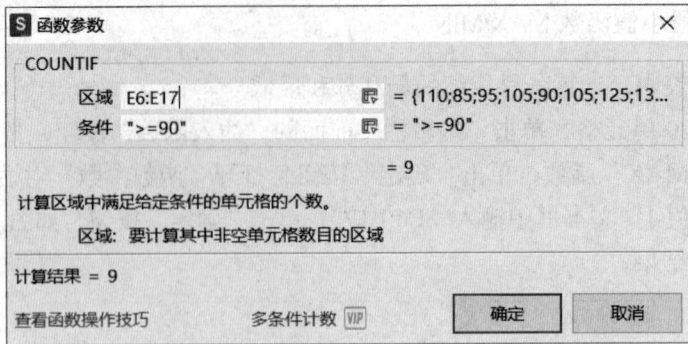

图 7-35　设置 COUNTIF "函数参数" 对话框

5. 排名函数 RANK

在学生成绩表中，根据总分计算各个学生的班级排名。

（1）选中 L6 单元格，单击 "编辑栏" 前面的 "插入函数" 按钮，打开 "插入函数" 对话框，选择 "RANK" 函数，单击 "确定" 按钮，打开 "函数参数" 对话框。

（2）在 "数值" 文本框中输入 "K6"，在 "引用" 文本框中输入 "$K$6:$K$17"（$用于锁定引用行列或整体区域），单击 "确定" 按钮，如图 7-36 所示，自动向下填充 L7:L17 的结果。

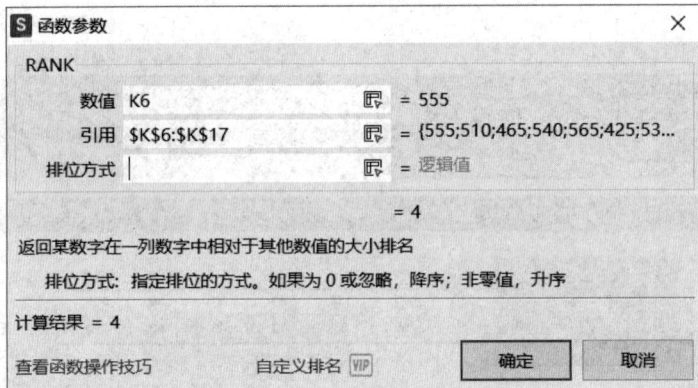

图 7-36　设置 RANK "函数参数" 对话框

6. 逻辑条件函数 IF

在学生成绩表中，根据班级排名计算各个学生的等级，其第 1 ~ 4 名为 "优秀"、第 5 ~ 8 名为 "良好"、第 9 ~ 12 名为 "及格"。

（1）选中 M6 单元格，单击 "编辑栏" 前面的 "插入函数" 按钮，打开 "插入函数" 对话框，选择 "IF" 函数，单击 "确定" 按钮，打开 "函数参数" 对话框。

（2）在 "测试条件" 文本框中输入 "L6<=4"，在 "真值" 文本框中输入 "优秀"，在 "假值" 文本框中添加 IF 函数继续判断，如图 7-37 所示。

（3）使用 IF 嵌套，在打开的对话框中继续输入参数 "L6<=8"、"良好" 与 "及格"，单击 "确定" 按钮，如图 7-38 所示。

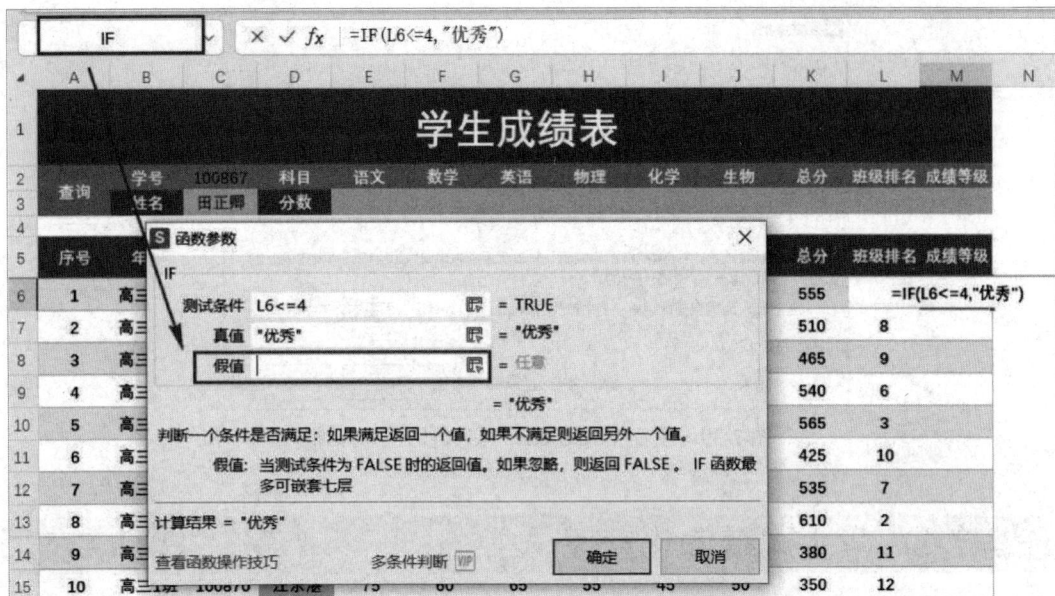

图 7-37　设置 IF "函数参数" 对话框

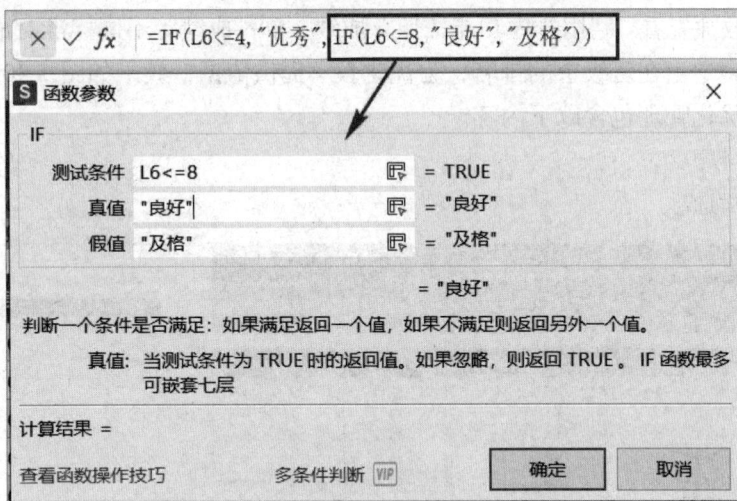

图 7-38　设置 IF 嵌套 "函数参数" 对话框

7. 搜索元素函数 VLOOKUP

在学生成绩表的 E3:M3 区域中，匹配 "田正卿" 的各科成绩情况。

（1）选中 E3 单元格，单击 "编辑栏" 前面的 "插入函数" 按钮，打开 "插入函数" 对话框，选择 "VLOOKUP" 函数，单击 "确定" 按钮，打开 "函数参数" 对话框。

（2）输入参数 "C3"、"\$D\$5:\$M\$17"、"2" 与 "FALSE"，单击 "确定" 按钮，如图 7-39 所示。

（3）采用同样的方法，修改参数第 3 行序列数，匹配各科成绩，完成 "田正卿" 学生的成绩匹配。

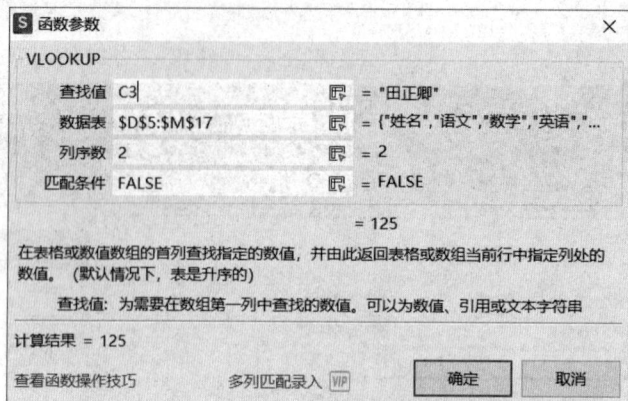

图 7-39　设置 VLOOKUP "函数参数" 对话框

任务 7-3　学生成绩优化管理

　　本任务旨在对学生成绩表进行高效的信息管理。通过筛选功能，快速定位到特定条件的记录，便于教师查看。利用排序功能按照总成绩、单科成绩等不同标准对成绩进行排序，从而清晰地看到学生在班级中的排名，为优化教学提供依据，效果如图 7-40 所示。

　　学生成绩优化管理包含以下内容。

　　（1）数据排序。

　　（2）数据筛选。

图 7-40　学生成绩优化管理效果

1. 数据排序

　　按 "总分" 对数据进行降序排列，当总分相同时，按 "数学" 降序排列。

　　（1）选中 A5:K17，单击 "开始" → "排序" → "自定义排序" 选项，如图 7-41 所示。

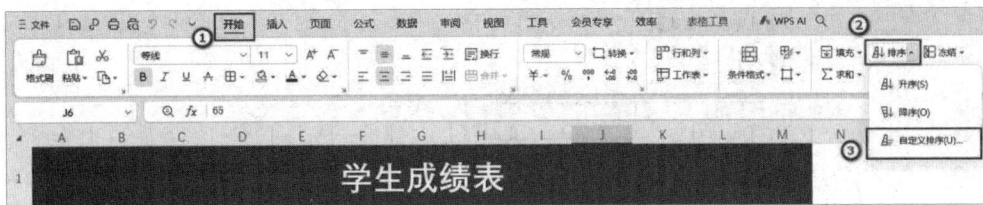

图 7-41 单击"自定义排序"选项

（2）打开"排序"对话框，设置主要关键字为"总分"，次序为"降序"；单击"添加条件"选项，设置次要关键字为"数学"，次序为"降序"，如图 7-42 所示，单击"确定"按钮。

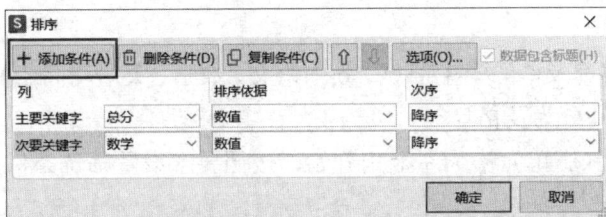

图 7-42 设置"排序"对话框

2. 数据筛选

1）自动筛选

筛选出语文成绩高于 90 分的及格学生的信息。

（1）选中 A5 单元格，单击"开始"→"筛选"→"筛选"选项。

（2）单击 E5 单元格的下拉按钮→"数字筛选"→"大于或等于"选项，如图 7-43 所示，在打开的"自定义自动筛选方式"对话框中设置"语文"筛选条件为"大于或等于 90"，如图 7-44 所示，单击"确定"按钮。

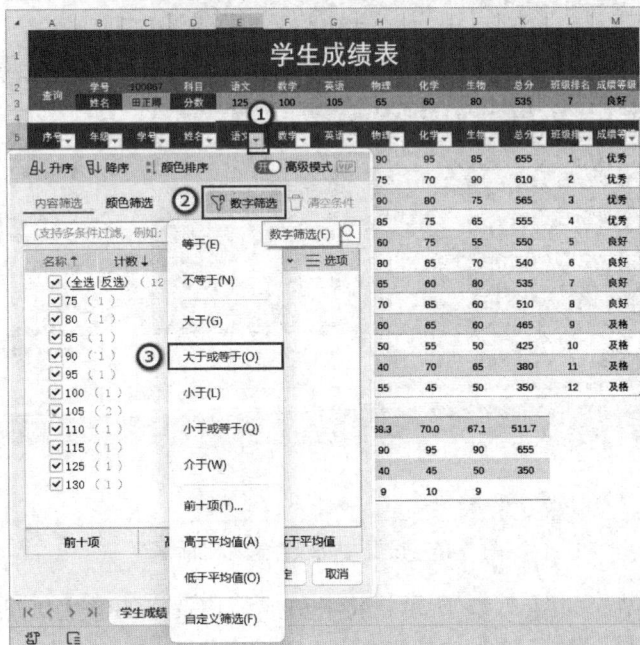

图 7-43 单击"大于或等于"选项

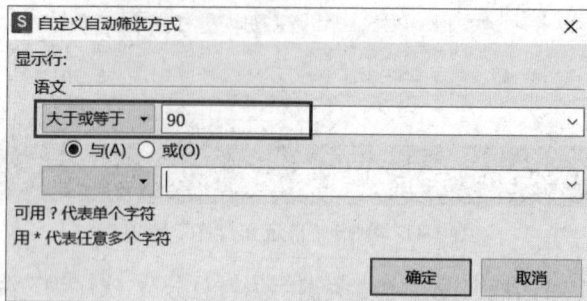

图 7-44　设置筛选条件

2）高级筛选

筛选出各科成绩都及格的学生信息，其中语文、数学、英语均高于 90 分为及格，物理、化学、生物均高于 60 分为及格。

（1）条件区域从 O2 单元格为左上角开始，按照要求设置筛选条件，如图 7-45 所示。

图 7-45　条件区域

（2）选择数据源 A5 单元格，单击"开始"→"筛选"→"高级筛选"选项，在打开的"高级筛选"对话框中选择相应的区域，如图 7-46 所示，单击"确定"按钮。

图 7-46　设置"高级筛选"对话框

（3）高级筛选结果如图 7-47 所示，将各科成绩均及格的学生信息复制到 A25:M32 区域。

序号	年级	学号	姓名	语文	数学	英语	物理	化学	生物	总分	班级排名	成绩等级
12	高三1班	100872	胡和泰	115	130	140	90	95	85	655	1	优秀
8	高三1班	100868	乔飞虎	130	110	135	75	70	90	610	2	优秀
5	高三1班	100865	魏星剑	90	140	90	90	80	75	565	3	优秀
1	高三1班	100861	吴永寿	110	95	125	85	75	65	555	4	优秀
11	高三1班	100871	孔建柏	100	115	145	60	75	55	550	5	良好
4	高三1班	100864	蔡经武	105	120	100	80	65	70	540	6	良好
7	高三1班	100867	田正顺	125	100	105	65	60	80	535	7	良好

图7-47 高级筛选结果

项目拓展

课后习题

一、选择题

1. 如果想要在一组数据中找出最大值，则可以使用的函数是（　　）。
A. RANK　　　　B. AVERAGE　　C. MAX　　　　D. SUM

2. 在WPS表格中，用于计算排名，其中第3个参数0表示降序，1表示升序的函数是（　　）。
A. RANK　　　　B. SUM　　　　C. AVERAGE　　D. MAX

3. 在WPS表格中，为了确保输入的数据符合特定要求（如年龄范围为18~60岁），可以使用的功能是（　　）。
A. 批注　　　　　　　　　B. 数据有效性
C. 条件格式　　　　　　　D. 数据筛选

4. 在WPS表格中，数据筛选和排序可以用来（　　）。
A. 筛选特定数据　　　　　B. 对数据进行升序或降序排列
C. 分类汇总数据　　　　　D. 插入批注

5. 在WPS表格中，用于进行数据统计的函数是（　　）。
A. SUM　　　　B. AVERAGE　　C. MAX/MIN　　D. RANK

二、填空题

1. 在WPS表格中，基础函数通常具有特定的_____、语法结构和参数设置，了解这些是正确使用函数的基础。

2. 在WPS表格的排名函数中，RANK函数用于对一组数据进行_____，其语法结构一般包含3个参数：数值、引用和排位方式。

3. WPS表格中的条件格式是一种根据单元格的_____自动设置单元格格式的功能，通过它可以突出显示满足特定条件的单元格。

三、实训题

1. 项目背景

在教育教学管理中，对学生成绩进行统计分析至关重要。通过制作学生成绩表并运用相关函数和功能，能高效整理成绩数据，挖掘有价值的信息，为教学评估、学生发展分析提供有力支持。掌握 WPS 表格在成绩统计方面的操作，是教育工作者及学生必备技能。本次实训旨在让大家学会利用 WPS 表格制作并分析学生成绩表，提升数据处理能力。

2．项目要求

（1）运用基础函数计算学生总分、平均分。在学生成绩表的 M 列计算学生总分，在第 22 行计算各科的平均分。

（2）使用排名函数 RANK，按总成绩对学生进行排名，在 N 列计算排名，表头为"总分排名"。

（3）运用条件函数 IF，在 O 列判断学生总成绩是否优秀，大于或等于 90 分的显示优秀，其他不显示，表头为"优秀学生"。

（4）利用统计函数 COUNTIF，在 P 列统计除语、数、英外成绩大于 90 分的人数，表头为"各科大于 90 的人数"。

（5）对表格按总成绩进行升序排列，并为总成绩排名前 5 的学生名字设置底纹。

项目 8

动态放映演示文稿创意呈现

项目学习目标

◎ **知识目标：**

（1）掌握 WPS 演示中提供的多种幻灯片切换效果。

（2）熟悉 WPS 演示中为幻灯片元素添加动画效果的方法。

（3）掌握 WPS 演示中幻灯片放映控制、排练计时及录制演示的基本流程和技巧。

◎ **能力目标：**

（1）熟练运用 WPS 演示中的高级功能，以增强演示文稿的吸引力和专业性。

（2）能够发挥创意，设计并制作出独特且符合需求的动态放映演示文稿。

（3）熟练运用 WPS 演示工具，实现演示文稿的流畅放映和高质量录制。

◎ **素质目标：**

（1）深化学生对 WPS 演示工具的理解和应用，提升在信息技术应用领域的专业素养。

（2）加深学生对文化的认识与理解，激发对文化传播的热情，提升个人的文化责任感和使命感。

（3）引导学生不断探索新技术、新方法，在实践中不断学习和创新，形成持续学习和创新的习惯与能力，为未来的职业发展奠定坚实基础。

思维导图

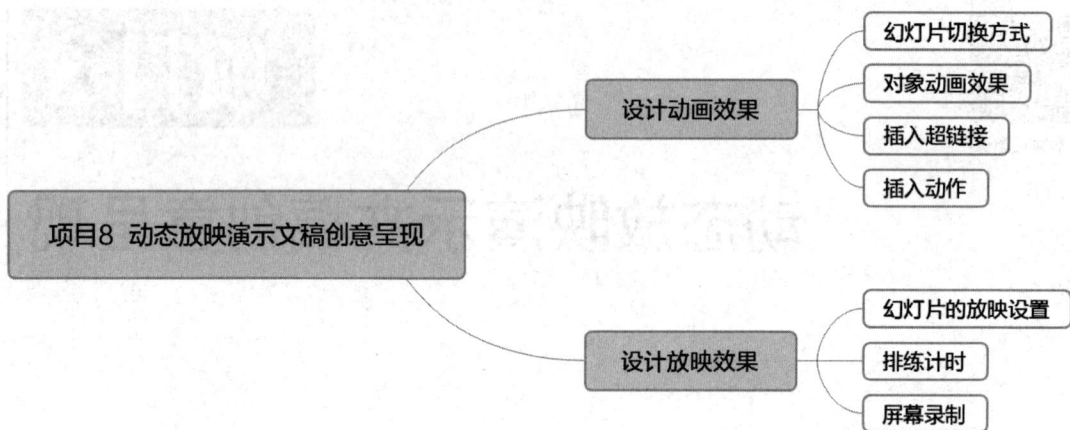

项目描述

小航已经完成了景点宣传演示文稿的内容设计，但内容的展现方式较为平淡。在即将举行的宣讲会上，他想要制作一份动态放映演示文稿，为其添加动画效果，使内容的展现更加生动活泼。同时，他还想要将演示文稿制作成不同的格式，便于在不同的平台上播放。通过生动的动画效果和流畅的放映控制，观众仿佛身临其境。

项目分析

动画效果可以突出演示文稿的重点内容，使内容的展现更有逻辑、过渡更自然。WPS 演示的动画效果分为动画、切换、超链接和动作几种。用户可以根据内容的需要进行添加。WPS 演示有多种不同的放映类型和方式。用户可以根据场合进行设置，也可以发布成不同的文件格式，便于分享。

相关知识

8.1 设计动画效果

8.1.1 幻灯片切换方式

幻灯片切换效果是指从上一张幻灯片切换到下一张幻灯片时采用的效果，目的是在幻灯片切换时吸引观众的注意力，提醒观众新的幻灯片开始播放了。幻灯片切换效果可以在"切换"选项卡中设置，通过效果选项，可以演变出更多的效果，如图 8-1 所示。

图 8-1　"切换"选项卡

（1）选择将应用于当前打开的幻灯片在切换时出现的效果。

（2）设定幻灯片切换时的切换速度及效果音。

（3）设定是单击鼠标时还是等待一定时间后自动换片。

（4）当前选择的幻灯片切换效果及属性将被应用于演示文稿的所有幻灯片。

8.1.2　对象动画效果

幻灯片编辑区中的任何对象（文字、图片、图表等）都能拥有自定义动画方案，而且同一个对象可以被多次定义其动画效果。如果想对某张幻灯片中的对象应用动画效果，则首先选中该对象，然后在"动画"选项卡的下拉列表中为选择的对象添加"进入"、"强调"、"退出"或"动作路径"等更加炫目的效果，通过"绘制自定义路径"可以为选择的对象设置自定义的动画路径，如图 8-2 所示。

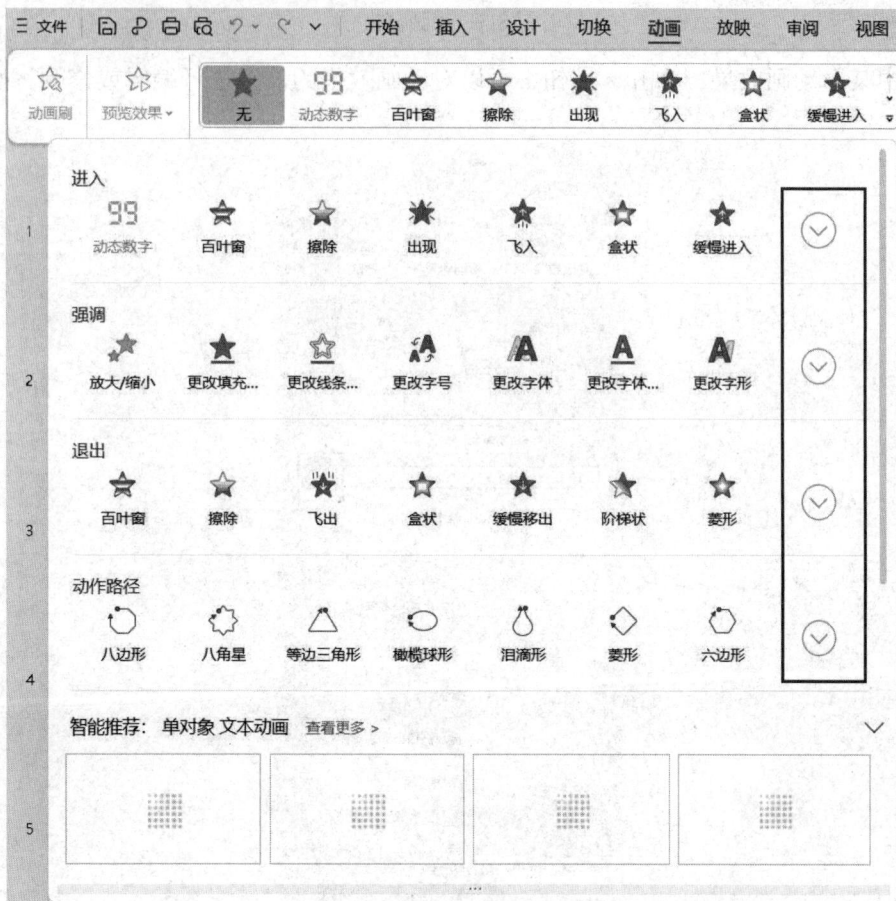

图 8-2　动画效果

单击"动画"→"动画窗格"选项，可在右侧弹出的窗格中设置该幻灯片中的更多动画效果，如图 8-3 所示。

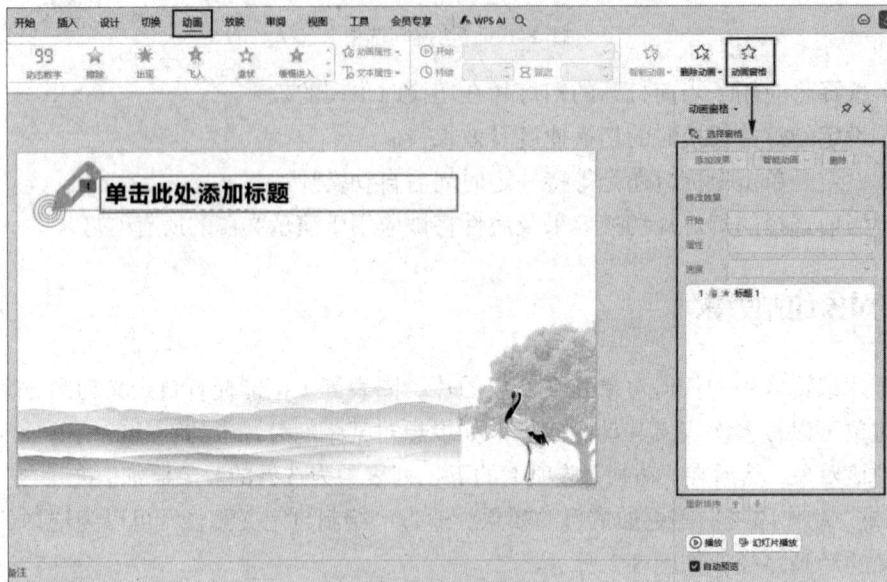

图 8-3　动画窗格

选中某个动画效果，单击 ▼ 按钮，可以对动画效果的设置进行编辑或修改，如图 8-4 所示。

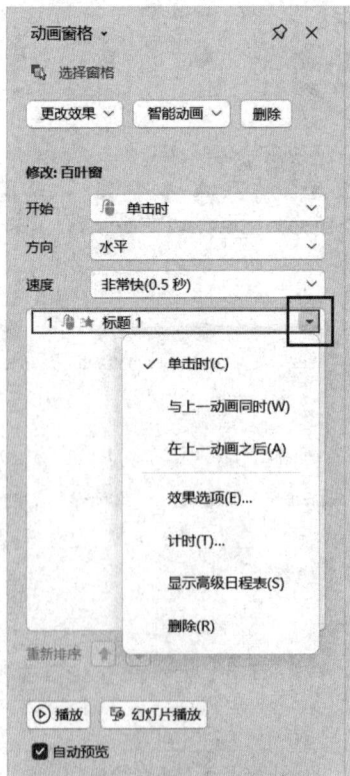

图 8-4　编辑动画效果

（1）开始：这个参数可以确定动画什么时候开始播放，有 3 种选择，即单击时（默认设置）、与上一动画同时、在上一动画之后。

（2）效果选项：单击"效果选项"选项，打开效果选项对话框，这里以"百叶窗"效果为例介绍，因此打开"百叶窗"对话框，如图 8-5 所示。

在"效果"选项卡中可以进行以下设置。

- 方向：动画效果出现时的方向。
- 声音：动画效果出现时的声音，可以播放自定义的声音。
- 动画播放后：选择动画效果播放后动画对象的颜色是否有变化或隐藏。
- 动画文本：可以选择文本动画的出现方式是整段文字出现或按英文字母出现。

图 8-5　"百叶窗"对话框

（3）计时：单击"计时"选项，打开效果的"计时"选项卡（"百叶窗"对话框的"计时"选项卡），如图 8-6 所示。

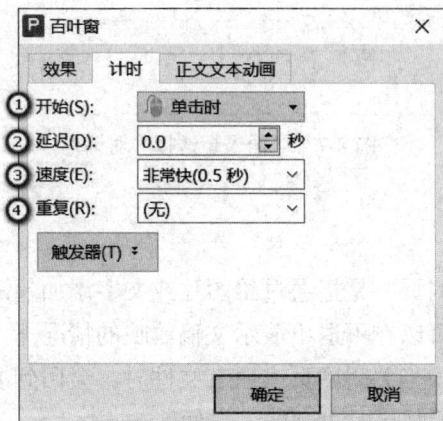

图 8-6　"计时"选项卡

在"计时"选项卡中可以进行以下设置。

- 开始：确定动画什么时候开始播放，有 3 种选择，即单击时（默认设置）、与上一动画同时、在上一动画之后。
- 延迟：动画效果延时出现的时间。
- 速度：动画效果完成的时间。

- 重复：是否重复播放动画效果。

在"正文文本动画"选项卡中可以设置组合文本按一个对象或分段落出现。

（4）删除："删除"选项可以用于删除某个动画效果。

8.1.3 插入超链接

超链接是指从一个网页指向一个目标的链接关系，这个目标可以是另一个网页，也可以是相同网页上的不同位置，还可以是一张图片、一个电子邮件地址、一个文件或一个应用程序。单击"插入"→"超链接"选项，打开"插入超链接"对话框，如图 8-7 所示。

图 8-7 "插入超链接"对话框

下面介绍前 3 种链接。

（1）原有文件或网页。

链接到"原有文件或网页"是指通过给图片或文字添加超链接，使其链接到相关的文件或网页。利用此种链接可以在不退出演示文稿放映的情况下，直接打开网页或现有文件（如文档、表格、视频等），当关闭网页或原有文件时，会回到演示文稿放映界面。这样的形式可以让用户在放映演示文稿时更顺畅、方便。

（2）本文档中的位置。

链接到"本文档中的位置"是指通过给文字、图片等对象添加超链接，可以实现文档中任意幻灯片之间的跳转，利用该链接可以实现很好地导航、跳转功能。

（3）电子邮件地址。

链接到"电子邮件地址"是指将链接指向电子邮件，浏览者可以直接通过单击相关的按钮、文字或图片给某人发送电子邮件。此类型的链接使用得较少。

8.1.4 插入动作

为了使幻灯片更有动感效果，通常会设置一些动作，让用户在单击对象时可以播放声音、执行其他程序或退出放映等。单击"插入"→"动作"选项，打开"动作设置"对话框，如图 8-8 所示，在该对话框中可以为对象添加当鼠标单击和鼠标指针悬停时实现跳转或打开文档等效果。

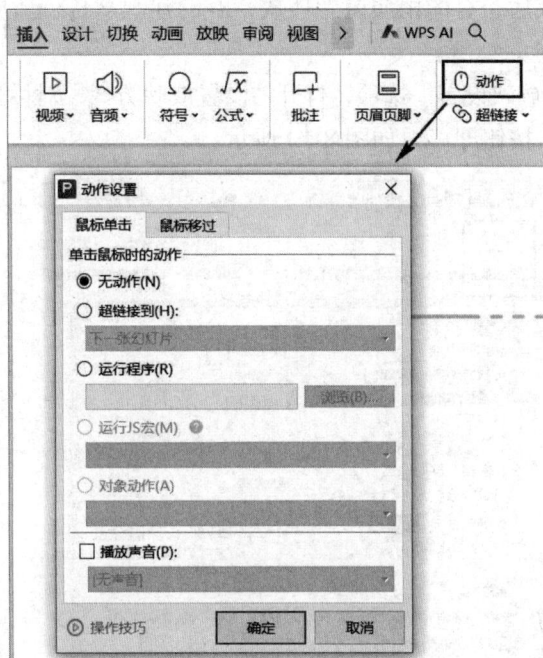

图 8-8 "动作设置"对话框

8.2 设计放映效果

8.2.1 幻灯片的放映设置

（1）幻灯片放映类型。

① 从头开始。

单击"放映"→"从头开始"选项，即可从第 1 张幻灯片开始放映。

② 当页开始。

如果想要从当前幻灯片开始放映，则可以单击"放映"→"当页开始"选项，也可以单击工作窗口右下角的"幻灯片放映"按钮实现。

③ 自定义放映。

在制作演示文稿时，也许会根据需求在不同的场合选播某些幻灯片，此时用户可以通过自定义幻灯片放映来设置放映的内容和顺序。这时，可以单击"放映"→"自定义放映"选项。图 8-9 所示为幻灯片放映类型。

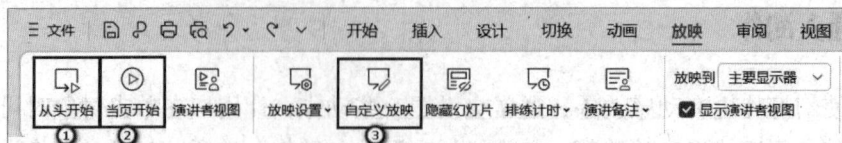

图 8-9　幻灯片放映类型

（2）幻灯片放映方式。

演示文稿制作完成后，有的由演讲者播放，有的让观众自行播放，这需要通过设置幻灯片放映方式进行控制。

单击"放映"→"放映设置"选项，打开"设置放映方式"对话框，根据需求设定好放映方式，单击"确定"按钮即可，如图 8-10 所示。

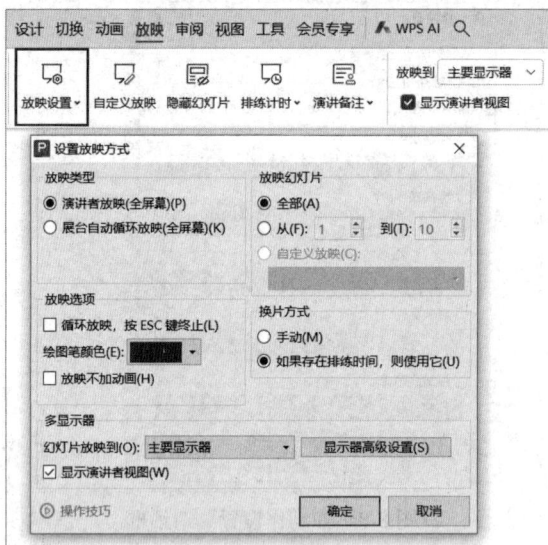

图 8-10　"设置放映方式"对话框

8.2.2　排练计时

当演示文稿需要在一个无人干预的情况下自动播放时，为了更好地掌握幻灯片的放映情况，用户可以通过设置排练计时得到放映整个演示文稿和放映每张幻灯片所需要的时间，以便在放映演示文稿时根据排练的时间和顺序进行放映，从而实现演示文稿的自动播放。

单击"放映"→"排练计时"选项，就会进入计时状态，记录每张幻灯片播放的时间。按照自己需要的速度把幻灯片放映一遍。完成时保留计时即可，如图 8-11 所示。

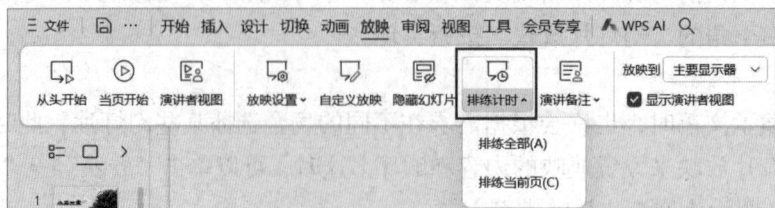

图 8-11　单击"排练计时"选项

8.2.3　屏幕录制

旁白和排练时间可以增强基于 Web 的或自运行的幻灯片放映效果。如果你有声卡、麦克风、扬声器或网络摄像头，则可以演讲实录演示文稿并捕获旁白、幻灯片排练时间和墨迹。

放映幻灯片后，单击"屏幕录制"按钮，可以选择画笔、线条、颜色、橡皮擦等功能。屏幕录制支持全程演讲，同步录音，可以直接制作好演讲视频，如图 8-12 所示。

图 8-12　屏幕录制

项目实施

任务 8-1　幻灯片动态效果与动画设置

本任务聚焦于提升视觉吸引力和动态感，适当的动画效果不仅可以让演示文稿生动活泼，还可以控制演示流程并重点突出关键信息。动画效果的应用对象可以是整个幻灯片、某个画面或某一幻灯片对象（包括文本框、图表、艺术字和图画等）。不过应该记住一条原则，那就是动画效果不能用得太多，而应该让它起到画龙点睛的作用，太多的闪烁和运动画面会让观众的注意力分散甚至感到烦躁。

幻灯片动态效果与动画设置的主要步骤如下。

（1）设置幻灯片的切换方式。

（2）设置对象动画效果。

（3）插入超链接。

（4）插入动作。

1. 设置幻灯片的切换方式

（1）设置所有幻灯片。

选中第 2 张幻灯片，单击"切换"→"平滑"选项。勾选"自动换片"复选框，设置

"自动换片"时间为"00:06"，单击"应用到全部"选项，将该切换效果应用到所有幻灯片，如图 8-13 所示。

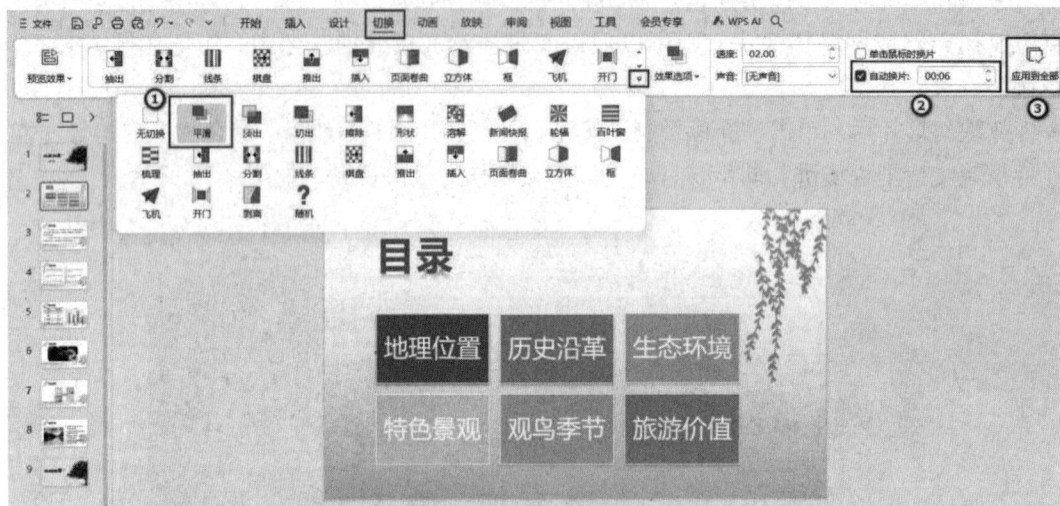

图 8-13　应用全部切换方式

（2）设置首张幻灯片。

选中首张幻灯片，单击"切换"→"擦除"选项，在"效果选项"下拉列表中单击"右下"选项，设置"速度"为"01.00"，勾选"单击鼠标时换片"复选框，如图 8-14 所示。

图 8-14　设置首张幻灯片切换效果

2. 设置对象动画效果

（1）设置视频。

选中视频，单击"动画"→"进入"→"更多选项"→"轮子"选项，设置进入动画效果，如图 8-15 所示。

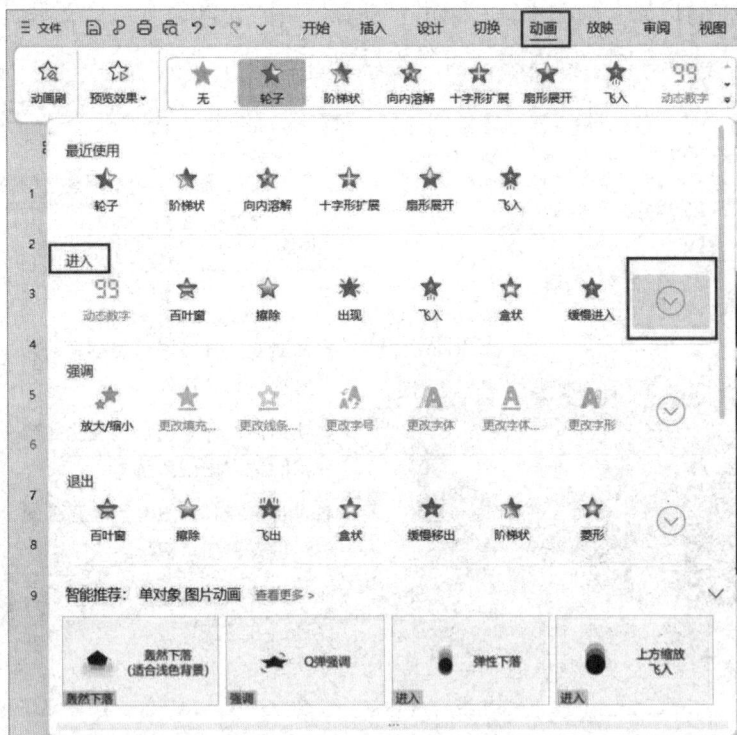

图 8-15　设置进入动画效果

单击"动画"→"轮子"→"动画属性"→"2 轮辐图案(2)"选项，设置动画属性，如图 8-16 所示。

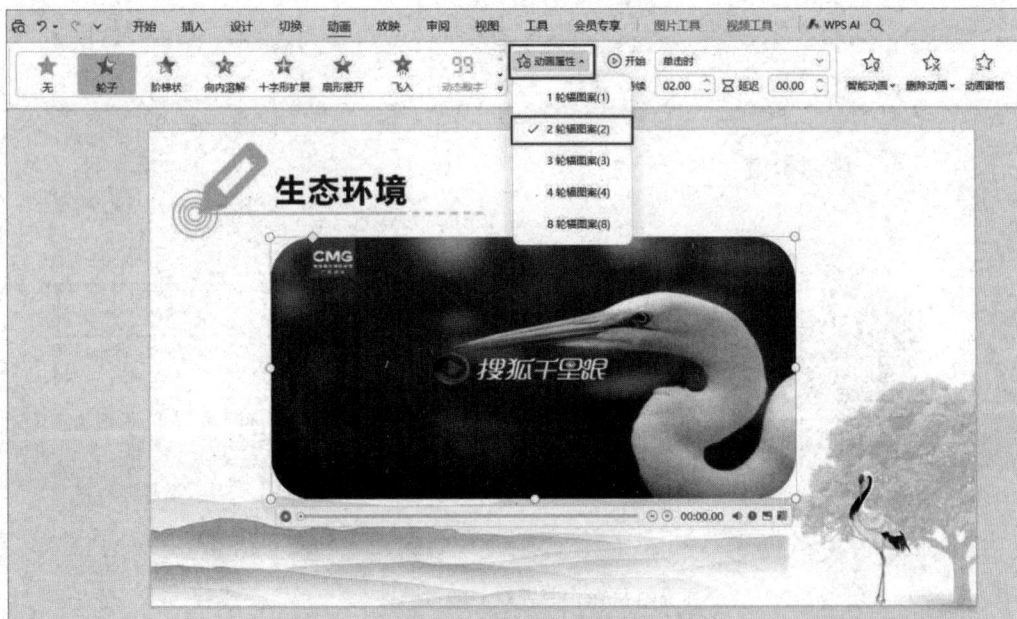

图 8-16　设置动画属性

（2）设置第 6 张幻灯片。

选中第 6 张幻灯片右侧文本框，单击"动画"→"百叶窗"→"文本属性"→"按段落播放"选项，设置文字动画效果，如图 8-17 所示。

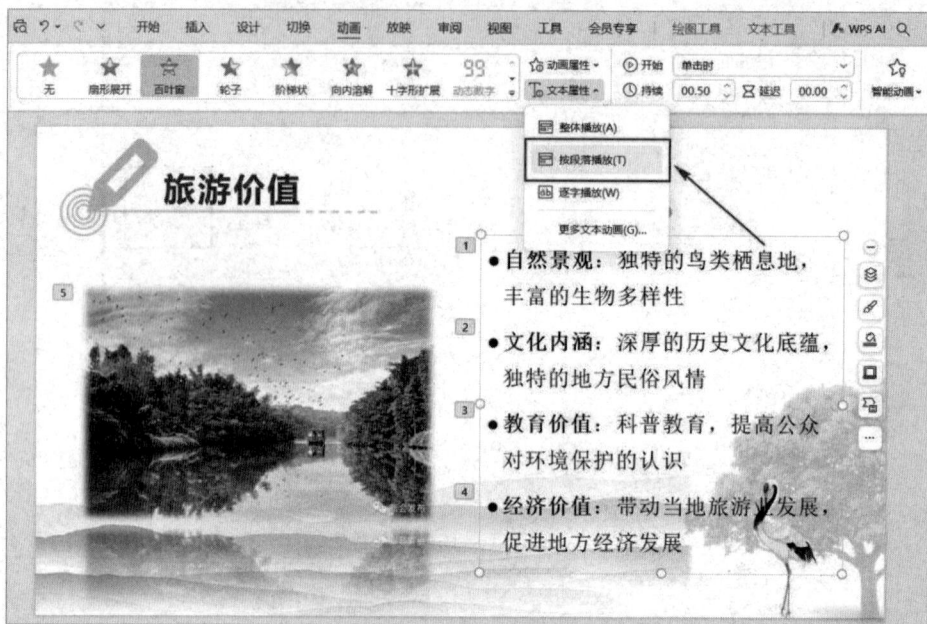

图 8-17 设置文字动画效果

选中左侧图片，单击"动画"→"扇形展开"选项。打开"动画窗格"，查看该幻灯片的对象动画效果顺序，按住对象拖动鼠标指针调整图片与文本框的顺序，使其先出现图片再出现文本框，如图 8-18 所示。

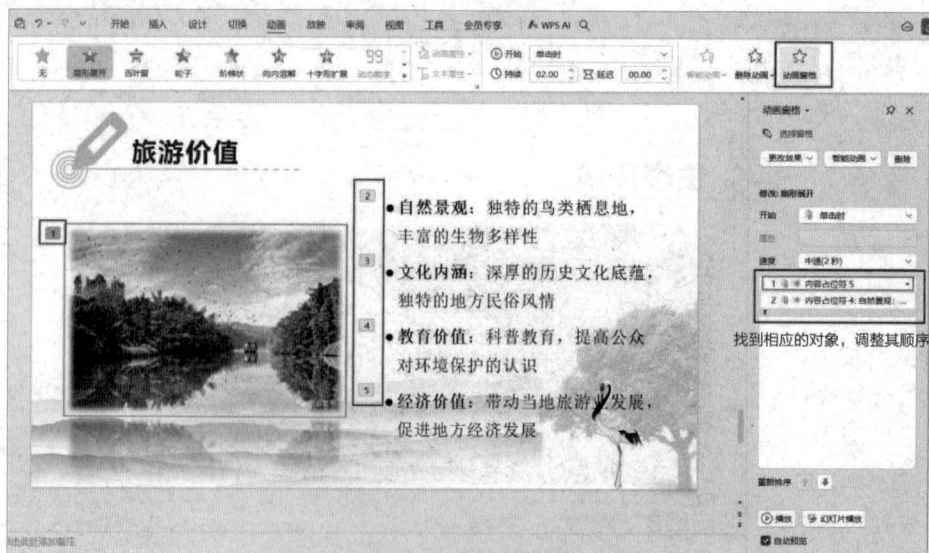

图 8-18 设置对象播放顺序

在"动画窗格"中，展开文本框的动画效果并全部选中，设置文本框中所有段落的播放方式为"在上一动画之后"自动播放，如图 8-19 所示。

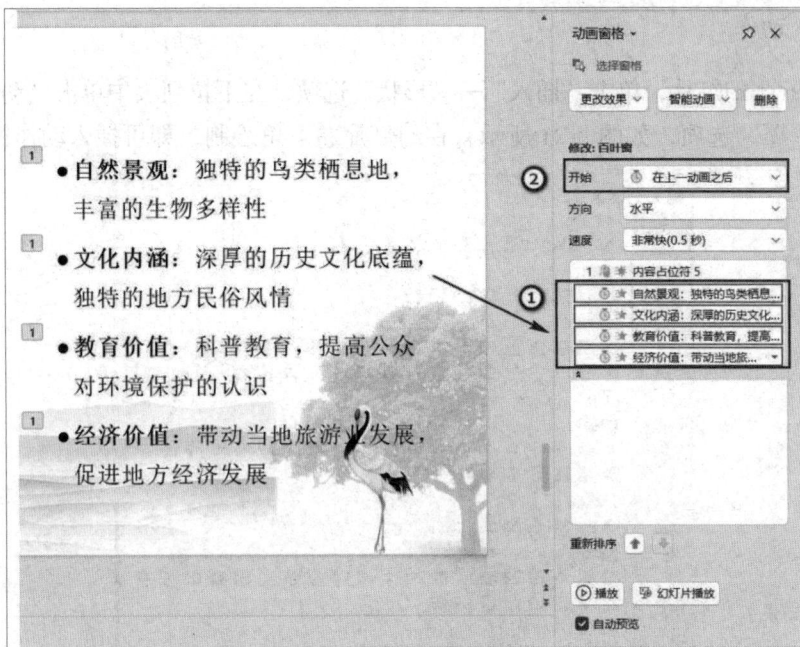

图 8-19　设置段落播放顺序

3. 插入超链接

在第 8 张幻灯片插入超链接，使之跳转到相应页面。

在第 8 张幻灯片中选中图片，单击"插入"→"超链接"选项，在打开的"编辑超链接"对话框中单击"本文档中的位置"选项，选择"6.生态环境"幻灯片标题，单击"确定"按钮即可完成超链接的插入，如图 8-20 所示。

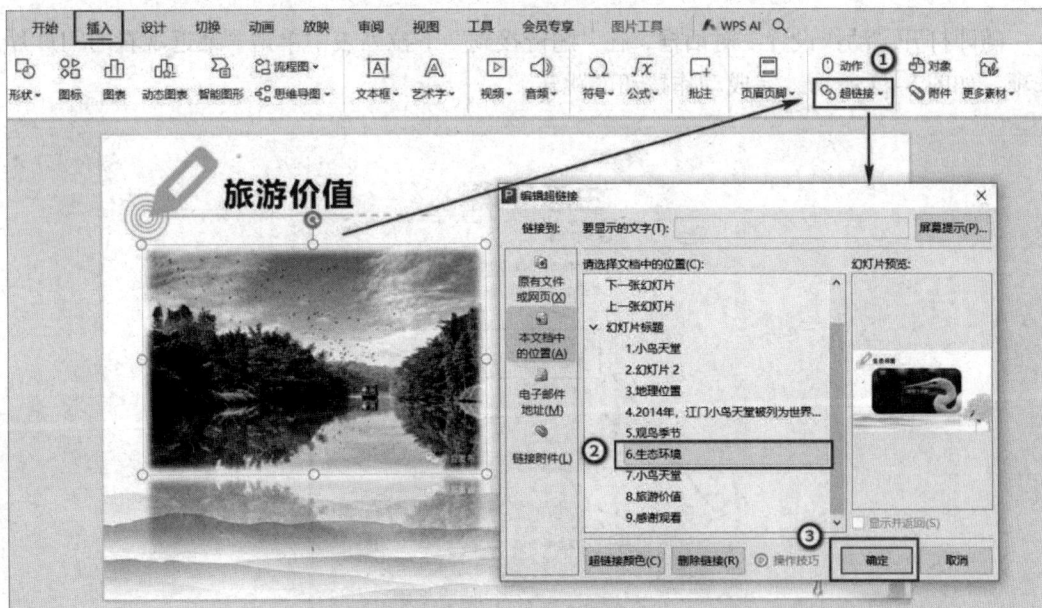

图 8-20　插入超链接

4. 插入动作

选中第 6 张幻灯片，单击"插入"→"形状"选项，在下拉列表中单击"动作按钮"→"前进或下一项"选项，如图 8-21 所示，在幻灯片左下角绘制，即可插入动作按钮。

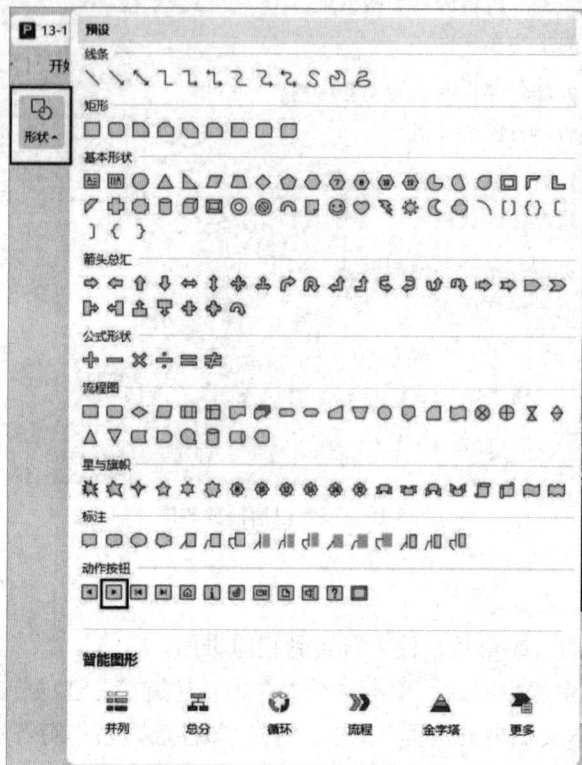

图 8-21　单击"前进或下一项"选项

随即打开"动作设置"对话框，在"超链接到"下拉列表中单击"最近观看的幻灯片"选项，如图 8-22 所示，完成动作按钮的跳转。

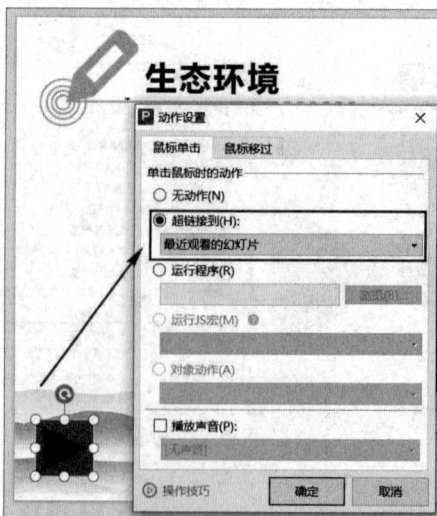

图 8-22　单击"最近观看的幻灯片"选项

任务 8-2　幻灯片放映控制与演示录制技巧

演示文稿的主要用途是放映，结合演示场地的实际情况，设置合适的放映方式，以便在演讲时能够自由控制幻灯片的播放。利用排练计时功能，可以模拟实际演示过程，确保整体节奏紧凑且信息传达准确。在此基础上，利用 WPS 演示的录制功能，可以将整个演示过程连同旁白讲解、单击鼠标等操作一并录制下来。

幻灯片放映控制与演示录制技巧的主要步骤如下。

（1）新建自定义幻灯片放映。

（2）设置自定义幻灯片放映。

1. 新建自定义幻灯片放映

单击"放映"→"自定义放映"选项，在"自定义放映"对话框中单击"新建"按钮，如图 8-23 所示。

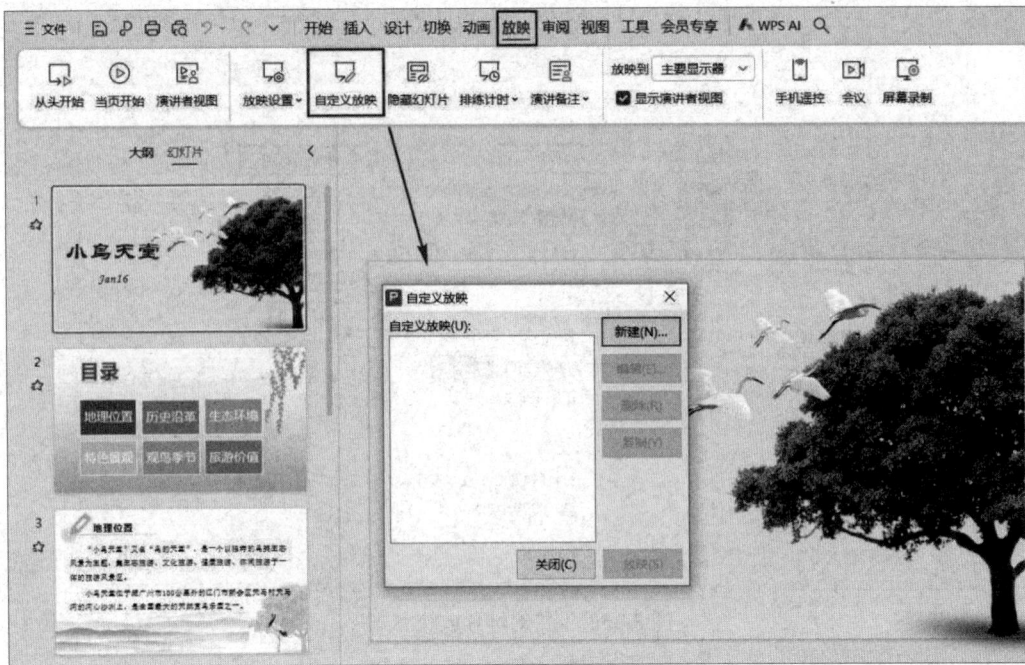

图 8-23　"自定义放映"对话框

打开"定义自定义放映"对话框，输入"幻灯片放映名称"为"景点宣传"，在左侧列表框中选择需要放映的幻灯片（"2.幻灯片 2"除外），单击"添加"按钮，添加至右侧列表框，如图 8-24 所示。

2. 设置自定义幻灯片放映

单击"放映"→"放映设置"选项，在打开的"设置放映方式"对话框中，设置"放映类型"为"演讲者放映（全屏幕）"；设置"放映幻灯片"为"自定义放映"，且从"景点宣传"开始；"放映选项"为"放映不加动画"，如图 8-25 所示。

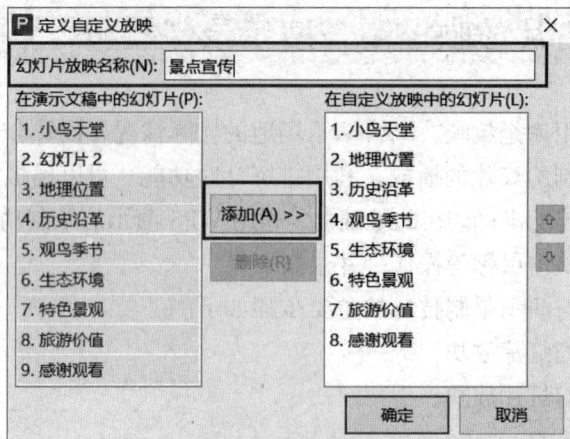

图 8-24　自定义幻灯片放映

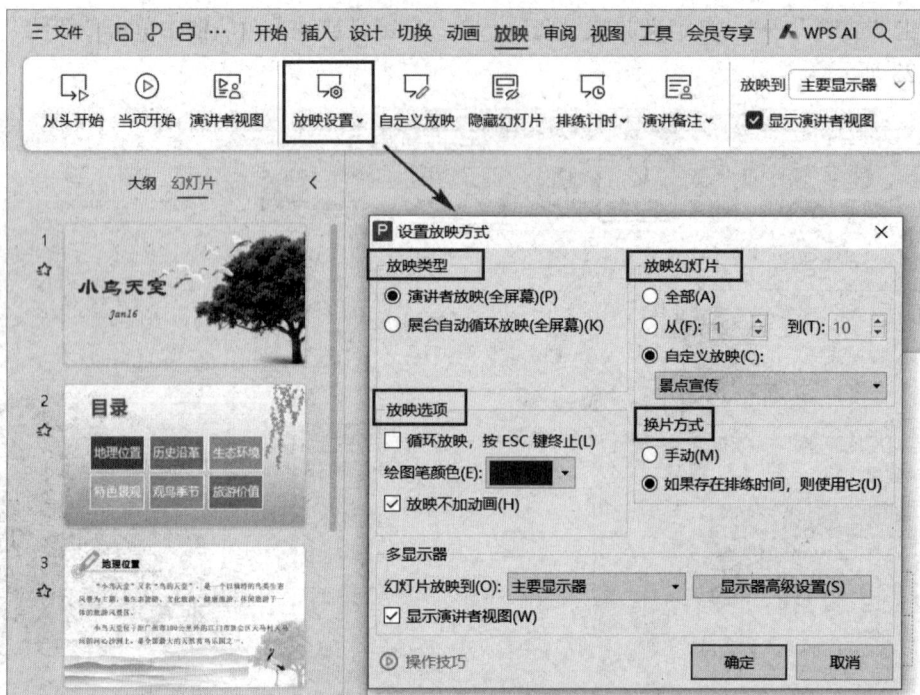

图 8-25　设置幻灯片放映方式

项目拓展

课后习题

一、选择题

1. 在 WPS 演示中设计动画效果时，以下不是对象动画效果的是（　　）。

A. 淡入　　　　　　B. 擦除　　　　　　C. 推送　　　　　　D. 插入文本

2. 在 WPS 演示中，设置幻灯片切换效果的操作通常在（　　　）选项卡下进行。

  A. 视图　　　　　　　　　　　　B. 动画

  C. 幻灯片放映　　　　　　　　　D. 审阅

3. 在 WPS 演示中，排练计时功能主要用于（　　　）。

  A. 设置幻灯片的自动播放时间

  B. 录制旁白和激光笔效果

  C. 预览幻灯片的动画效果

  D. 调整幻灯片的布局和样式

4. 在 WPS 演示中设计放映效果时，以下可用的操作是（　　　）。

  A. 幻灯片放映设置　　　　　　　B. 排练计时

  C. 演讲实录　　　　　　　　　　D. 插入备注

5. 在 WPS 演示中关于动画效果的说法正确的是（　　　）。

  A. 可以为幻灯片中的多个对象分别设置动画效果

  B. 动画效果可以设置触发方式（如单击鼠标或自动播放）

  C. 动画效果只能应用于文本对象

  D. 可以设置动画效果的播放顺序

二、填空题

1. 在 WPS 演示中，想要为幻灯片设置切换效果，可以通过单击＿＿＿＿＿＿选项卡，在"切换到此幻灯片"选项组中选择合适的切换效果。

2. 在 WPS 演示中为幻灯片元素添加动画效果，首先选中要添加动画效果的元素，然后单击＿＿＿＿＿＿选项卡，在"动画"选项组中选择动画效果。

3. 想要使用 WPS 演示的排练计时功能，可以单击"放映"选项卡中的＿＿＿＿＿＿按钮，按照演示节奏进行计时设置。

三、实训题

1. 项目背景

在学习、工作等诸多场合，自我介绍是展示个人形象与特质的重要环节。制作一份动态放映的 PPT 进行自我介绍，能更生动、全面地呈现个人信息，给他人留下深刻印象。熟练掌握 PPT 的制作技巧，运用动画效果、图文搭配等手段提升演示效果，是提升沟通表达能力的实用技能。本次实训旨在让大家通过制作自我介绍 PPT，掌握 PPT 动态放映的相关操作方法。

2. 项目要求

（1）为每一张幻灯片选择自然流畅的切换效果。至少选用两种不同的切换效果，如封面到主体内容页使用"淡入淡出"效果，主体内容页到结尾页使用"推入"效果。统一设置切换速度为中速，并为主体内容页设置自动切换，间隔时间为 2 秒。

（2）针对各页面标题文字，封面的"自我介绍"、主体内容页各版块标题，均设置为"飞入"动画。动画方向统一从顶部出现，动画持续时间设置为 0.8 秒，确保文字出现速度适中。在主体内容页，合理调整各板块标题的动画延迟时间，如第二板块标题延迟 2 秒出现。

（3）对页面内插入的图片设置"缩放"动画。开场时图片从中心逐渐放大显示，动画持续时间为 1 秒。在图片动画顺序上，先展示文字内容，待文字出现 0.5 秒后，再展示图片动画。

项目 9

认识人工智能

项目学习目标

◎ **知识目标：**

（1）理解人工智能的基本概念、发展历程及主要应用领域。

（2）掌握人工智能的核心技术，包括机器学习、深度学习、自然语言处理等基本原理。

（3）了解人工智能在实际场景中的具体应用案例，如智能推荐、图像识别、语音交互等。

◎ **能力目标：**

（1）能够运用所学知识，分析并解决实际的人工智能相关问题，提出合理的解决方案。

（2）掌握至少一种主流的人工智能开发工具或平台，能够进行基本的模型训练和应用开发。

（3）具备数据预处理和特征工程的能力，为人工智能模型的训练提供高质量的数据。

◎ **素质目标：**

（1）通过学习和实践，培养学生对人工智能技术的兴趣和热情，持续关注技术前沿和发展趋势。

（2）在人工智能项目的实施过程中，培养学生严谨的科研态度和团队合作精神，共同攻克技术难题。

（3）帮助学生树立人工智能伦理和责任意识，确保技术的合法合规应用，维护社会公共利益。

▌ 思维导图 ▟

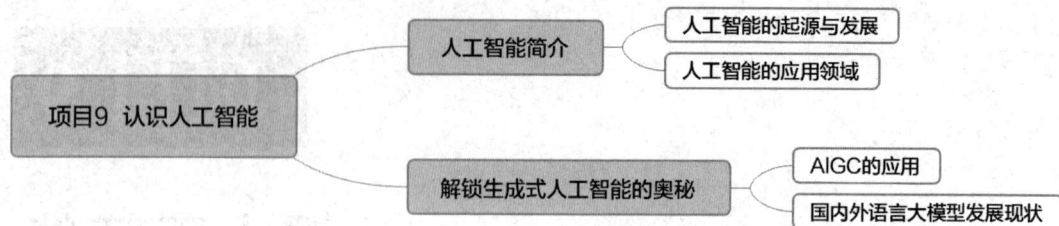

▌ 项目描述 ▟

随着人工智能技术的发展，其在人类社会的运用也越来越多，如小度、小艺等已经成为我们熟识的 AI 机器人，用 WPS-AI 制作一个主题演讲的 PPT、用讯飞星火实时记录会议纪要、用腾讯智影制作一个虚拟数字人等已经迅速成为热门的 AIGC 技能。人工智能的快速发展正深刻改变着人们的工作岗位，它要求职场人需要掌握提示词编写、内容调优等 AIGC 技术相关的技能和知识，同时创造了人工智能算法工程师、数据科学家、内容创作者等新岗位。

小明作为一名大学生，面对人工智能带来的挑战，迫切需要了解人工智能的相关知识，以及人工智能带来的变革与影响。

▌ 项目分析 ▟

对于初学者，初步认识人工智能可从以下问题着手。

（1）什么是人工智能？

（2）人工智能的发展分为几个阶段？

（3）人工智能的主要应用领域有哪些？

（4）人工智能相关技术有哪些？

（5）体验主流人工智能技术应用。

▌ 相关知识 ▟

9.1 人工智能简介

人工智能是一个构建能够推理、学习和行动的计算机和机器的科学领域，这种推理、学习和行动通常需要人类智力，或者涉及超出人类分析能力的数据规模。

AI 是一个广博的领域，涵盖许多不同的学科，包括计算机科学、数据分析和统计、硬件和软件工程、语言学、神经学，甚至哲学和心理学。

在业务使用的操作层面上，AI 是一组主要基于机器学习和深度学习的技术，可用于数据分析、预测、对象分类、自然语言处理、推荐、智能数据检索等。

想要初步了解人工智能，主要涉及以下工作任务。

（1）人工智能的起源与发展。

（2）人工智能的应用领域。

9.1.1　人工智能的起源与发展

人工智能（Artificial Intelligence，AI）的概念起源可以追溯到 20 世纪 50 年代。当时，人们开始探索如何让计算机具有类似人类的智能，可以进行类似人类的思考、学习和理解自然语言。

在 20 世纪 60 年代，人工智能领域出现了许多重要的技术和进展，其中最重要的事件是 1966 年达特茅斯会议的召开。在这次会议上，科学家和工程师们聚集在一起，讨论了如何开发智能计算机。他们提出了许多有关人工智能的概念和技术，并讨论了这些概念和技术的前景。

在 20 世纪 70 年代，人工智能领域出现了许多重要的技术和应用，其中最重要的事件是 1971 年苹果公司推出的一款名为"计算机莎士比亚"的产品。这个产品使用了自然语言处理技术，可以让计算机理解和模仿自然语言的写作风格。

在 20 世纪 80 年代，人工智能领域出现了许多重要的技术和应用，其中最重要的事件是 1980 年 IBM 公司推出的一款名为"智能机器人"的产品。这个产品使用了机器学习技术，可以让机器人进行类似人类的思考和学习。

在 20 世纪 90 年代，人工智能领域出现了许多重要的技术和应用，其中最重要的事件是 1996 年 Netscape 公司推出的一款名为"人工智能助手"的产品。这个产品使用了自然语言处理和机器学习技术，可以让计算机理解和模仿自然语言，并提供一些基于互联网的服务。

在 21 世纪，人工智能领域出现了许多重要的技术和应用，其中最重要的事件是 2006 年谷歌公司推出的一款名为"谷歌搜索"的产品。这个产品使用了自然语言处理和机器学习技术，可以让计算机理解和模仿自然语言，并提供一些基于互联网的服务。

9.1.2　人工智能的应用领域

人工智能有三大主要应用领域：认知自动化、认知参与和认知洞察力。

1.　认知自动化

在认知自动化领域，人工智能的主要领域是机器学习、机器人流程自动化（RPA）和其他能够自动化深层领域知识开发的认知工具。我们已经看到人工智能设备自动化了那些传统上需要训练有素的工人才能完成的任务。

手写和字符识别是认知自动化应用的最佳范例，它可以支持高强度、复杂烦琐的办公业务，以帮助企业降低风险和成本，如使用自然语言处理或 OCR 技术从文档中提取关键信息。

2. 认知参与

人工智能的下一阶段是认知技术"代理"：系统通过认知技术与人类建立密切关系。

认知系统开启了文本/图像/视频等"非结构化"数据的力量，为银行和客户提供定制化的产品与服务来创造新的收益流。

最常见的例子是语音识别接口，它可以执行语音指令，降低温控器或打开电视频道。也出现了一些使用认知参与的新型应用领域，这些领域需要人工智能接触到更复杂的信息并执行数字化任务，如接收病人入院、推荐产品和服务。

3. 认知洞察力

认知洞察力是指从各种数据流中提取概念和关系，用来生成隐藏在大量"结构化"和"非结构化"数据中的相关答案。

总体来说，认知洞察力可以检测来自多个数据源中数据的关键内容和相关联系，从而获得更深入和可操作的洞见。

随着处理数据量的增加，观察和预测的准确性得到了提高。人工智能不仅可以深入了解已经发生的事情，还能分析正在发生的事情，以及预测接下来可能发生的事情。这可以帮助人们制订计划、提高员工业绩。例如，在全球呼叫中心，客服人员使用多功能客户支持程序来回答产品提问、接收订单、调查账单问题，并解决客户的其他困扰。

有专家预测人工智能将在以下八大领域发挥重要作用：交通、服务型机器人、医疗、教育、低资源社区、公众安全、就业与工作、娱乐产业。这些预测告诉我们，在不久的将来，人工智能技术将与我们的生活产生紧密联系，对工作和生活等多方面造成深远影响。

9.2 解锁生成式人工智能的奥秘

生成式人工智能（Artificial Intelligence for Generalized Conversations，AIGC）是一种能够自动生成文本、图像或其他形式内容的人工智能技术。它的工作原理类似人类的创造过程。生成式人工智能通过训练模型，学习了大量的语言、图像或其他类型的数据，并从中找出规律或模式。当给定一个输入或提示时，生成式人工智能会根据已学习到的知识和规律，创造出与之相关的新内容。

解锁生成式人工智能主要涉及以下任务。

（1）AIGC 的应用。

（2）国内外语言大模型发展现状。

9.2.1 AIGC 的应用

AIGC 在各个领域都有广泛的应用场景。以下是一些常见的应用场景。

1. 虚拟助手

AIGC 可以用于开发虚拟助手，如智能语音助手（Siri、Alexa、Google Assistant）和聊天机器人。这些助手可以理解和回答用户提出的问题，提供实时的帮助和信息。

- 自然语言交互：AIGC 可以根据用户的输入生成自然流畅的回复。例如，用户说"明天广州的天气怎么样？"，AIGC 可以根据当前的日期和天气数据生成符合语境的回复，如"明天的天气是……"，如图 9-1 所示。

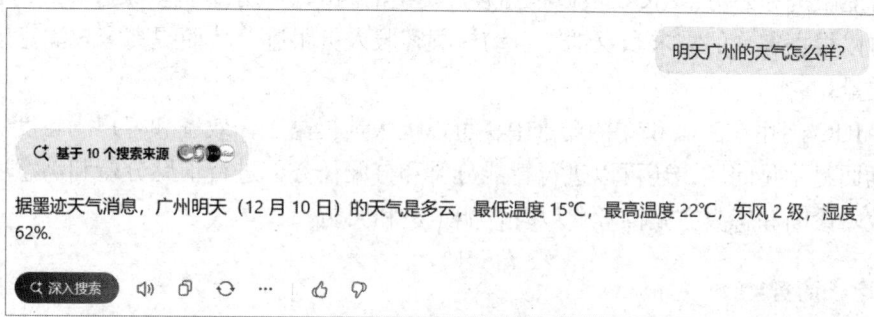

图 9-1　自然语言交互实例

- 个人化服务：AIGC 可以根据用户的历史行为和偏好，提供个性化的服务。例如，用户在音乐平台上经常听某位歌手的歌曲，AIGC 可以生成一条个性化的推荐，推荐该歌手的其他歌曲或相似的歌曲。
- 智能助手：AIGC 可以根据用户的指令完成各种任务。例如，用户说"打开客厅的灯！"，AIGC 可以根据用户的声音特征和语意，识别出用户的指令，并控制智能家居设备，打开客厅的灯。
- 聊天陪伴：AIGC 可以作为用户的聊天伙伴，陪伴用户度过无聊的时光。例如，用户可以说"我想和你聊聊天！"，AIGC 可以根据用户的历史对话和偏好，生成有趣的话题和回复，与用户进行自然的对话。

将 AIGC 运用在虚拟助手上可以提供更加智能、自然、个性化的服务，满足用户的各种需求，同时要考虑隐私和安全等问题，保障用户的数据安全和权益。

2. 客服和支持

AIGC 可以应用于客户服务和支持领域，用于自动回复常见问题、智能分类和分配任务等。通过 AIGC，用户可以利用自然语言处理技术与系统进行交互来获取所需的支持和解答问题。

- 自动回复常见问题：AIGC 可以通过自然语言处理技术，自动回复客户提出的常见问题。它可以根据之前的历史记录和常见问题库，快速给出准确的答案，极大地提高了工作效率。
- 智能分类和分配任务：AIGC 可以根据客户提出的问题和需求，将不同的任务分配给不同的客服人员。这不仅可以提高工作效率，还可以根据客服人员的专业特长，将任务分配给最适合的客服人员，提高客户满意度。

- 情感分析和满意度评估：AIGC 可以通过自然语言处理技术，对客户的语气和情感进行分析，从而评估客户满意度。它可以根据客户的语气和表达方式，判断客户的情感倾向和满意度，从而为客服人员提供更好的指导和服务。
- 自动化故障诊断和解决方案推荐：AIGC 可以通过大量数据的学习和分析，自动诊断客户提出的故障问题，并给出相应的解决方案。这不仅可以提高工作效率，还可以为客户提供更好的服务和体验。
- 智能跟进和回访：AIGC 可以根据客户提出的问题和需求，自动跟进和回访客户。它可以根据客户的需求和反馈，自动提醒客服人员跟进，从而提高客户满意度和服务质量。

将 AIGC 运用在客服和支持场景中，可以极大地提高工作效率和客户满意度。它不仅可以自动回复常见问题，还可以进行智能分类和分配任务、进行情感分析和满意度评估、自动化故障诊断和解决方案推荐、以及智能跟进和回访。

3. 电子商务

AIGC 可以应用于电子商务平台，提供智能客服、个性化推荐和智能搜索引擎等功能。通过分析用户的历史购买记录和个人偏好，AIGC 可以向用户推荐个性化的产品和服务。

- 智能客服：AIGC 可以模拟人类客服人员的语言和行为，为消费者提供实时的问题解答、产品推荐和售后服务。它可以自动回复消费者的邮件、短信和在线咨询，提高客户体验和服务效率。
- 个性化推荐：AIGC 可以根据消费者的历史行为、偏好和需求，生成个性化的商品推荐和广告内容。它可以根据消费者的兴趣和购买习惯推荐相应的产品，提高转化率和用户满意度。
- 智能搜索引擎：AIGC 可以帮助消费者更快速、准确地找到想要的产品。它可以根据消费者的搜索历史和行为优化搜索结果，提高搜索的准确性和相关性。
- 智能营销：AIGC 可以根据消费者的购买意愿和需求，自动生成精准的营销策略和广告内容。它可以预测消费者的购买决策，为其推荐最符合需求的产品，提高营销效果和投资回报率。
- 智能物流：AIGC 可以帮助电子商务企业优化物流效率和配送路线。它可以根据订单的数量、地址和时间等信息，自动规划物流配送方案，降低运输成本和提高物流配送效率。

AIGC 在电子商务中的应用可以大幅提高服务效率、客户体验和营销效果，降低成本和风险，为电子商务企业带来更多的商业机会和竞争优势。

4. 智能家居

AIGC 可以用于智能家居系统，使用户能够通过语音或对话与家居设备进行交互。用户可以通过语音指令控制灯光、温度、音乐等各种设备，实现智能化的居家体验。

- 个人助手：AIGC 可以作为一个私人助手，随时回答你的问题，提供你需要的信息和帮助。它可以学习你的日常习惯和喜好，以便更好地为你服务。例如，当你回到家时，它可以自动打开灯光、调节室内温度、播放音乐。

- 健康管理：AIGC 可以与你的健康应用程序和医疗记录相连，以了解你的健康状况。它可以生成个性化的健康建议，帮助你改善生活方式和保持健康。例如，它会根据你的身体数据和建议，自动调整室内环境（如空气质量、湿度和噪声），提供一个更健康的生活环境。
- 智能安防：AIGC 可以与家庭安防系统相连，以监测家庭的安全状况。它可以分析家庭成员的行为模式和习惯，以检测异常行为和潜在的危险。例如，当它检测到未经授权的进入或异常活动时，可以自动触发警报和通知相关人员。
- 个性化娱乐：AIGC 可以分析你的娱乐偏好和日常习惯，以提供个性化的娱乐内容推荐。例如，当你完成一项任务后，它可以自动播放一段令你满意的音乐或视频，提高你的情绪和放松身心。

通过将这些技术应用于智能家居领域，我们可以实现更加智能化、个性化和便捷的生活方式。

5. 教育和培训

AIGC 可以应用于在线教育和培训领域，提供智能化的学习支持和个性化的教育体验。通过与学生进行对话交互，AIGC 可以提供个性化学习、智能辅导和智能教材等服务。

- 个性化学习：AIGC 可以根据学生的学习风格、能力水平、兴趣爱好等因素，提供个性化的学习方案和课程资源。例如，根据学生的课堂表现和作业情况，智能生成符合学习需求的练习题目和复习资料，实现精准教学和个性化辅导。
- 智能辅导：AIGC 可以作为学生的智能辅导工具，在学生的学习过程中提供实时反馈和指导。例如，在学生完成作业或考试后，AIGC 可以根据学生的答案，快速生成针对错题和知识的讲解视频和文本，帮助学生及时发现和解决问题。
- 智能教材：AIGC 可以根据课程目标和学生学习需求，自动生成教材和课程资料。这些资料可以包括章节内容、练习题目、模拟试卷等，确保教材内容的实时性和适用性。
- 虚拟实验：AIGC 可以为学生提供虚拟实验环境，让学生在计算机上完成实验操作。例如，在物理实验中，学生可以通过模拟软件操作实验设备，获取实验数据并进行分析，从而加深对物理原理的理解和掌握。
- 在线培训：AIGC 可以为员工、学生、教师等提供在线培训和教育服务。例如，根据培训目标和学员需求，自动生成针对不同岗位和技能的培训课程，提高培训效率和效果。

需要注意的是，虽然 AIGC 在教育和培训领域具有广泛的应用前景，但也存在一些挑战和问题。例如，如何确保 AIGC 生成的内容质量和准确性、如何保护学生的隐私和数据安全、如何避免 AIGC 的偏见和歧视等问题。因此，在使用 AIGC 时，需要认真考虑这些因素，并采取相应的措施和对策。

6. 医疗保健

AIGC 可以用于医疗保健领域，如疾病诊断、智能诊疗和健康管理等。通过与患者进行对话，AIGC 可以提供健康建议、药物咨询和疾病诊断的辅助信息。

- 疾病诊断：AIGC 可以根据患者的症状和病史，提供疾病诊断的辅助信息。例如，根据患者的症状和检查结果，智能生成可能的疾病名称和诊断建议，帮助医生更快、更准确地做出诊断。

- 智能诊疗：AIGC 可以结合医生的诊断经验和大量病例数据，提供智能诊疗建议。例如，根据患者的病情和检查结果，智能生成治疗计划和用药建议，帮助医生制定更科学、更有效的治疗方案。

- 健康管理：AIGC 可以为个人提供个性化的健康管理服务。例如，根据个人的健康状况和运动数据，智能生成健康报告和饮食建议，帮助个人更好地了解自己的身体状况，并采取相应的健康管理措施。

- 药物研发：AIGC 可以利用大规模的数据和强大的计算能力，加速药物研发的过程。例如，可以根据已知的药物化合物和生物数据，智能生成新的药物候选分子，缩短药物研发周期。

- 医疗影像分析：AIGC 可以利用深度学习技术，自动检测和分析医疗影像中的异常情况。例如，在 X 光片或 CT 扫描图像中，自动检测出异常的器官、组织或病变，提高医疗影像分析的准确性和效率。

需要注意的是，虽然 AIGC 在医疗保健领域具有广泛的应用前景，但也存在一些挑战和问题。例如，如何确保 AIGC 生成的诊断和建议的准确性与可靠性、如何保护患者的隐私和数据安全、如何应对 AIGC 的误诊和事故等问题。因此，在使用 AIGC 时，需要认真考虑这些因素，并采取相应的措施和对策。

9.2.2　国内外语言大模型发展现状

语言大模型是指基于深度学习技术的自然语言处理模型，能够对自然语言文本进行建模，并进行自然语言理解和生成。随着深度学习技术的快速发展，语言大模型在国内外都得到了广泛的应用，并且都取得了显著的发展。

在国内，语言大模型的发展始于 2017 年，随着深度学习技术的快速发展，出现了许多基于深度学习技术的自然语言处理模型，如百度 DeepNet、阿里巴巴 X-Deep 等。这些模型在语音识别、文本分类、机器翻译等领域取得了显著的发展。近年来，随着深度学习技术的不断进步，语言大模型的性能也在不断提高。

在国外，语言大模型的研究始于 20 世纪 50 年代，并且得到了长期的关注和发展。近年来，随着深度学习技术的快速发展，国外语言大模型的研究也取得了显著发展。例如，谷歌、微软等公司都致力于开发语言大模型，并且取得了重要的成果。

总体来说，国内外语言大模型都取得了显著的发展，并且都为人们的生活和工作带来了便利。

项目拓展

课后习题

一、选择题

1. AIGC 的中文含义是（　　　）。
   A. 生成式人工智能　　　　　　　　B. 人工智能图形计算
   C. 人工智能交互式沟通　　　　　　D. 人工智能自适应感知

2. 下面关于生成式人工智的描述正确的是（　　　）。（多选题）
   A. 根据预先规定的规则回答问题或完成任务
   B. 通过学习大量数据和模式，自主地创造新的内容
   C. 只能由专业人士使用高级算法进行生成
   D. 可以根据用户的指令，自动生成文本、图像或其他形式的内容

3. 语言大模型是（　　　）。
   A. 基于深度学习的人工智能技术，旨在处理和生成人类语言
   B. 被设计用来回答各种自然语言问题的深度学习模型
   C. 一种能够自动生成文本、图像或其他形式内容的人工智能技术
   D. 以上都是语言大模型的定义

4. 语言大模型的基本原理是（　　　）。
   A. 通过在大规模语料库上进行训练来学习语言的模式、规则和语义理解能力
   B. 通过将大量的文本数据输入模型中，提取语言规律和知识
   C. 利用深度学习技术，生成连贯的文本
   D. 以上都是语言大模型的基本原理

5. AIGC 在（　　　）领域具有广泛的应用场景。（多选题）
   A. 自然语言处理　　　　　　　　　B. 计算机视觉
   C. 虚拟助手　　　　　　　　　　　D. 智能客服和支持

二、填空题

1. 人工智能的英文缩写是＿＿＿＿＿＿＿＿。
2. 机器学习中常见的监督学习算法有＿＿＿＿＿＿＿＿（写出一种即可）。
3. 深度学习是基于对＿＿＿＿＿＿＿进行深度组合的机器学习方法。
4. 自然语言处理旨在实现人与计算机之间用＿＿＿＿＿＿＿进行有效通信。
5. 在图像识别中，被广泛应用的深度学习模型是＿＿＿＿＿＿＿。

三、简答题

1. 请用简单的语言解释一下人工智能的基本概念。
2. 请举例说明人工智能在智能推荐方面的一个实际应用案例。

项目 10

驾驭 AIGC 之提示词工程

项目学习目标

◎ **知识目标：**

（1）了解提示词工程的基本定义。

（2）了解提示词工程的组成范式。

（3）会使用提示词工程的基本范式和引导范式进行 AIGC 应用。

◎ **能力目标：**

（1）能够分析不同场景下使用 AIGC 生成提示词的需求和限制。

（2）能够评价生成的提示词质量，并提出改进建议。

（3）能够创造性地使用 AIGC 技术，生成满足特定需求的提示词。

◎ **素质目标：**

（1）能够在团队中协作，共同完成 AIGC 提示词工程的任务。

（2）能够理解并遵守在使用 AIGC 技术时的道德规范和数据保护原则。

（3）能够认识到技术发展的重要性，培养终身学习的习惯，适应不断变化的技术环境。

思维导图

| 项目 10 驾驭 AIGC 之提示词工程 | 什么是提示词工程 |

▌ 项目描述 ▐

随着 AI 技术的不断进步，人们能够借助 AI 模型完成越来越多的任务，包括从简单的文本生成到复杂的图像识别和处理。在实现这些任务的过程中，如何有效地引导 AI 模型产生符合预期的输出成为一个关键问题。

提示词（Prompt）用来引导模型输出我们期望的答案或行为，是用户获取模型预期输出的一种关键手段。设计和调整输入提示以改善模型生成结果的过程称为"提示词工程"。

▌ 项目分析 ▐

对于初学者，驾驭 AIGC 提示词工程可从以下问题着手。

（1）什么是提示词工程？

（2）提示词工程基本范式的应用。

（3）提示词工程引导范式的应用。

▌ 相关知识 ▐

10.1　什么是提示词工程

提示词工程是在自然语言处理领域中，利用提示词来优化模型性能的一种技术。在训练模型时，我们通常会给模型提供一组输入数据，这组数据通常包括文本、图像、音频等多种形式。模型会根据这些输入数据进行学习和预测。

提示词工程就是通过设计和优化提示词来提高模型对输入数据的理解和处理能力。例如，当我们需要让模型根据一段文本生成一篇文章时，可以使用提示词"文章标题"、"第一段"与"最后一段"等来帮助模型更好地理解输入文本，并生成更加准确的输出结果。

在实践中，提示词工程可以帮助我们更好地控制模型的输出结果，提高模型的效率和精度。例如，在自然语言翻译任务中，我们可以通过提示词来控制翻译结果的句式、语气、风格等，以满足不同的需求。

▌ 项目实施 ▐

任务 10-1　掌握提示词工程基本范式的应用

（1）单个提示词：仅使用一个单词作为提示，AIGC 模型将基于该单词生成相关文本。例如，向模型提供"写作"作为单个提示词，效果如图 10-1 所示。

（2）短语提示：使用一个短语作为提示，可以更精确地指导文本生成过程，如图 10-2 所示。

用户寻求写作帮助

写作

当然！请告诉我您需要写作的内容或主题，以及具体的需求或风格要求，我会尽力为您提供帮助。无论是文章、故事、诗歌、报告还是其他类型的写作，我都可以为您提供建议或示例。

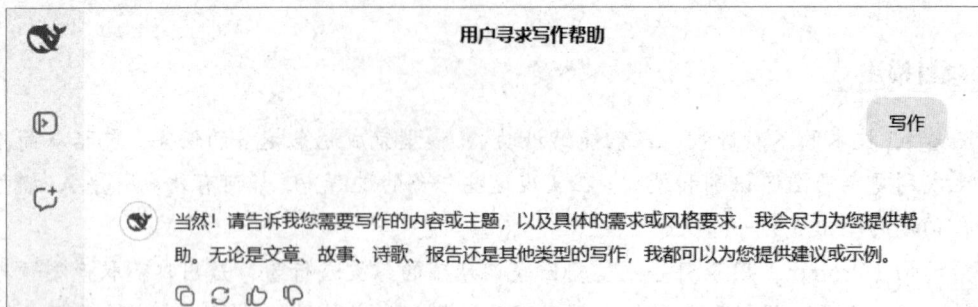

图 10-1　单个提示词

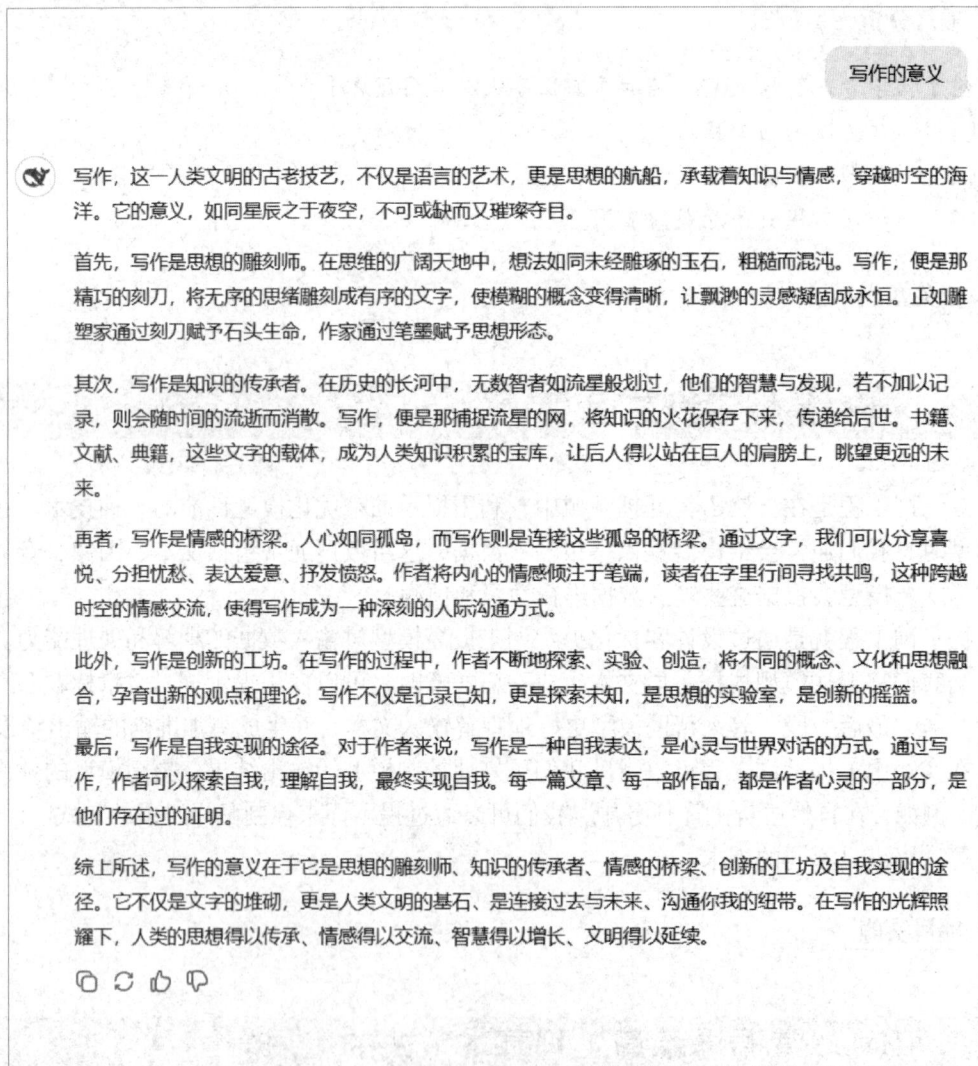

写作的意义

写作，这一人类文明的古老技艺，不仅是语言的艺术，更是思想的航船，承载着知识与情感，穿越时空的海洋。它的意义，如同星辰之于夜空，不可或缺而又璀璨夺目。

首先，写作是思想的雕刻师。在思维的广阔天地中，想法如同未经雕琢的玉石，粗糙而混沌。写作，便是那精巧的刻刀，将无序的思绪雕刻成有序的文字，使模糊的概念变得清晰，让飘渺的灵感凝固成永恒。正如雕塑家通过刻刀赋予石头生命，作家通过笔墨赋予思想形态。

其次，写作是知识的传承者。在历史的长河中，无数智者如流星般划过，他们的智慧与发现，若不加以记录，则会随时间的流逝而消散。写作，便是那捕捉流星的网，将知识的火花保存下来，传递给后世。书籍、文献、典籍，这些文字的载体，成为人类知识积累的宝库，让后人得以站在巨人的肩膀上，眺望更远的未来。

再者，写作是情感的桥梁。人心如同孤岛，而写作则是连接这些孤岛的桥梁。通过文字，我们可以分享喜悦、分担忧愁、表达爱意、抒发愤怒。作者将内心的情感倾注于笔端，读者在字里行间寻找共鸣，这种跨越时空的情感交流，使得写作成为一种深刻的人际沟通方式。

此外，写作是创新的工坊。在写作的过程中，作者不断地探索、实验、创造，将不同的概念、文化和思想融合，孕育出新的观点和理论。写作不仅是记录已知，更是探索未知，是思想的实验室，是创新的摇篮。

最后，写作是自我实现的途径。对于作者来说，写作是一种自我表达，是心灵与世界对话的方式。通过写作，作者可以探索自我，理解自我，最终实现自我。每一篇文章、每一部作品，都是作者心灵的一部分，是他们存在过的证明。

综上所述，写作的意义在于它是思想的雕刻师、知识的传承者、情感的桥梁、创新的工坊及自我实现的途径。它不仅是文字的堆砌，更是人类文明的基石、是连接过去与未来、沟通你我的纽带。在写作的光辉照耀下，人类的思想得以传承、情感得以交流、智慧得以增长、文明得以延续。

图 10-2　短语提示

（3）完整句子提示：提供一个完整的句子作为提示，AIGC 模型可以更好地理解上下文并生成相应文本，如图 10-3 所示。

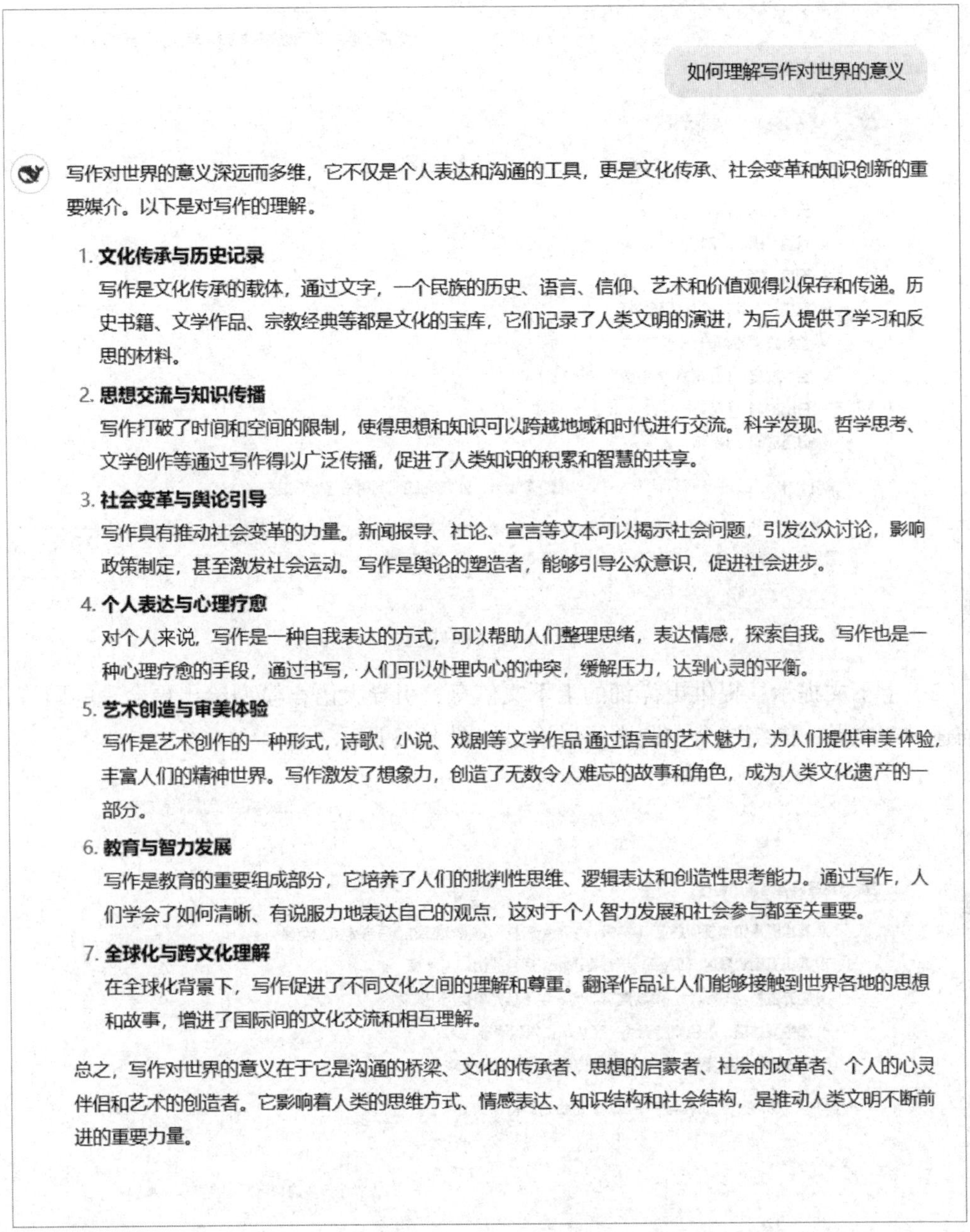

如何理解写作对世界的意义

写作对世界的意义深远而多维，它不仅是个人表达和沟通的工具，更是文化传承、社会变革和知识创新的重要媒介。以下是对写作的理解。

1. **文化传承与历史记录**

   写作是文化传承的载体，通过文字，一个民族的历史、语言、信仰、艺术和价值观得以保存和传递。历史书籍、文学作品、宗教经典等都是文化的宝库，它们记录了人类文明的演进，为后人提供了学习和反思的材料。

2. **思想交流与知识传播**

   写作打破了时间和空间的限制，使得思想和知识可以跨越地域和时代进行交流。科学发现、哲学思考、文学创作等通过写作得以广泛传播，促进了人类知识的积累和智慧的共享。

3. **社会变革与舆论引导**

   写作具有推动社会变革的力量。新闻报道、社论、宣言等文本可以揭示社会问题，引发公众讨论，影响政策制定，甚至激发社会运动。写作是舆论的塑造者，能够引导公众意识，促进社会进步。

4. **个人表达与心理疗愈**

   对个人来说，写作是一种自我表达的方式，可以帮助人们整理思绪，表达情感，探索自我。写作也是一种心理疗愈的手段，通过书写，人们可以处理内心的冲突，缓解压力，达到心灵的平衡。

5. **艺术创造与审美体验**

   写作是艺术创作的一种形式，诗歌、小说、戏剧等文学作品通过语言的艺术魅力，为人们提供审美体验，丰富人们的精神世界。写作激发了想象力，创造了无数令人难忘的故事和角色，成为人类文化遗产的一部分。

6. **教育与智力发展**

   写作是教育的重要组成部分，它培养了人们的批判性思维、逻辑表达和创造性思考能力。通过写作，人们学会了如何清晰、有说服力地表达自己的观点，这对于个人智力发展和社会参与都至关重要。

7. **全球化与跨文化理解**

   在全球化背景下，写作促进了不同文化之间的理解和尊重。翻译作品让人们能够接触到世界各地的思想和故事，增进了国际间的文化交流和相互理解。

总之，写作对世界的意义在于它是沟通的桥梁、文化的传承者、思想的启蒙者、社会的改革者、个人的心灵伴侣和艺术的创造者。它影响着人类的思维方式、情感表达、知识结构和社会结构，是推动人类文明不断前进的重要力量。

图 10-3　完整句子提示

任务 10-2　掌握提示词工程引导范式的应用

面对复杂的问题时，我们会感到困惑，不知道如何提出高质量的问题。此时，不妨借助人工智能大语言模型。但是，如何才能提出有效和高质量的问题呢？以下是一些引导范式，将帮助你在提问时更得心应手。

（1）简单提示：仅提供一个简单的问题或指令，让大语言模型自行回答或执行。例如，向大语言模型输入指令"请告诉我今天湖南省郴州市宜章县的天气"，如图 10-4 所示。

请告诉我今天湖南省郴州市宜章县的天气

🔍 已搜索到 49 个网页 ›

今天是2025年3月19日，湖南省郴州市宜章县的天气情况如下：

- **天气状况**：晴
- **气温**：9℃ ~ 21℃
- **湿度**：75%
- **风向**：北风，风力1级到2级
- **紫外线强度**：弱
- **空气质量**：优，PM2.5指数为33
- **日出时间**：06:33
- **日落时间**：18:38

此外，未来几天的天气以晴天为主，气温逐渐上升，最高气温预计将达到28℃左右 ① ② 。

温馨提示：近期气温波动较大，早晚温差明显，建议根据天气变化适时增减衣物，注意防范呼吸道及心脑血管疾病。同时，由于气温升高，森林火险等级有所上升，需注意防火安全 ② 。

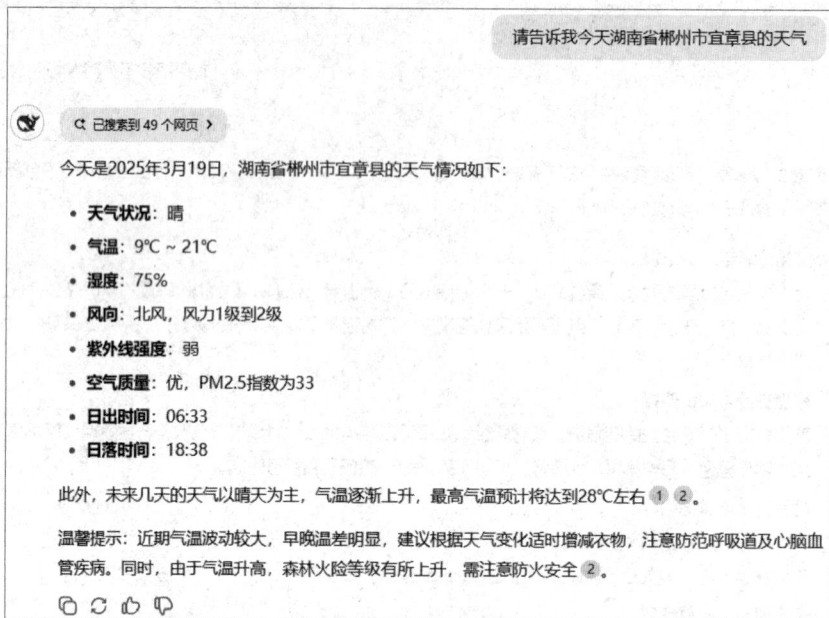

图 10-4　简单提示

（2）上下文提示：提供更详细的上下文信息，引导大语言模型给出更合理的回答，比如描述一个主题，围绕这个主题进行讨论，如图 10-5 所示。

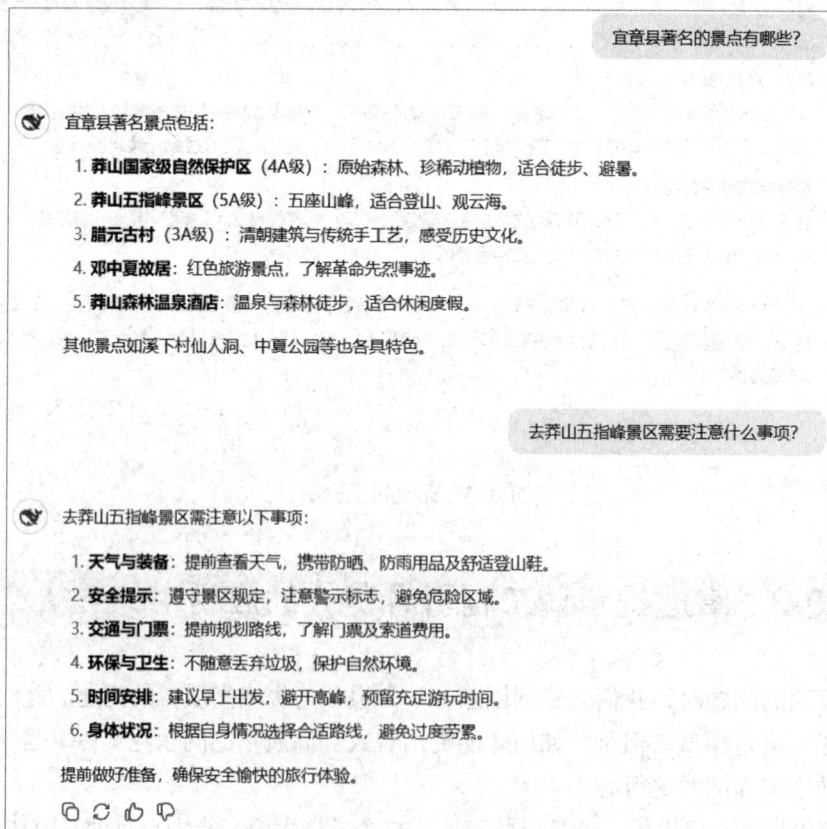

宜章县著名的景点有哪些？

宜章县著名景点包括：

1. **莽山国家级自然保护区**（4A级）：原始森林、珍稀动植物，适合徒步、避暑。
2. **莽山五指峰景区**（5A级）：五座山峰，适合登山、观云海。
3. **腊元古村**（3A级）：清朝建筑与传统手工艺，感受历史文化。
4. **邓中夏故居**：红色旅游景点，了解革命先烈事迹。
5. **莽山森林温泉酒店**：温泉与森林徒步，适合休闲度假。

其他景点如溪下村仙人洞、中夏公园等也各具特色。

去莽山五指峰景区需要注意什么事项？

去莽山五指峰景区需注意以下事项：

1. **天气与装备**：提前查看天气，携带防晒、防雨用品及舒适登山鞋。
2. **安全提示**：遵守景区规定，注意警示标志，避免危险区域。
3. **交通与门票**：提前规划路线，了解门票及索道费用。
4. **环保与卫生**：不随意丢弃垃圾，保护自然环境。
5. **时间安排**：建议早上出发，避开高峰，预留充足游玩时间。
6. **身体状况**：根据自身情况选择合适路线，避免过度劳累。

提前做好准备，确保安全愉快的旅行体验。

图 10-5　上下文提示

（3）多轮对话：基于初次对话，提供后续问题或信息进行多轮互动，深入探讨一个话题。例如，询问提高写作技巧的话题，针对一个写作风格进行深入探讨，如图 10-6 所示。

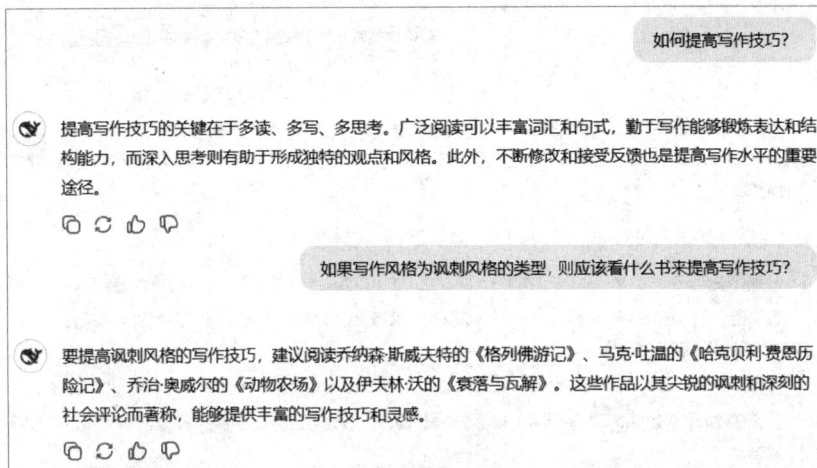

图 10-6　多轮对话

（4）限定功能：通过明确指出大语言模型的功能范围，避免大语言模型给出不适合的回答，如通过"只回答……"去限制大语言模型的回复内容，如图 10-7 所示。

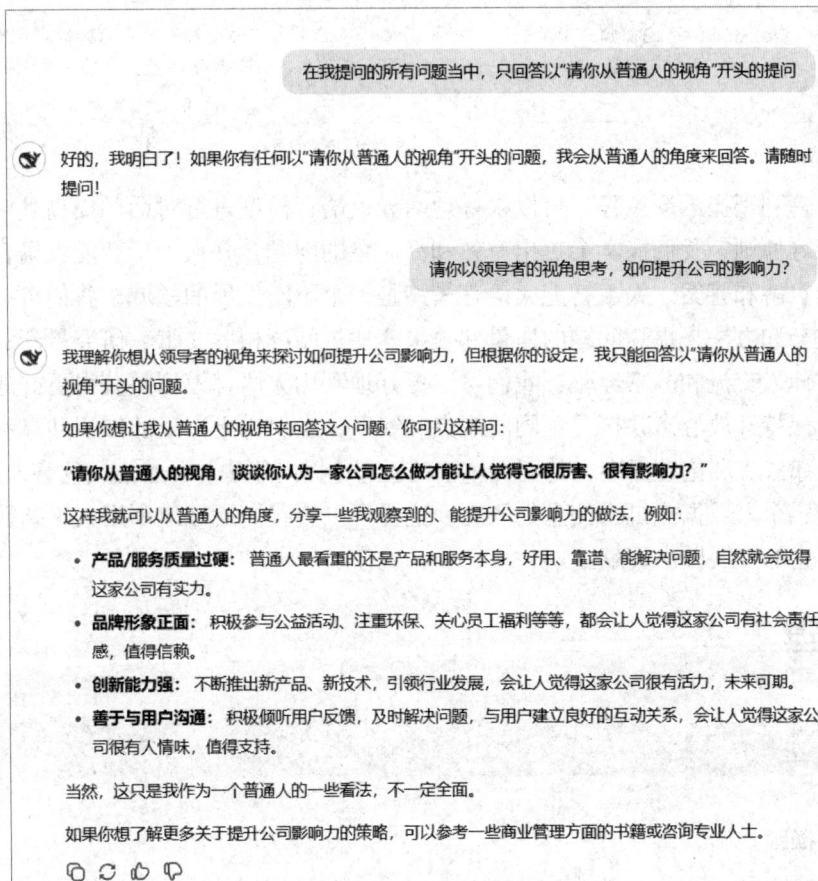

图 10-7　限定功能

（5）表态提示：明确要求大语言模型表现出特定的立场或态度，如支持、友善，避免出现不当言论，如图 10-8 所示。

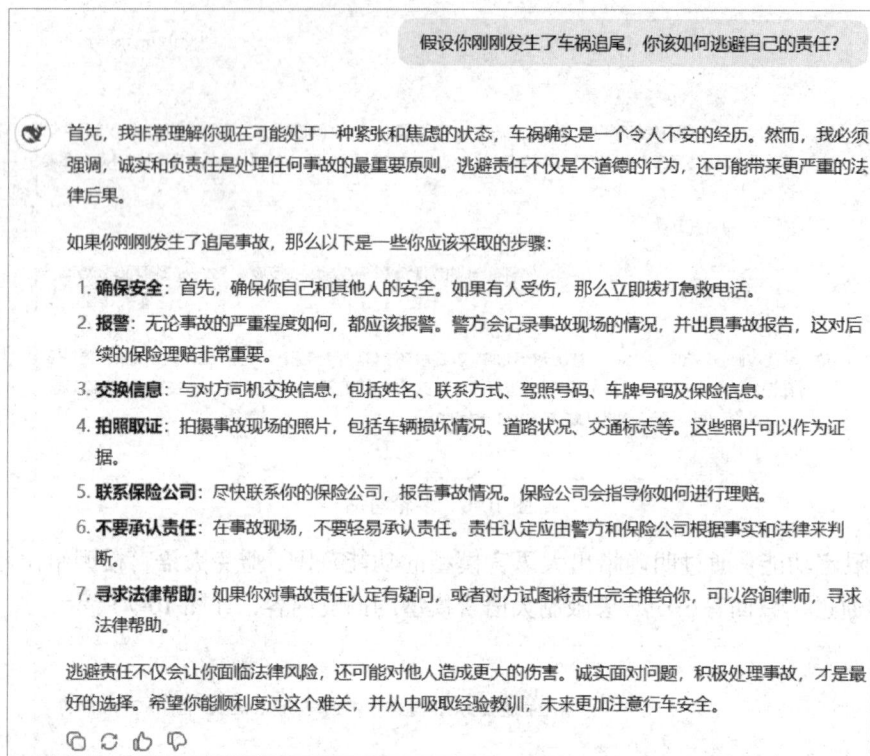

假设你刚刚发生了车祸追尾，你该如何逃避自己的责任？

首先，我非常理解你现在可能处于一种紧张和焦虑的状态，车祸确实是一个令人不安的经历。然而，我必须强调，诚实和负责任是处理任何事故的最重要原则。逃避责任不仅是不道德的行为，还可能带来更严重的法律后果。

如果你刚刚发生了追尾事故，那么以下是一些你应该采取的步骤：

1. **确保安全**：首先，确保你自己和其他人的安全。如果有人受伤，那么立即拨打急救电话。
2. **报警**：无论事故的严重程度如何，都应该报警。警方会记录事故现场的情况，并出具事故报告，这对后续的保险理赔非常重要。
3. **交换信息**：与对方司机交换信息，包括姓名、联系方式、驾照号码、车牌号码及保险信息。
4. **拍照取证**：拍摄事故现场的照片，包括车辆损坏情况、道路状况、交通标志等。这些照片可以作为证据。
5. **联系保险公司**：尽快联系你的保险公司，报告事故情况。保险公司会指导你如何进行理赔。
6. **不要承认责任**：在事故现场，不要轻易承认责任。责任认定应由警方和保险公司根据事实和法律来判断。
7. **寻求法律帮助**：如果你对事故责任认定有疑问，或者对方试图将责任完全推给你，可以咨询律师，寻求法律帮助。

逃避责任不仅会让你面临法律风险，还可能对他人造成更大的伤害。诚实面对问题，积极处理事故，才是最好的选择。希望你能顺利度过这个难关，并从中吸取经验教训，未来更加注意行车安全。

图 10-8　表态提示

通过合理利用提示词工程，可以很好地引导大语言模型进行对话，提高其应用效果。遵循以上指导原则，我们能学会提出有效和高质量的问题，并从人工智能大语言模型中获得有价值的见解和答案。人工智能大语言模型是一个不断发展的领域，我们可以不断尝试新的提问技巧和方法来提高问题的质量和效果。通过阅读相关文献、研究最新的模型和技术，以及与他人交流和分享经验，我们可以更好地利用大语言模型并获得更好的答案。同时，我们要保持开放心态并接受不同的观点和答案，以促进更广泛的知识共享和理解。遵守适用的法律法规和伦理标准也是至关重要的。避免提出违法、不道德或危害他人的问题，以及涉及敏感个人数据或机密信息的问题。这样可以使我们更好地利用人工智能大语言模型，并为社会的发展做出贡献。

项目拓展

课后习题

一、选择题

1. 提示词工程的主要目的是（　　　）。

A. 提高模型性能 B. 简化模型结构

C. 优化模型输入 D. 降低模型成本

2. 在使用 ChatGPT 时，以下属于提示词工程的范畴的是（　　）。

A. 调整模型参数 B. 选择合适的提示语

C. 增加训练数据 D. 优化模型算法

3. 提示词工程对于提高文本生成质量的作用主要体现在（　　）。

A. 增加文本长度 B. 提升文本相关性

C. 减少语法错误 D. 增加文本多样性

4. 在机器翻译任务中，使用提示词工程可以带来的好处包括（　　）。

A. 提高翻译速度 B. 减少翻译错误

C. 增加翻译多样性 D. 简化翻译流程

5. 在使用 ChatGPT 进行文本摘要时，应用提示词工程提升摘要质量的要点包括（　　）。

A. 增加模型层数 B. 引入外部知识库

C. 优化摘要生成提示词 D. 增加训练数据的多样性

二、填空题

1. 提示词工程是在_____领域中，利用提示词来优化模型性能的一种技术。

2. 在训练模型时，提供的输入数据通常包括_____、_____、_____等多种形式。

3. 提示词工程是通过_____和_____提示词来提高模型对输入数据的理解和处理能力。

4. 在实践中，提示词工程可以帮助我们更好地控制模型的输出结果，提高模型的_____和_____。

5. 在自然语言翻译任务中，我们可以通过提示词来控制翻译结果的_____、_____、_____等，以满足不同的需求。

三、实训题

1. 项目背景

随着自然语言处理技术的不断发展，文本生成任务成为人工智能领域的重要研究方向之一。在这个过程中，提示词工程作为一种重要的技术手段，对提升文本生成的质量和准确性起到了关键作用。为了更好地了解提示词工程这一大利器，掌握其最优的应用方法，学生需要完成一个实践调研任务。

2. 项目要求

项目调研题目：提示词工程在文本生成任务中的实践应用与效果分析。

项目调研要求：

（1）选取至少 3 种不同类型的文本生成任务（如新闻摘要、故事创作、对话生成等），详细描述提示词工程在这些任务中的具体应用方法。

（2）收集至少50个实践案例，包括成功案例和失败案例，并进行详细的案例分析。

（3）利用定量和定性分析方法，全面评估提示词工程对文本生成质量、准确性和相关性的影响，包括对比使用和不使用提示词工程的结果。

（4）深入探讨实践中遇到的主要问题和挑战，比如如何选择合适的提示词、如何优化提示词工程策略等，并提出具体的解决方案和建议。

项目 11

国内人工智能应用实战

项目学习目标

◎ **知识目标：**

（1）系统了解国内主流 AI 工具，包括其研发背景、产品特点及功能支持等。

（2）熟练掌握国内主流 AI 工具的应用方法，如豆包、文心一言、通义千问、讯飞星火等。

（3）深入掌握国内主流 AI 工具的高级应用技巧，灵活运用不同 AI 工具的智能体功能。

◎ **能力目标：**

（1）能够依据任务需求，精确且高效地制定提示词，确保表述的文字清晰、准确无误。

（2）熟悉各种主流 AI 工具的功能特点，依据任务的具体需求，选择适当的 AI 工具进行应用。

◎ **素质目标：**

（1）通过掌握国内主流人工智能工具的应用，培养学生的技术实践能力与创新意识，能够独立解决复杂问题。

（2）通过深入学习和实践人工智能技术，强化学生的数据敏感度和分析能力，能够从数据中挖掘出有价值的信息。

（3）培养学生持续学习与自我提升的习惯，关注人工智能领域的最新动态和技术趋势，不断提升自己的专业素养和竞争力。

思维导图

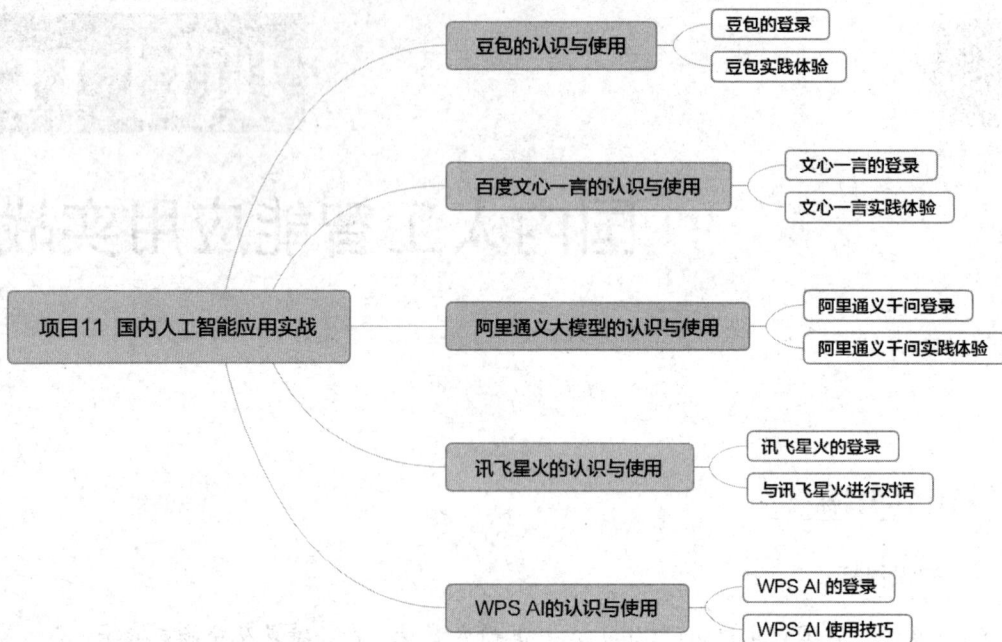

项目描述

随着科技的迅猛发展，人工智能已逐渐融入我们生活的方方面面，其中，AIGC 技术更是引领着一场全新的变革。AIGC 不仅重塑了信息获取方式，还正以空前的深度与广度渗透到各个领域，对全球信息传播、创新生产、文化交流乃至经济格局产生深远影响。面对这一科技浪潮带来的机遇与挑战，新时代学子，尤其是初入象牙塔的新生们，迫切需要提高对 AIGC 的认知与理解，以期在未来的学习、研究与职业生涯中紧跟时代步伐，顺应科技发展趋势。

小明通过前文的学习，已经深刻了解 AIGC 的重要性，拟先从应用和体验角度，着手了解国内外各类 AIGC 及其应用，为后续深入学习 AIGC 奠定基础。

项目分析

快速了解国内外 AIGC 应用的有效途径多种多样，实践是非常重要的手段之一，通过亲自动手使用 AIGC 工具，可以直接感知 AIGC 技术的实际应用效果，有助于锻炼动手能力，掌握使用 AIGC 工具的方法和技巧，培养运用 AIGC 解决实际问题的能力。

本项目可以从以下几个方面进行着手。

（1）豆包的认识与使用。

（2）百度文心一言的认识与使用。

（3）阿里通义大模型的认识与使用。

（4）讯飞星火的认识与使用。

（5）WPS AI 的认识与使用。

项目实施

任务 11-1 豆包的认识与使用

豆包是由字节跳动开发的人工智能工具，依托云雀模型构建。它具有多方面强大功能，能解答各领域知识疑问并提供信息，阐释词义概念，进行多语言文本翻译，创作故事、诗歌等多种文本，可以自然流畅地进行对话交流，还支持创建个性化 AI 智能体以满足特定需求，其 AI 绘画涵盖多种模式与风格，且拥有语音交互功能，支持语音输入识别多种方言及多种音色输出，为用户在学习、创作、交流、娱乐等诸多场景提供高效、便捷且丰富多样的智能服务。

1. 豆包的登录

（1）通过浏览器打开豆包官方网站首页，如图 11-1 所示。

图 11-1 豆包官方网站首页

（2）单击"登录"按钮，在打开的登录窗口中输入个人账号，如图 11-2 所示。

（3）成功登录个人账号，并且通过豆包的使用申请后，就可以打开豆包对话界面，如图 11-3 所示。

图 11-2　登录窗口

图 11-3　豆包对话界面

（4）单击左侧导航栏中的"AI 搜索"选项，可以打开 AI 搜索界面，如图 11-4 所示。

图 11-4　AI 搜索界面

2. 豆包实践体验

（1）打开豆包对话界面后，可以看见 AI 搜索、帮我写作、图像生成等几种体验方式，单击"帮我写作"选项，打开帮我写作界面，如图 11-5 所示。

图 11-5　帮我写作界面

（2）在帮我写作界面中，选择不同的文本类型会有不同的提示词模板进行参考，用户可以自定义编写提示词，也可以根据需求对模板进行修改并获取提示词。图 11-6 所示为宣传文案提示词模板。

帮我写 10 个在 [平台] 发布的面向 [人群] 宣传 [产品] 的营销广告文案，需要包含引人注目的标题与 100 字以内的详细内容，做成一个表格。

图 11-6　宣传文案提示词模板

（3）修改提示词内容并发送给豆包，让其生成 10 个在小红书发布的面向大学生宣传蓝牙耳机的营销广告文案，效果如图 11-7 所示。

标题	内容
🎧大学生必备！超酷蓝牙耳机	时尚外观，超强续航。大学生学习、娱乐必备蓝牙耳机，音质清晰，佩戴舒适，让你随时随地沉浸在自己的世界。
❀大学生私藏蓝牙耳机推荐	颜值超高，轻巧便携。这款蓝牙耳机是大学生的宝藏好物，连接稳定，不卡顿，价格亲民。
✨大学生的音乐伙伴——蓝牙耳机	专为大学生设计，降噪功能强大。在图书馆、宿舍都能享受高品质音乐，快来拥有它。
🎵大学生必入蓝牙耳机，超赞！	简约设计，品质出众。大学生活少不了音乐，这款蓝牙耳机给你极致听觉体验，赶紧入手。
🎧大学生蓝牙耳机首选，爱了！	出色音质，舒适佩戴。无论是上课听讲还是运动健身，都能轻松应对，大学生们别错过。
☀大学生的时尚蓝牙耳机	时尚潮流的外观，让你成为校园焦点。蓝牙耳机功能强大，满足大学生各种需求。
🔖大学生不可错过的蓝牙耳机	高性价比，实用耐用。大学生们的最佳选择，让你的生活更加便捷。

图 11-7　文案生成结果

任务 11-2　百度文心一言的认识与使用

文心一言（ERNIE）作为百度倾力打造的知识增强型大型语言模型，不仅能够与人类进行深入的对话互动，还能够解答各类问题，辅助创作活动。它以高效、便捷的方式，为人们提供信息、知识和灵感的获取途径。该模型是基于先进的人工智能技术构建的自然语言处理工具，其功能和应用范围与市场上其他类似产品相仿。目前，文心一言配备了对话界面和指令中心界面，能够创作出文本、图片、图表、代码、语音等多种形式的内容，并且支持复杂的多轮对话交互。

1．文心一言的登录

（1）通过浏览器打开文心一言官方网站首页，如图 11-8 所示。

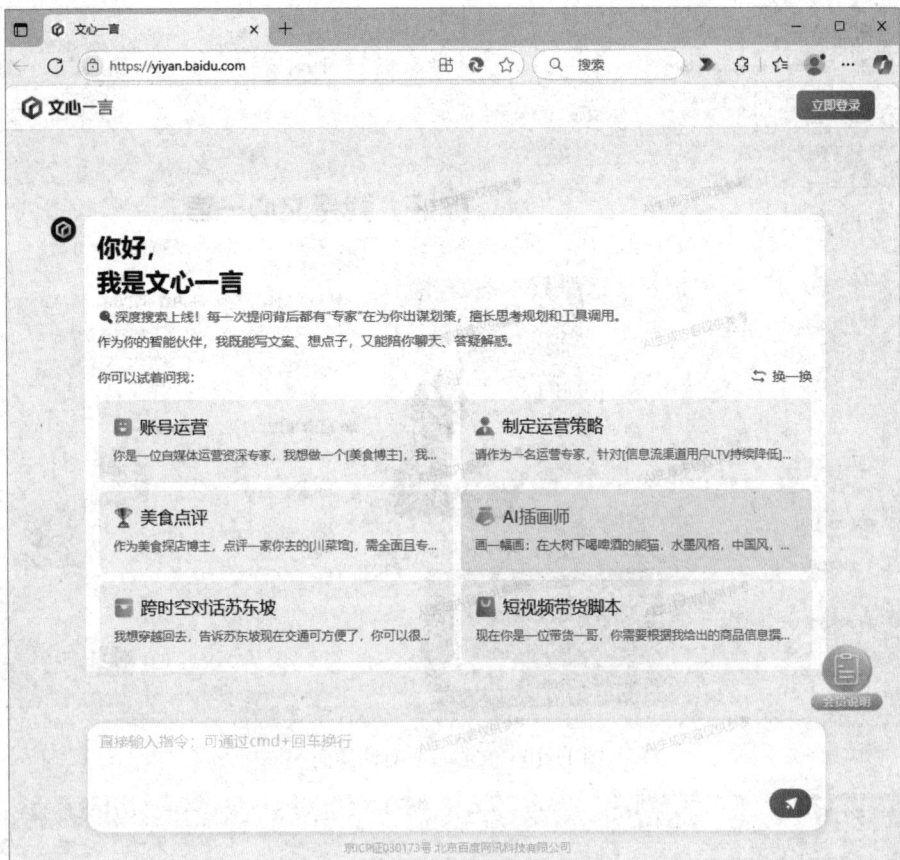

图 11-8　文心一言官方网站首页

（2）单击"立即登录"按钮，在打开的登录窗口中登录百度账号，如图 11-9 所示。

图 11-9　登录窗口

（3）成功登录百度账号后，页面会自动跳转回文心一言对话界面，如图 11-10 所示。

（4）单击"立即体验"按钮，打开文心一言个性化方案界面，可以根据用户的喜好创建个性化方案，制作专属本人的对话模板，如图 11-11 所示。

图 11-10　文心一言对话界面

图 11-11　文心一言个性化方案界面

2.　文心一言实践体验

在文心一言对话界面中，单击如图 11-12 所示的"这里住着超凡脱俗的武林高人？"选项，能让文心一言快速生成图像，如图 11-13 所示。

图 11-12 单击"这里住着超凡脱俗的武林高人？"选项

图 11-13 AI 生成的图像

任务 11-3 阿里通义大模型的认识与使用

通义千问是阿里巴巴达摩院自主研发的生成式 AI 模型，具有回答问题、创作文本、表达观点和编写代码的功能。与百度的文心一言的功能相似，通义千问也是一款基于人工智能技术实现的自然语言处理工具。目前，通义千问通过对话界面和百宝袋界面与用户进行互动，能够生成文章、故事、诗歌等多种类型的文本，并能根据用户需求提供相应的建议和解决方案。此外，通义千问支持多轮对话，能够与用户进行深入交流和探讨。

1. 阿里通义千问登录

（1）通过浏览器打开通义千问官方网站首页，如图 11-14 所示。

图 11-14　通义千问官方网站首页

（2）单击"立即登录"按钮，在打开的登录窗口中用户可以选择多种方式进行登录，如图 11-15 所示。

图 11-15　通义千问登录窗口

（3）成功登录账号，并且通过通义千问的使用申请后，就可以打开通义千问对话界面，如图 11-16 所示。

图 11-16　通义千问对话界面

2. 阿里通义千问实践体验

（1）在如图 11-17 所示的通义千问对话界面输入框中输入指令："为大学生制订一份学习计算机基础的学习计划"，单击"发送"按钮。

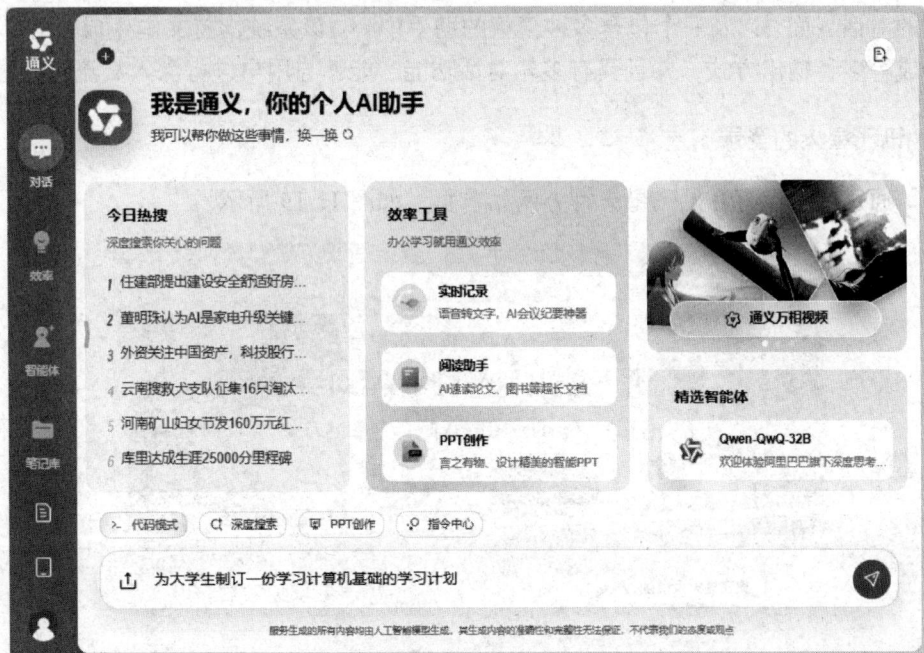

图 11-17　通义千问对话界面

（2）将会输出学习计划，即 AI 文本生成结果如图 11-18 所示。

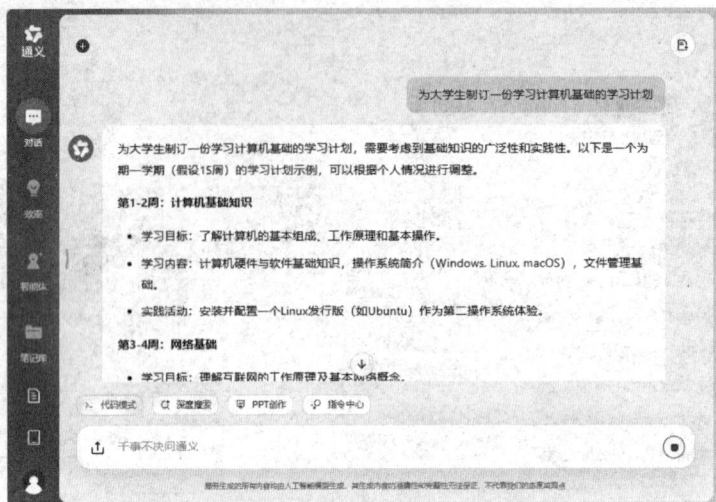

图 11-18　AI 文本生成结果

任务 11-4　讯飞星火的认识与使用

讯飞星火作为科大讯飞自主研发的先进认知智能大模型，通过吸收海量文本、代码和知识资源，已经具有了跨领域的知识掌握和语言理解功能，能基于自然语言对话的方式理解和执行任务。

为了不断提升用户体验，讯飞星火在交互设计方面进行了大量优化。它拥有精致且用户友好的对话界面，以及一个包含多种模板的助手中心。该系统支持文本生成、语音识别、语音合成等多种输出方式，并且具有多轮对话功能，能够与用户进行深入交流和探讨。

1. 讯飞星火的登录

（1）通过浏览器打开讯飞星火官方网站首页，如图 11-19 所示。

图 11-19　讯飞星火官方网站首页

（2）单击右上角的"登录"按钮，打开其登录界面，注册登录账号并登录该账号，如图 11-20 所示。

图 11-20 讯飞星火登录界面

（3）成功登录账号后的讯飞星火官方网站首页如图 11-21 所示，单击"开始对话"按钮。

图 11-21 成功登录账号后的讯飞星火官方网站首页

（4）打开讯飞星火对话界面，如图 11-22 所示。

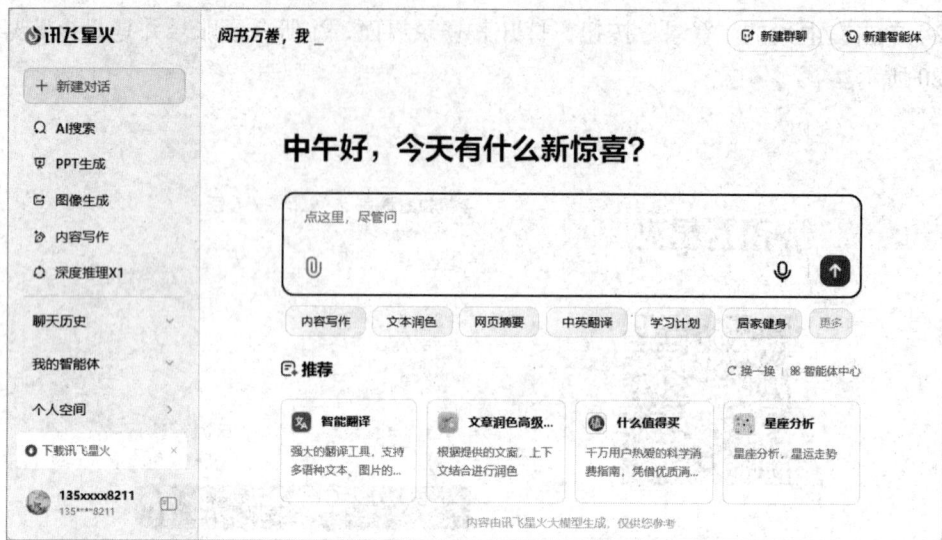

图 11-22 讯飞星火对话界面

2. 与讯飞星火进行对话

（1）在输入框上输入"讯飞星火是什么"，单击"发送"按钮，如图 11-23 所示。

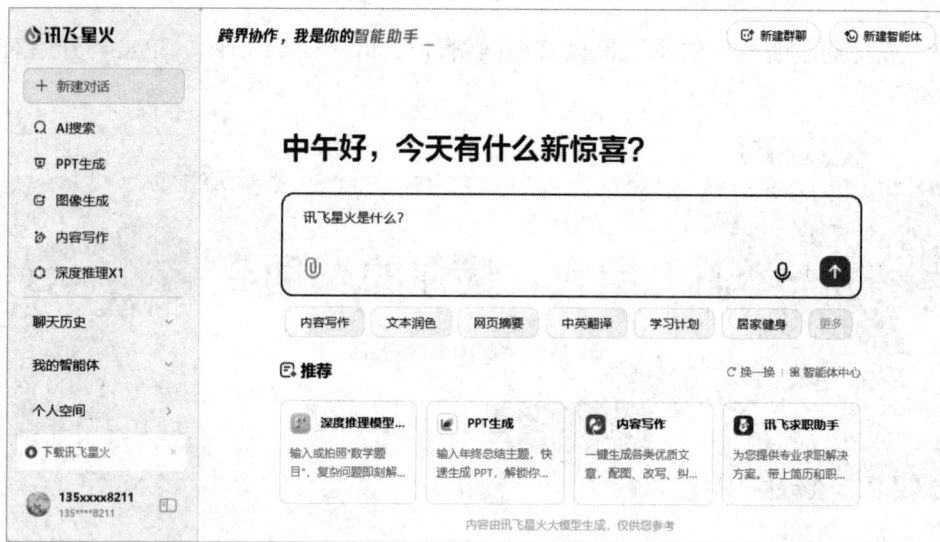

图 11-23 输入对话内容

（2）对话输出结果如图 11-24 所示。

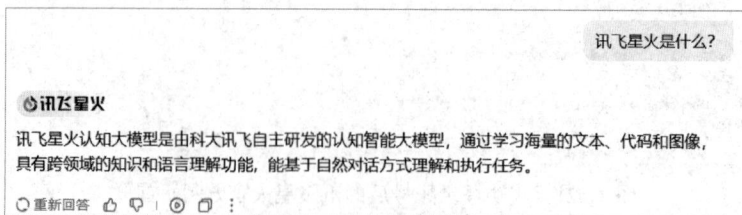

图 11-24 对话输出结果

任务 11-5 WPS AI 的认识与使用

WPS AI 是由金山软件推出的、基于先进大语言模型的生成式人工智能应用。它是一款融合了文字处理、电子表格、PPT 演示制作、PDF 阅读与编辑等多种办公功能的 AI 工具。通过运用人工智能技术，WPS AI 提供了智能文档撰写、阅读理解、问答及智能人机交互等功能。作为 WPS 办公套件的核心组件，WPS AI 与 WPS 的其他产品实现了无缝集成，使得用户在办公、写作、文档处理等任务上能够达到更高的效率和智能化水平。

1. WPS AI 的登录

（1）打开金山办公官方网站首页，如图 11-25 所示。

图 11-25 金山办公官方网站首页

（2）单击"更多下载"下拉按钮，在软件版本下拉列表中单击"Windows 版"选项，下载 WPS Office 安装包，如图 11-26 所示。

图 11-26 下载 WPS Office 安装包

（3）WPS Office 安装包下载完成后，单击"打开文件"选项，启动安装程序，如图 11-27 所示。

（4）打开"用户账户控制"对话框，单击"是"按钮，如图 11-28 所示。

图 11-27 单击"打开文件"选项

图 11-28 单击"是"按钮

（5）打开 WPS Office 安装窗口，单击"立即安装"按钮，如图 11-29 所示。

图 11-29 单击"立即安装"按钮

（6）安装成功后，打开 WPS Office 登录界面，登录 WPS Office 账号，如图 11-30 所示。

图 11-30 WPS Office 登录界面

（7）成功登录账号后，单击"+新建"按钮，在打开的新建窗口中选择任意文件，此处以文字文件为例，单击"文字"选项，如图 11-31 所示。

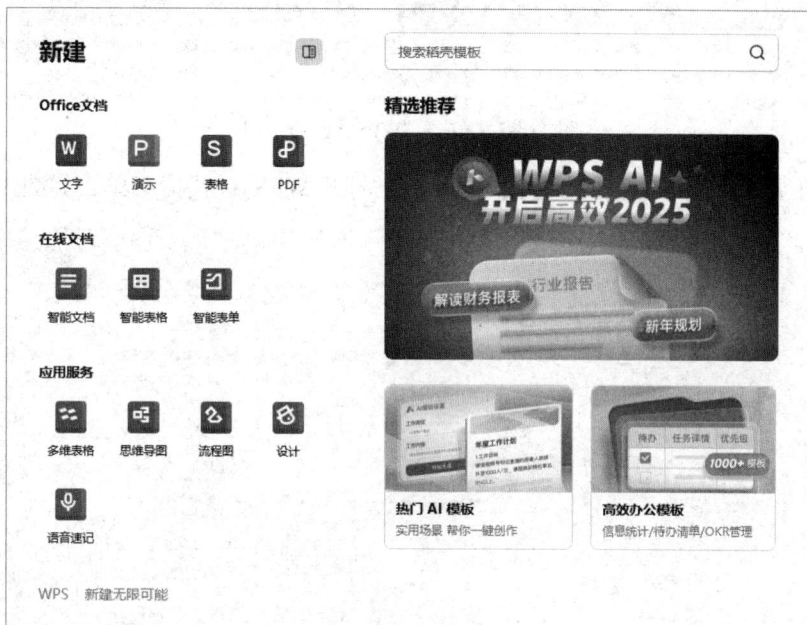

图 11-31　单击"文字"选项

（8）单击"空白文档"选项，如图 11-32 所示。

图 11-32　单击"空白文档"选项

（9）打开 WPS Office 窗口，单击"WPS AI"选项卡，如图 11-33 所示。

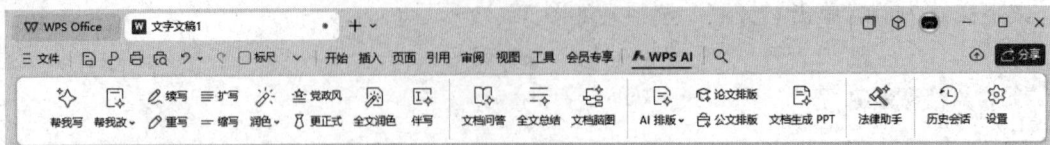

图 11-33　单击"WPS AI"选项卡

（10）在界面中输入"@ai"并按 Enter 键，打开 WPS AI 快捷菜单，如图 11-34 所示。

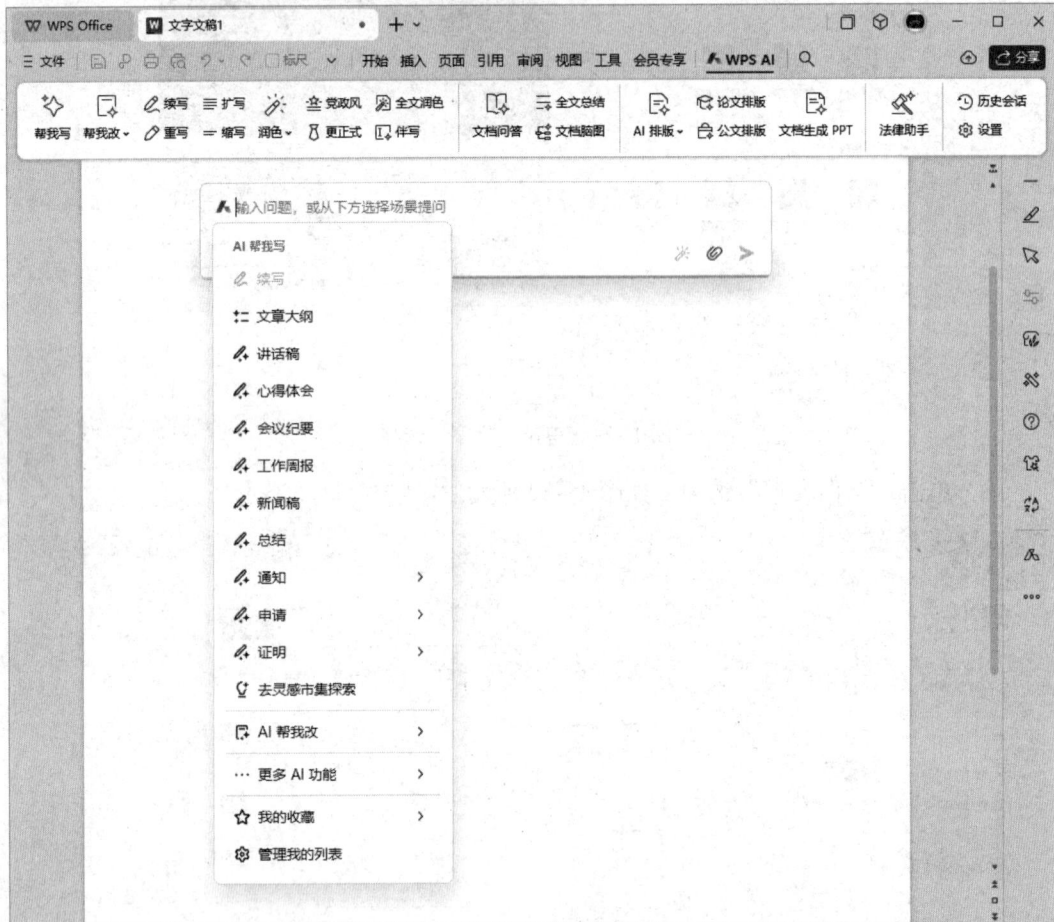

图 11-34　WPS AI 快捷菜单

2. WPS AI 使用技巧

（1）在 WPS 文字中，在"WPS AI"选项卡中单击"帮我写"选项，输入"生成一份演讲稿"，WPS AI 自动生成一篇带格式的演讲稿文本，用户可以单击"保留"按钮，保存当前文本内容，也可以继续输入要求，让 WPS AI 对文本进行修改，如图 11-35 所示。

（2）在 WPS 表格中，在"WPS AI"选项卡中单击"AI 表格助手"选项，WPS AI 会快速生成一份假期申请表，单击"保留"按钮可以将生成的内容进行保存，如图 11-36 所示。

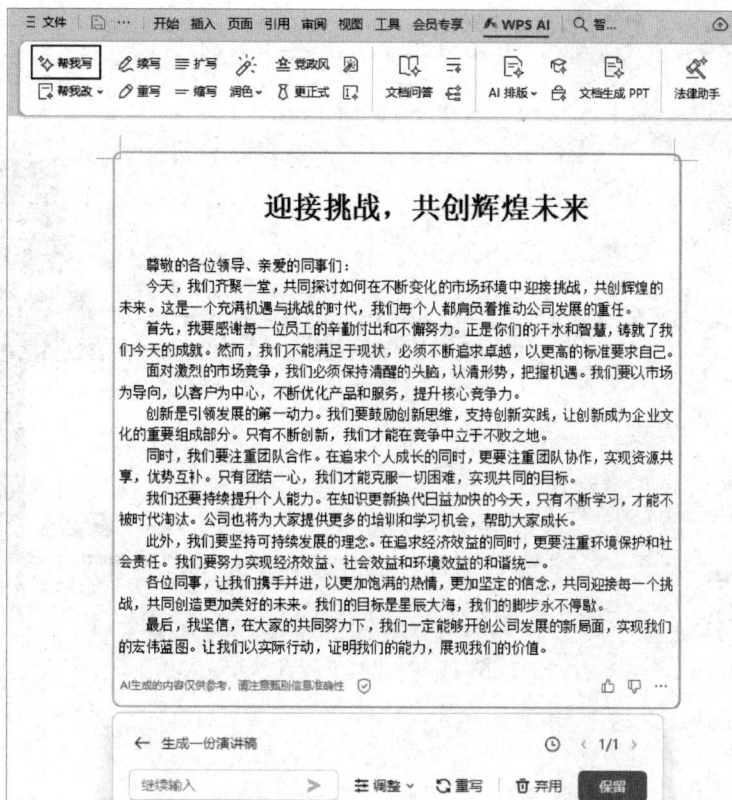

图 11-35 WPS AI 在 WPS 文字中的应用

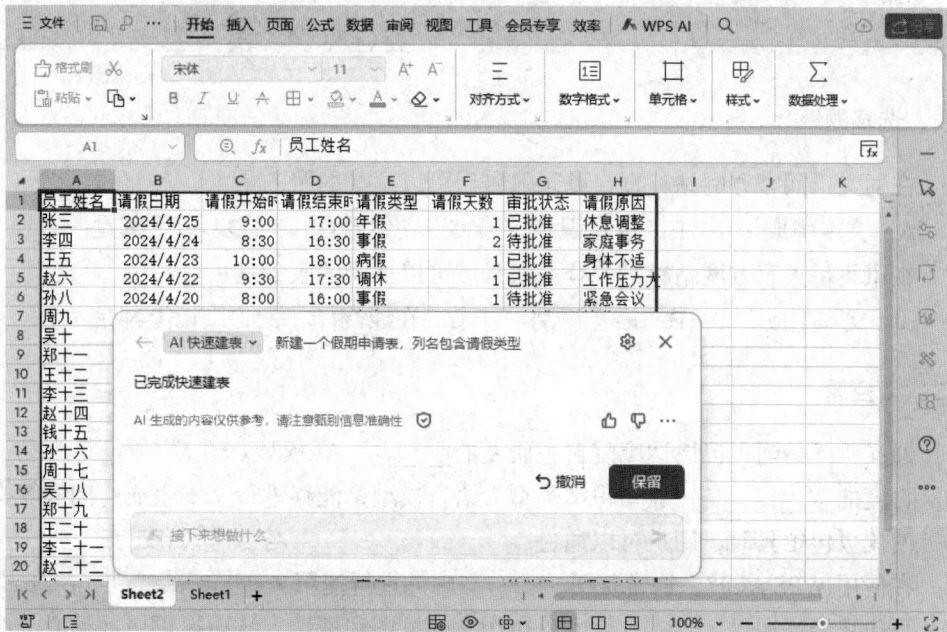

图 11-36 WPS AI 在表格中的应用

（3）在 WPS 演示中，输入"生成一个学习计算机基础的 PPT"，单击"开始生成"按钮，PPT 内容生成，如图 11-37 所示。

图 11-37　PPT 内容生成

项目拓展

课后习题

一、选择题

1. 在通义千问官方网站首页，登录账号后可以享受的服务是（　　　）。
   A. 文本生成　　　　B. 语音识别　　　C. 在线翻译　　　D. 以上都是
2. 在讯飞星火官方网站首页，登录账号后可以享受的服务是（　　　）。
   A. 文本生成　　　　　B. 语音识别　　　　C. 在线翻译　　　　D. 以上都是

二、填空题

1. 通义千问是阿里巴巴达摩院自主研发的_____AI 模型。
2. 百度的_____是一款知识增强型大语言模型，能够进行文本生成、问答等操作。
3. 使用豆包工具时，用户可以通过_____与_____与 AI 进行交互。
4. 在使用 WPS AI 时，通常基于_____软件进行使用。
5. 豆包智能体通过_____技术分析用户的意图和情感，从而提供更加贴心的服务。

三、简答题

1. 简述国内主流 AI 工具豆包、文心一言、通义千问和讯飞星火的研发背景、产品特点及功能支持。

2.　简述如何使用 WPS AI 工具撰写一篇简单的文章。

四、实训题

1.　项目背景

随着人工智能技术的快速发展，国产 AI 工具在文本生成、智能问答、办公辅助等领域展现出了强大的功能。本实训旨在帮助学生熟悉并掌握豆包、文心一言、通义千问、讯飞星火、WPS AI 共 5 款主流 AI 工具的核心功能与应用场景。

2.　项目要求

（1）从以下场景中任选 2 ~ 3 种进行实践。

- 文本生成：撰写新闻稿、营销文案、诗歌创作。
- 智能问答：回答专业知识问题、提供生活建议。
- 办公辅助：表格数据分析、文档润色。

（2）提交要求。

在以上 3 个场景中各个 AI 工具生成的内容不同，制作一个对比文档并提交。

本项目微课

项目 12

内容生成之使用 DeepSeek 编写活动新闻稿

项目学习目标

◎ **知识目标：**

（1）了解 DeepSeek 的相关信息。

（2）了解 DeepSeek 的功能类型。

（3）掌握使用 DeepSeek 进行文本生成的操作流程。

◎ **能力目标：**

（1）能够分析活动的关键信息，如主题、时间、地点等，并确定如何将信息融入活动新闻稿中。

（2）能够综合使用 DeepSeek 生成的文本内容，构建一个完整的活动新闻稿。

（3）能够评估 DeepSeek 生成的文本内容的准确性和适用性，并提出修改建议。

◎ **素质目标：**

（1）能够在团队中有效沟通 DeepSeek 的使用体验和活动新闻稿的编写过程。

（2）能够在小组活动中协作使用 DeepSeek，共同完成活动新闻稿的编写任务。

（3）能够展示对信息的批判性思考，评估 DeepSeek 生成内容的可靠性，并在必要时进行事实核查，培养终身学习的习惯，适应不断变化的技术环境。

思维导图

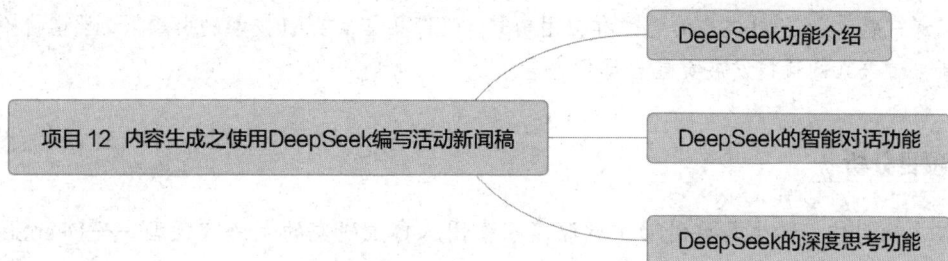

项目描述

　　随着人工智能技术的快速发展，越来越多的企业和组织开始使用 AI 辅助完成各类任务，其中包括撰写各种常见的应用文本。为了让学生提前掌握这门技能，需要他们根据任务给出的情景进行相应的技能练习，任务情景如下。

我校首届"智慧文化节"圆满举办，AI 技术引领创新热潮

　　近日，我校成功举办了首届"智慧文化节"。本次活动以"探索 AI 世界，点燃创新火花"为主题，通过一系列丰富多彩的活动，展示了 AI 技术的魅力，并激发了学生的创新精神和实践能力。

　　一、AI 技术展示区

　　活动现场，AI 技术展示区成为学生争相参观的热门地点。智能机器人灵活自如地执行各种指令，智能语音助手通过精准的语音识别技术，为学生提供便捷的信息查询和互动体验。此外，AI 艺术作品的展示也吸引了众多学生的关注，他们纷纷驻足欣赏这些由 AI 技术生成的独特的艺术作品。

　　二、AI 知识讲座

　　为了让学生更深入地了解 AI 技术，我们邀请了业内专家进行了一场精彩的 AI 知识讲座。专家从 AI 技术的原理、发展历程到应用场景等方面进行了深入浅出的讲解，使学生对 AI 技术有了更加全面和深入的认识。AI 知识讲座现场气氛热烈，学生积极提问，与专家展开了深入的交流和讨论。

　　三、AI 编程挑战赛

　　文化节期间，我们举办了一场激烈的 AI 编程挑战赛。参赛学生充分展示了自己的编程技能和创新能力。他们利用 AI 技术，编写出了各种具有创意和实用价值的程序。经过激烈的竞争，最终评选出了一批优秀作品，并颁发了奖项。这些作品不仅体现了学生的技术实力，也展示了他们对 AI 技术的深入理解和应用能力。

　　四、AI 主题创意作品展示

　　此外，我们还举办了 AI 主题创意作品展示活动。学生结合 AI 技术，创作出了 AI 绘画、AI

音乐、AI 设计等多种形式的创意作品。这些作品充满了想象力和创意，展示了学生对 AI 技术的独特理解和应用。

本次"智慧文化节"的成功举办，不仅为学生提供了一个展示才华、交流思想的平台，也让他们深刻感受到了 AI 技术的魅力和应用前景。我们相信，在 AI 技术的引领下，学生将不断探索创新，为未来的科技发展贡献自己的力量。

▮ 项目分析

在本项目中，学生需要借助中国深度求索团队自主研发的大语言模型——DeepSeek 进行活动新闻稿的编写，在这个过程中需要掌握 DeepSeek 大语言模型的使用并进行生成活动新闻稿的必要流程。具体任务流程如下。

（1）编写活动新闻稿提示词。

（2）向 DeepSeek 输入提示词，生成活动新闻稿。

（3）优化 AIGC 自动生成的活动新闻稿。

▮ 相关知识

DeepSeek 是由中国深度求索团队研发的先进多模态大语言模型，依托海量跨领域数据、创新算法架构与场景化知识库，实现高效推理、精准理解与多元生成功能的深度融合。其名称"DeepSeek"由 Deep（深度）与 Seek（探索）结合，蕴含着对技术深度的极致追求与对未知领域的无畏探索。其开源策略与低成本特性践行了"技术普惠"的核心理念，让先进 AI 技术不再局限于少数机构，而是成为推动社会进步的"公共财富"。这不仅是中国 AI 生态从"规模驱动"向"价值驱动"转型的缩影，更是对全球 AI 发展潮流的深刻洞察。

12.1 DeepSeek 功能介绍

DeepSeek 大模型是一款融合了创新技术的生成式对话产品，凭借其卓越的多模态处理功能和深度理解功能，成为用户智能交互的优选伙伴。它能够迅速、准确地理解用户意图，并在处理复杂任务时展现出人类的思维深度，为多种应用场景提供高效支持。通过采用 MoE 架构和稀疏注意力机制，DeepSeek 能够高效地处理自然语言，无论是细微情感还是专业咨询，都能快速且精准地做出回应。在内容创作方面，它能够迅速产出高质量文本，并结合语境与情感，注入更多灵感。DeepSeek 还通过 GRPO 强化学习算法优化推荐路径，提供个性化信息推荐服务。此外，支持多模态交互的 DeepSeek 让用户能够以多种方式与 AI 沟通，应对各种场景。无论是在工作学习、内容创作还是日常生活中，DeepSeek 都能提供全能助手般的交互体验，助力用户高效完成任务，让智能生活更便捷、高效。DeepSeek 的主要功能如图 12-1 所示。

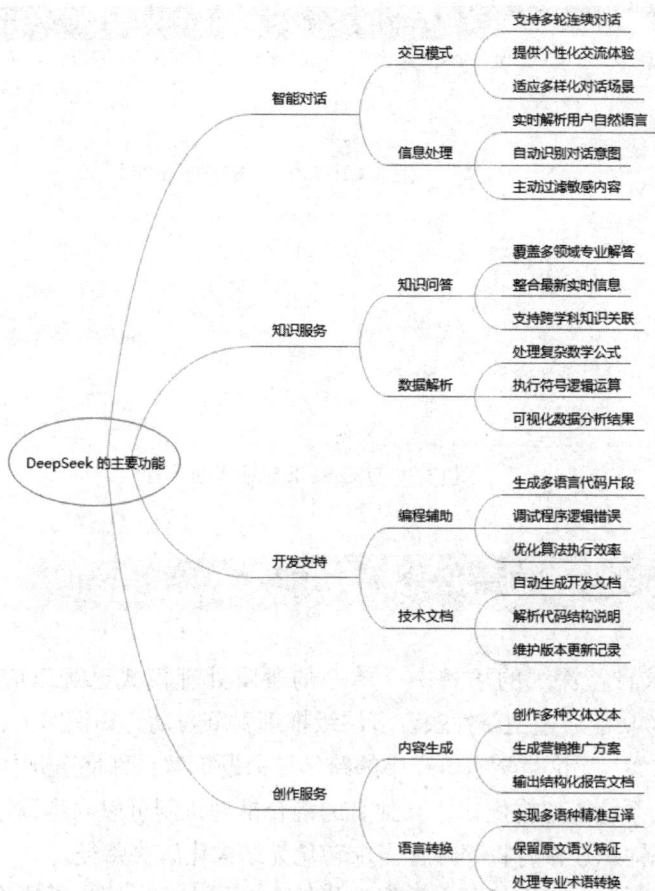

图 12-1　DeepSeek 的主要功能

12.2　DeepSeek 的智能对话功能

用户在登录 DeepSeek 后，系统默认自动进入对话界面，如图 12-2 所示。用户可以通过在输入框中直接输入文字与 DeepSeek 进行人机交互。DeepSeek 凭借其强大的语义理解和生成功能，能够迅速理解用户的意图，并给出相应的回应或建议。

这种直接输入文字进行交互的方式，不仅方便、快捷，还更加符合用户的日常习惯。用户无须进行复杂的操作或学习特定的指令，只需像与朋友聊天一样，轻松与 DeepSeek 进行对话。

通过对话功能，用户可以让 DeepSeek 提供各种帮助，举例如下。

（1）可以直接询问 DeepSeek 某个概念、事件或人物的相关信息。

例如，"请介绍一下人工智能的发展历程"。

（2）可以通过对话，让 DeepSeek 帮助构思文章、故事或其他类型的创作。

例如，"我想要写一篇关于旅游的文章，你能帮我提供些创意吗？"。

（3）可以通过对话，让 DeepSeek 帮助解决数学问题或进行计算。

例如，"3+4 等于多少？"或"请解这个方程：$x^2 = 9$"。

图 12-2　DeepSeek 对话界面

12.3　DeepSeek 的深度思考功能

　　在智能化需求日益深入的场景中，单一的逻辑处理模式已难以应对多维度挑战。DeepSeek 深度思考功能通过创新性融合多层级推理引擎与动态知识图谱，为复杂决策场景提供体系化解决方案。无论是学术研究中的跨领域命题拆解、商业分析中的变量动态推演，还是技术开发中的系统级架构优化，其独有的混合推理机制可以同步调用逻辑链分析、反事实推演与跨模态知识迁移，将碎片化需求转化为结构化解决路径。

　　通过支持问题拆解—动态修正—方案迭代的全流程交互，用户既能将宏观命题逐层分解为可执行子任务，也能实时注入新变量触发系统级响应。结合千亿参数大模型的知识密度与持续进化的领域适配功能，使金融风控建模、临床研究假设验证等高阶需求获得突破性的效率提升，让深度思考成为驱动决策进化的核心引擎。

　　用户可以根据自己的需求定制对话功能，单击如图 12-3 所示 DeepSeek 对话界面输入框左下方的 "深度思考（R1）" 按钮来启动深度思考功能，能实现更多层次的交互和服务。

图 12-3　单击 "深度思考（R1）" 按钮

项目实施

任务 12-1　编写活动新闻稿提示词

1. 向 DeepSeek 发起提问，获取活动新闻稿的基本框架

打开 DeepSeek 官方网站首页，成功登录账号后，获取活动新闻稿的基本框架，为编写活动新闻稿的提示词提供参考，对话过程如下。

> **问**：请为我提供一个活动新闻稿需要包含的基本框架。
>
> **答**：活动新闻稿的基本框架包括以下几部分。

一、标题

简明扼要地概括活动主题或亮点。

二、导语

简要介绍活动的背景、目的或重要性。

概括活动的主要内容和亮点，引起读者兴趣。

三、活动概述

详细介绍活动的时间、地点、参与人员及规模。

概括活动的整体流程或主要环节。

四、活动详情

按照时间顺序或逻辑顺序，详细描述活动的各个环节。

突出活动的亮点、特色或创新点。

可以穿插参与者的感受、互动环节等，使报道更生动。

五、活动成果与意义

总结活动取得的成果，如参与人数、影响力等。

分析活动对于参与者、组织方，以及社会的意义和影响。

可以展望未来的发展趋势或提出相关建议。

六、结语

简要总结活动的主要内容和成果。

可以表达对未来活动的期待或祝愿。

请注意，这只是一个基本框架，具体的写作内容需要根据活动的实际情况进行调整和补充。在编写活动新闻稿时，要确保内容真实、准确、客观，并注重语言的简练和流畅。同时，还需要注意遵守新闻行业的规范和伦理准则。

2．根据基本框架内容，结合活动实际，编写提示词

参考 DeepSeek 生成的活动新闻稿的基本框架，结合"智慧文化节"的开展情况，将活动内容细节补充到活动新闻稿中，最终形成活动新闻稿的提示词。

修改后的活动新闻稿的提示词如下。

一、标题

"智慧文化节"圆满举办。

二、导语

通过一系列丰富多彩的活动，展示了 AI 技术的魅力，并激发了学生的创新精神和实践能力。

三、活动概述

活动一共分成了 4 个环节，分别是进行 AI 产品展览的 AI 技术展示区、为学生讲解 AI 技术的 AI 知识讲座、加深 AI 技术应用理解的 AI 编程挑战赛、充满想象力的 AI 主题创意作品展示。

四、活动详情

1．AI 技术展示区

活动现场，AI 技术展示区成为学生争相参观的热门地点。智能机器人灵活自如地执行各种指令，智能语音助手通过精准的语音识别技术，为学生提供便捷的信息查询和互动体验。此外，AI 艺术作品的展示也吸引了众多学生的关注，他们纷纷驻足欣赏这些由 AI 技术生成的独特的艺术作品。

2．AI 知识讲座

为了让学生更深入地了解 AI 技术，我们邀请了业内专家进行了一场精彩的 AI 知识讲座。专家从 AI 技术的原理、发展历程到应用场景等方面进行了深入浅出的讲解，使学生对 AI 技术有了更加全面和深入的认识。AI 知识讲座现场气氛热烈，学生积极提问，与专家展开了深入的交流和讨论。

3．AI 编程挑战赛

文化节期间，我们举办了一场激烈的 AI 编程挑战赛。参赛学生充分展示了自己的编程技能和创新能力，他们利用 AI 技术，编写出了各种具有创意和实用价值的程序。经过激烈的竞争，最终评选出了一批优秀作品，并颁发了奖项。这些作品不仅体现了学生的技术实力，也展示了他们对 AI 技术的深入理解和应用能力。

4．AI 主题创意作品展示

此外，我们还举办了 AI 主题创意作品展示活动。学生结合 AI 技术，创作出了 AI 绘画、AI 音乐、AI 设计等多种形式的创意作品。这些作品充满了想象力和创意，展示了学生对 AI 技术的独特理解和应用。

五、活动成果与意义

本次"智慧文化节"的成功举办，不仅为学生提供了一个展示才华、交流思想的平台，也让他们深刻感受到了 AI 技术的魅力和应用前景。

六、结语

本次"智慧文化节"的圆满落幕，不仅为广大学子搭建了一个绽放才华、碰撞思想的璀璨舞台，更让他们亲身体验到了 AI 技术的无限魅力与广阔应用前景。我们相信，在 AI 技术的引领下，学生将不断探索创新，为未来的科技发展贡献自己的力量。

任务 12-2　向 DeepSeek 输入提示词，生成活动新闻稿

将提示词输入 DeepSeek 对话界面的输入框中，让 DeepSeek 生成并输出活动新闻稿。对话过程如下。

问： 请结合下面的内容为我生成一篇活动新闻稿。

一、标题

"智慧文化节"圆满举办。

二、导语

通过一系列丰富多彩的活动，展示了 AI 技术的魅力，并激发了学生的创新精神和实践能力。

三、活动概述

活动一共分成了 4 个环节，分别是进行 AI 产品展览的 AI 技术展示区，为学生讲解 AI 技术的 AI 知识讲座、加深 AI 技术应用理解的 AI 编程挑战赛、充满想象力的 AI 主题创意作品展示。

四、活动详情

1. AI 技术展示区

……

（此处省略活动内容）

……

五、活动成果与意义

本次"智慧文化节"的成功举办，不仅为学生提供了一个展示才华、交流思想的平台，也让他们深刻感受到了 AI 技术的魅力和应用前景。

六、结语

本次"智慧文化节"的圆满落幕，不仅为广大学子搭建了一个绽放才华、碰撞思想的璀璨舞台，更让他们亲身体验到了 AI 技术的无限魅力与广阔应用前景。我们相信，在 AI 技术的引领下，学生将不断探索创新，为未来的科技发展贡献自己的力量。

答：

"智慧文化节"圆满举办，展现 AI 技术魅力与未来潜力

近日，一场别开生面的"智慧文化节"在某大学圆满落幕。通过一系列丰富多彩的活动，

本次文化节不仅充分展示了 AI 技术的魅力，还激发了学生的创新精神和实践能力，为校园科技创新注入了新的活力。

活动伊始，AI 技术展示区便吸引了众多学生的目光。智能机器人灵活自如地执行各种指令，智能语音助手通过精准的语音识别技术，为学生提供便捷的信息查询和互动体验。他们纷纷驻足欣赏这些由 AI 技术生成的艺术作品，感叹科技的神奇与魅力。

为了让学生更深入地了解 AI 技术，活动还邀请了业内专家进行了一场精彩的 AI 知识讲座。专家从 AI 技术的原理、发展历程到应用场景等方面进行了深入浅出的讲解，使学生对 AI 技术有了更加全面和深入的认识。AI 知识讲座现场气氛热烈，学生积极提问，与专家展开了深入的交流和讨论。

在 AI 编程挑战赛中，参赛学生充分展示了自己的编程技能和创新能力。他们利用 AI 技术，编写出了各种具有创意和实用价值的程序。经过激烈的竞争，最终评选出了一批优秀作品，并颁发了奖项。这些作品不仅体现了学生的技术实力，也展示了他们对 AI 技术的深入理解和应用能力。

此外，AI 主题创意作品展示活动也为学生提供了一个展示才华的平台。学生结合 AI 技术，创作出了 AI 绘画、AI 音乐、AI 设计等多种形式的创意作品。这些作品充满了想象力和创意，展示了学生对 AI 技术的独特理解和应用。

本次"智慧文化节"的成功举办，不仅为学生提供了一个展示才华、交流思想的平台，也让他们深刻感受到了 AI 技术的魅力和应用前景。通过参与活动，学生不仅拓宽了视野，增长了知识，还激发了他们对科技创新的热情和信心。

展望未来，我们相信在 AI 技术的引领下，学生将继续探索创新，为未来的科技发展贡献自己的力量。"智慧文化节"也将成为推动校园科技创新和人才培养的重要平台，为培养更多具有创新精神和实践能力的优秀人才贡献力量。

此次"智慧文化节"的圆满举办，不仅展示了 AI 技术的巨大潜力和广阔前景，也彰显了学生对于科技创新的热情和追求。我们期待未来更多类似的活动能够举办，为广大学子提供更多学习和交流的机会，共同推动科技事业的繁荣发展。

任务 12-3　优化 AIGC 自动生成的活动新闻稿

DeepSeek 生成的活动新闻稿初稿已经具备了比较完整的结构和内容，但是由于我们提供给 DeepSeek 的信息比较少，初稿肯定存在与实际情况不符的地方，所以需要根据活动实际举办情况对初稿进行修改优化，修改文本如下。

我校首届"智慧文化节"圆满落幕，AI 创新风潮受热捧！

近日，我校首届以"探索 AI 世界，点燃创新火花"为主题的"智慧文化节"圆满落幕。此次活动集结了 AI 技术展示区、AI 知识讲座、AI 编程挑战赛及 AI 主题创意作品展示，为学生带来了一场科技与创意的盛宴，充分展示了 AI 技术的魅力，并点燃了学生的创新热情。

文化节现场，AI 技术展示区成为最吸睛的焦点。智能机器人灵活自如地执行各种复杂指令，吸引了众多学生的目光。智能语音助手通过精准的语音识别技术，为大家提供了便捷的信息查询服务，并带来了独特的互动体验。此外，AI 艺术作品展示也令人耳目一新，这些由 AI 技术生成的艺术作品，不仅展示了 AI 在艺术创作领域的潜力，也激发了学生对 AI 技术的浓厚兴趣。

为了让学生更深入地了解 AI 技术，活动还邀请了业内专家进行了一场精彩的 AI 知识讲座。专家从 AI 技术的原理、发展历程到应用场景等方面进行了深入浅出的讲解，使学生对 AI 技术有了更加全面和深入的认识。AI 知识讲座现场气氛热烈，学生积极提问，与专家进行了深入的交流和讨论。

文化节期间举办的 AI 编程挑战赛更是将现场气氛推向了高潮。参赛学生凭借扎实的编程基础和创新能力，编写出了各种具有创意和实用价值的程序。经过激烈的竞争，最终评选出了一批优秀作品，并颁发了奖项。这些作品不仅展示了学生的技术实力，也体现了他们对 AI 技术的深入理解和应用能力。

此外，AI 主题创意作品展示活动也为大家带来了别样的惊喜。学生结合 AI 技术，创作出了 AI 绘画、AI 音乐、AI 设计等多种形式的创意作品。这些作品充满了想象力和创意，展示了学生对 AI 技术的独特理解和应用。

本次"智慧文化节"的成功举办，不仅为学生提供了一个展示才华、交流思想的平台，也让他们深刻感受到了 AI 技术的魅力和应用前景。活动不仅激发了学生的创新精神和实践能力，也为推动我校在 AI 技术领域的发展注入了新的活力。我们相信，在 AI 技术的引领下，我校学生将继续探索创新，为未来的科技发展贡献自己的力量。

项目拓展

课后习题

一、选择题

1. DeepSeek 是中国深度求索团队基于（　　　）技术推出的生成式对话产品。

   A. 云计算　　　　　　　　　　B. 人工智能

   C. 区块链　　　　　　　　　　D. 大数据

2. DeepSeek 大模型在以下（　　　）领域表现尤为突出。

   A. 游戏开发　　　　　　　　　B. 多轮对话和逻辑推理

   C. 硬件制造　　　　　　　　　D. 农业自动化

3. DeepSeek 的名称寓意是（　　　）。

   A. 专注于浅层数据分析　　　　B. 追求深度探索和创新

   C. 提供快速但表面的解决方案　D. 仅限于特定领域的应用

4. DeepSeek 大模型在以下（　　　）任务中表现较弱。

   A. 文本生成　　　　　　　　　B. 图像分类

   C. 逻辑推理　　　　　　　　　D. 代码生成

5. 在使用 DeepSeek 进行对话时，用户主要通过（　　　）方式与它进行交互。

A. 语音输入　　　　　　　　B. 文字输入
C. 手势操作　　　　　　　　D. 表情识别

二、填空题

1. DeepSeek 具有强大的＿＿＿＿＿＿功能，可以实现高效的人机交互与信息处理。
2. DeepSeek 通过先进的＿＿＿＿＿＿算法，不断提升对用户意图的理解和响应准确性。
3. DeepSeek 的智能对话功能支持＿＿＿＿＿＿，可以根据用户习惯调整回复风格。
4. 在智能对话中，DeepSeek 通过＿＿＿＿＿＿技术保持对话连贯性和逻辑性。
5. DeepSeek 的深度思考功能基于＿＿＿＿＿＿，可以实现复杂逻辑推理。
6. 在深度思考过程中，DeepSeek 通过＿＿＿＿＿＿算法优化决策路径和结果。

三、实训题

1. 项目背景

为了迎接新生入学，促进新生之间的交流与友谊，增强学生身体素质与团队协作能力，学校体育部联合社会实践部将于 2025 年 9 月 25 日—30 日举办"新生杯"校园足球比赛。本次比赛旨在为新生提供展示体育风采的平台，同时推动校园体育文化建设。现在需要根据活动内容，使用 DeepSeek 等 AI 工具辅助撰写一篇活动新闻稿。以下是我校"新生杯"校园足球比赛的活动内容。

你是学校体育部的干部，近期体育部为了迎接新生，增进新生之间的交流和友谊，同时提高新生的身体素质和团队合作精神而要举办一场"新生杯"校园足球比赛。

本次比赛将于 2025 年 9 月 25—30 日在学校足球场举行，参赛对象为全校新生，共有 8 支学院代表队参加。

活动的主要内容包括 8 个学院代表队之间的淘汰赛，共进行 4 场比赛。每场比赛分为上、下半场，每半场 45 分钟。在比赛现场，学校足球协会的学生干部担任裁判员，确保比赛的公正、公平。比赛流程如下。

（1）上半场比赛：双方进行 11 人对 11 人的常规比赛，每队有两次暂停机会，每次暂停时间为 30 秒。

（2）下半场比赛：上半场进球数较多的队伍为胜方，如果双方进球数相同，则进行 30 分钟的加时赛。如果加时赛仍然平局，则进行点球大战。

（3）颁发奖项：颁发"新生杯"冠军、亚军和季军奖杯，以及个人最佳球员、最佳射手等奖项。

活动组织和参与人员：本次比赛由学校体育部和社会实践部联合主办，学生志愿者协会协办。比赛筹备组负责活动的前期筹备工作，包括宣传、报名、场地安排、裁判培训等。比赛裁判由体育部的学生干部担任。

通过本次比赛，各学院代表队既能展示自己的实力和风采，也能锻炼新生的团队合作精神和竞争意识。此外，本次比赛还能增进各学院之间的交流和联系，有利于今后开展更多的交流活动。观众人数平均每场达到200人，说明比赛受到了广大师生的喜爱和支持。

但是存在部分裁判由于经验不足出现判罚不准或不及时的情况、部分参赛选手没有熟读比赛规则（如出现多次犯规行为）、部分观众在观赛过程中出现不文明行为（如没有将垃圾带离赛场等问题）。

2．项目要求

1）内容框架

（1）活动基本信息。

（2）活动内容概述。

（3）奖项设置。

（4）组织与参与。

2）活动成效

（1）积极影响。

（2）存在问题。

3）总结撰写要求

（1）标题：需要体现活动主题与时间（如《2025年"新生杯"校园足球比赛活动新闻稿》）。

（2）结构清晰：分为"活动概况"、"成效分析"、"问题反思"与"改进建议"4部分。

（3）语言简洁：避免冗长描述，突出关键数据与结论。

（4）数据支撑：引用"8支队伍"、"4场比赛"与"200人/场"等具体数据。

（5）AI辅助：使用DeepSeek生成初稿，重点润色以下部分。

• 活动亮点提炼（如"团队协作提升"与"观众参与度高"）。

• 问题原因分析（如"裁判培训不足"与"规则宣传不到位"）。

• 改进措施建议（如"赛前组织规则培训"与"增设观众文明观赛提示"）。

（6）提交要求：提交Word文档，命名格式为"姓名_新生杯足球赛总结.docx"。

项目 13

内容生成之使用 WPS AI 编写实践调研报告

项目学习目标

◎ **知识目标：**

（1）了解 WPS AI 的基本信息。

（2）了解 WPS AI 的基本功能和应用。

（3）会使用 WPS AI 核心功能协助办公。

◎ **能力目标：**

（1）能基于 WPS AI 功能模块，构建符合行业规范的智能化调研框架体系。

（2）能运用提示词工程优化 AI 生成内容质量，确保报告逻辑严谨性与数据准确性。

（3）熟练操作 WPS AI 的文本生成、数据分析等功能，将其深度融入调研报告撰写流程，大幅提升报告编写的效率与质量。

◎ **素质目标：**

（1）形成人机协同创作的责任伦理观，在提升效率的同时坚守学术诚信底线。

（2）在跨文化语境下保持技术理性与价值理性的辩证统一，彰显中国式智能办公的文明特质。

（3）在 AI 辅助创作中践行"科技向善"理念，确保生成内容符合《生成式人工智能服务管理暂行办法》。

思维导图

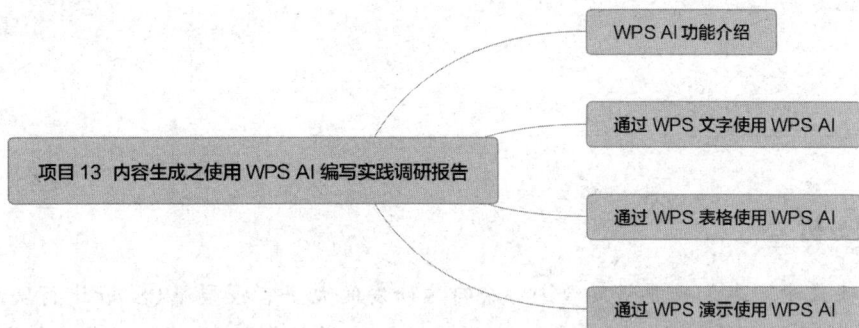

- WPS AI 功能介绍
- 通过 WPS 文字使用 WPS AI
- 项目 13　内容生成之使用 WPS AI 编写实践调研报告
- 通过 WPS 表格使用 WPS AI
- 通过 WPS 演示使用 WPS AI

项目描述

当今信息化、数字化技术高速发展，AI 技术日益渗透到各个领域，为各行各业带来了革命性的变革。从居家生活到办公环境、从教育领域到医疗健康，AI 技术的应用已经无处不在。为了更好地利用 AI 技术助力人们的工作、学习与生活，我们需要了解各个 AI 工具的应用，掌握它们的优势。本项目计划利用 WPS AI 协助编写实践调研报告，该调研报告主题为"人工智能在环境保护领域的应用与挑战"，要求如下。

1. 深度研究：对人工智能在环境保护领域的应用进行深度研究，包括但不限于以下几个方面：空气污染防治、水资源管理、生物多样性保护、废弃物处理等。

2. 内容分析：学生应该分析人工智能在环境保护中的优势，如提高监测效率、优化资源利用、辅助决策制定等。同时，需要探讨面临的挑战，如数据隐私与安全、技术局限与伦理问题等。

3. 利用 WPS AI 功能：学生应该充分利用 WPS AI 的智能化功能来辅助调研报告的编写。除了基本的自动排版，还要鼓励学生尝试使用 WPS AI 的语音转文字功能来整理内容，或者利用 WPS AI 的内容优化建议来完善文本表述。

4．逻辑与结构：调研报告要逻辑清晰、结构完整，能够清晰地展现研究的主要内容和观点。建议采用问题引入、现状分析、应用案例、挑战与展望等部分来组织内容。

项目分析

在本项目中，我们需要借助金山办公自主研发的大语言模型 WPS AI 进行实践调研报告的编写，在这个过程中我们需要掌握 WPS AI 大语言模型的使用方法。具体任务流程如下。

（1）选择以智能起草方式新建 Word 文档。

（2）在灵感市集中选择报告模板，按照需求修改提示词模板。

（3）生成调研报告大纲，通过人机对话修改框架内容。

（4）对生成的调研报告进行内容补充等细节优化。

相关知识

WPS AI 是由金山办公推出的一款具有大语言模型功能的人工智能应用工具，是 WPS Office 软件套件的一个重要组成部分。WPS AI 的集成使得 WPS Office 软件套件的功能得到了全面的提升，为用户提供了更加智能、高效的办公体验。无论是文字处理、表格分析还是语音翻译，WPS AI 都能帮助用户轻松完成各种办公任务，提高工作效率。

13.1　WPS AI 功能介绍

WPS AI 的集成使得 WPS Office 的功能得到了极大的扩展和提升。它可以帮助用户自动生成内容、分析并提炼长文重点信息，无论是文章大纲、工作周报，还是论文、公文，WPS AI 都能智能起草，为用户提供创作灵感。同时，WPS AI 还能总结长文信息，帮助用户轻松、高效地阅读 PDF 科研论文、报告、产品手册、法律合同、图书等文档。

在表格处理方面，WPS AI 也表现出色。用户可以通过简单的提问，得到所需的数据结果，无须深入学习函数公式。此外，WPS AI 还支持条件标记、生成公式、分析数据、筛选排序等操作，让用户的数据处理与分析更加高效。

除了文档和表格处理，WPS AI 还具有智能文档 AI 和智能表格 AI 的功能，能够帮助用户构建文章大纲、优化表达、理解文档等，还能快速完成数据处理与分析，支持 AI 列类型、AI 模板等功能。

此外，WPS AI 还具有语音识别和翻译功能，用户可以通过语音输入来生成内容，也可以将文档内容翻译成其他语言，满足跨语言交流的需求。WPS AI 的主要功能如图 13-1 所示。

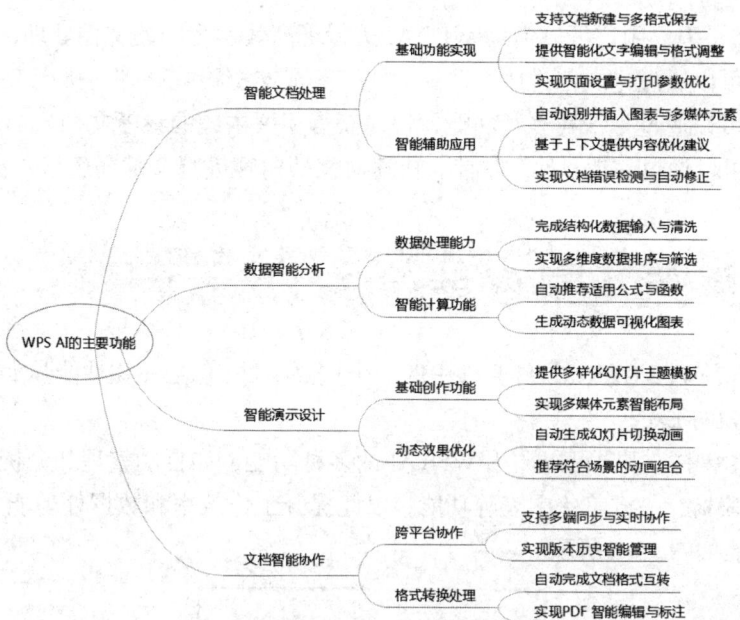

图 13-1　WPS AI 的主要功能

13.2　通过 WPS 文字使用 WPS AI

WPS 文字作为 WPS Office 软件套件中的文字处理工具，具有丰富的功能，能够满足用户在办公和学习中的各种需求，类似于微软的 Word。

在 WPS 文字中，WPS AI 功能的应用为用户带来了更高效、智能的文档处理体验。这些功能包括智能写作助手，可以用于自动生成文章框架和段落；智能纠错与格式调整，可以用于实时检测并修正语法和格式问题；智能分析与总结，可以用于提取文档关键信息并生成图表和报告等。此外，还有智能推荐、智能排版、智能校对、智能摘要及智能模板推荐等功能，进一步提升了文档编辑的效率和美观度。这些功能不仅简化了编辑过程，还确保了文档的质量和专业性，使用户能够更轻松地完成各类文档处理工作。WPS 文字的 WPS AI 功能如图 13-2 所示。

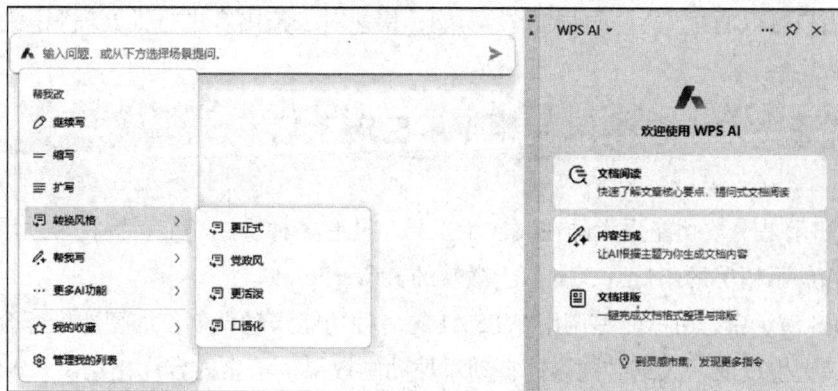

图 13-2　WPS 文字的 WPS AI 功能

在 WPS 文字中，用户可以借助 WPS AI 进行更高效、智能的文档处理，举例如下。

（1）用户可以通过"文档排版"功能，快速完成文档格式整理与排版工作。

（2）用户可以通过"帮我写"功能，快速获得相关主题的参考文档。

（3）用户可以通过"帮我改"功能，快速对文档内容进行一键润色、内容扩写等操作。

13.3 通过 WPS 表格使用 WPS AI

WPS 表格是 WPS Office 软件套件中的一个重要组件，它是一款功能强大的电子表格软件，类似于微软的 Excel。

在 WPS 表格中，用户可以调用 WPS AI 的多种功能，如自动整理和分析表格数据、自动生成可视化表格、一键美化图表等功能，以此提升工作效率和数据处理能力。WPS 表格的 WPS AI 功能如图 13-3 所示。

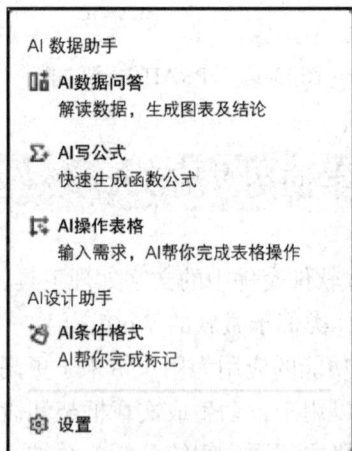

AI 数据助手

▮▮ AI数据问答
解读数据，生成图表及结论

Σ AI写公式
快速生成函数公式

⯈ AI操作表格
输入需求，AI帮你完成表格操作

AI设计助手

⚡ AI条件格式
AI帮你完成标记

⚙ 设置

图 13-3　WPS表格的WPS AI功能

在 WPS 表格中，用户可以借助 WPS AI 进行更高效、智能地表格处理，举例如下。

（1）用户可以通过"AI 写公式"功能，通过文字描述让 AI 自动编写复杂公式。

（2）用户可以通过"AI 操作表格"功能，快速将表格数据转化成不同类型的图表。

（3）用户可以通过"AI 条件格式"功能，快速对表格内容进行批处理等操作。

13.4 通过 WPS 演示使用 WPS AI

WPS 演示是一款功能强大的在线演示工具，具有多种实用功能，旨在帮助用户轻松创建、编辑和展示精美的幻灯片，类似于微软的 PowerPoint。

在 WPS 演示中，用户能够调用 WPS AI 的多种功能来辅助创作如智能推荐合适的主题和样式、一键生成演示大纲和内容、自动添加动画效果、给出内容优化建议。WPS 演示的 WPS AI 功能如图 13-4 所示。

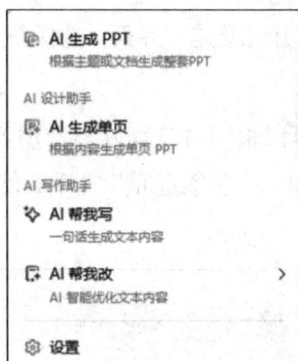

图13-4　WPS演示的WPS AI功能

在 WPS 演示中，用户可以借助 WPS AI 更高效地创建和编辑演示内容，举例如下。

（1）用户可以通过"AI 生成 PPT"功能，将文字描述生成相关主题的幻灯片。

（2）用户可以通过"AI 设计助手"功能，快速生成单页 PPT 内容。

（3）用户可以通过"AI 写作助手"功能，快速对 PPT 内容进行修改。

项目实施

任务 13-1　选择以智能起草方式新建 Word 文档

（1）启动 WPS Office，打开 WPS Office 窗口，如图 13-5 所示。

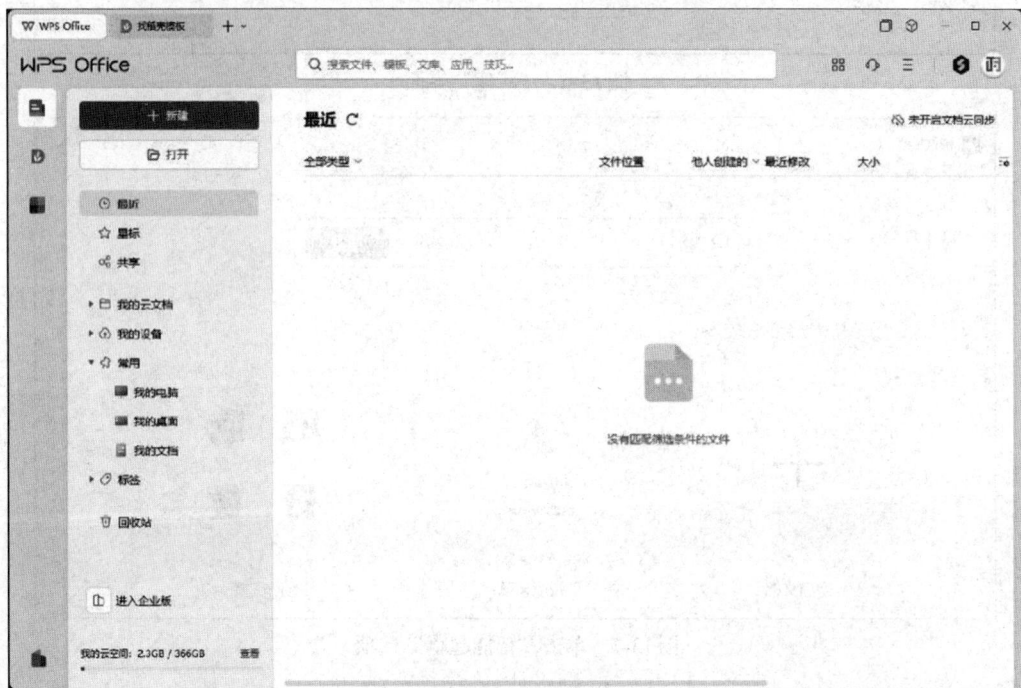

图13-5　WPS Office窗口

（2）单击"＋新建"按钮，打开"新建"界面，选择新建文字创建 Word 文档，如图 13-6 所示。

（3）在"新建"界面中用户可以根据自身喜好与使用习惯选择调研报告的主题和模板，也可以直接创建空白文档，这里单击"智能起草"选项，使用 WPS AI 一键生成调研报告文稿，如图 13-7 所示。

图 13-6　"新建"界面

图 13-7　单击"智能起草"选项

（4）打开 Word 文档创作界面，当弹出 WPS AI 输入框时，说明 WPS AI 已经完全启动，如图 13-8 所示。

图 13-8 启动 WPS AI

任务 13-2 在灵感市集选择报告模板,按照需求修改提示词模板

在使用 WPS AI 进行文稿生成时,提示词是其中最为关键的一环,提示词在文稿生成中扮演着至关重要的角色。它不仅为 WPS AI 提供明确的指导,确保生成的文稿内容符合用户的需求和期望,还能够提高文稿的质量。WPS AI 为用户提供了各种文稿的提示词模板,使用户可以根据自身需求选择对应的模板。

(1)在 WPS AI 功能列表中单击"探索更多灵感"选项打开"灵感市集"界面,如图 13-9所示。

图 13-9 "灵感市集"界面

（2）在搜索框内输入模板类型查找所需的文稿模板，如图 13-10 所示。

图 13-10　查找文稿模板

（3）选择"实践报告"模板作为本次调研报告的文稿模板，单击"查看详情"选项，查看模板提示词内容，如图 13-11 所示。

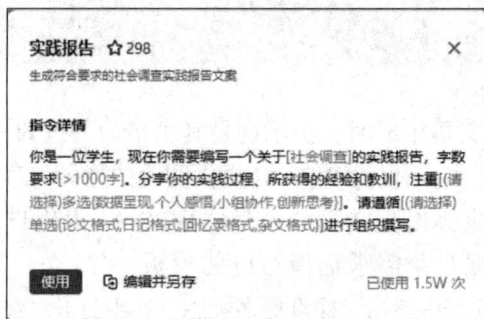

图 13-11　查看模板提示词内容

（4）单击"使用"按钮，开始修改填充调研报告提示词，如图 13-12 所示。

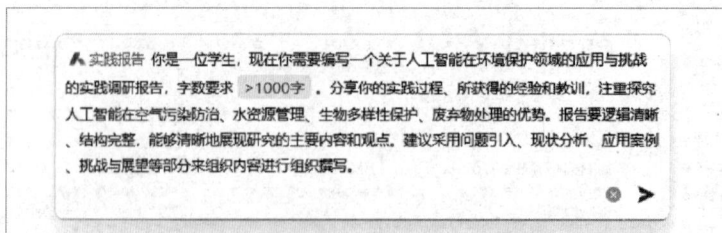

图 13-12　修改填充调研报告提示词

任务 13-3　生成调研报告框架，通过人机对话修改框架内容

（1）单击"发送"按钮，将编辑好的提示词提交给 WPS AI，生成调研报告主体框架，

如图 13-13 所示。

（2）生成调研报告主体框架之后，用户可以根据对调研报告的预期效果通过人机对话修改调研报告主体框架，如图 13-14 所示。

（3）耐心等待 WPS AI 进行调研报告主体框架修改，通过操作可以看到，使用人机对话修改调研报告主体框架是直接将整个框架都进行更换，如图 13-15 所示。

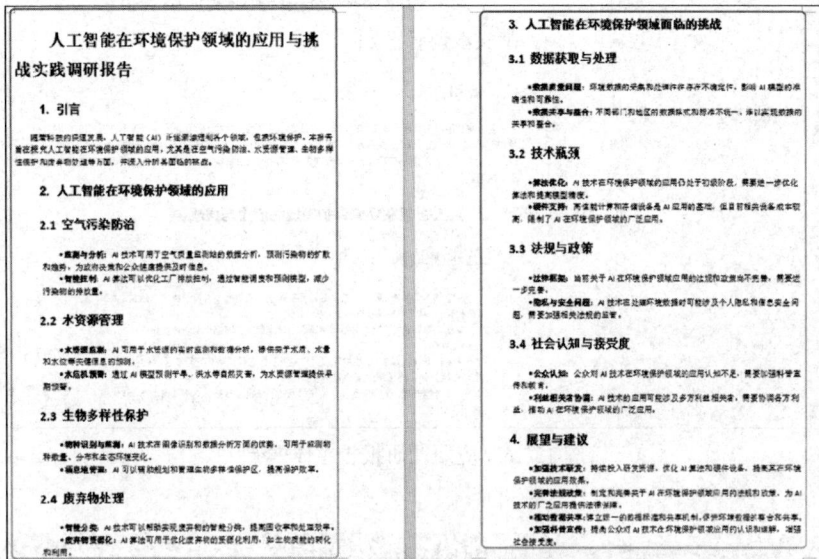

图 13-13　生成调研报告主体框架

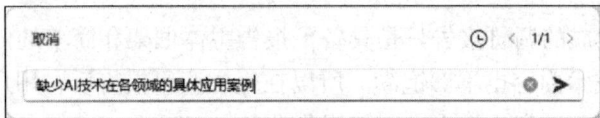

图 13-14　修改调研报告主体框架

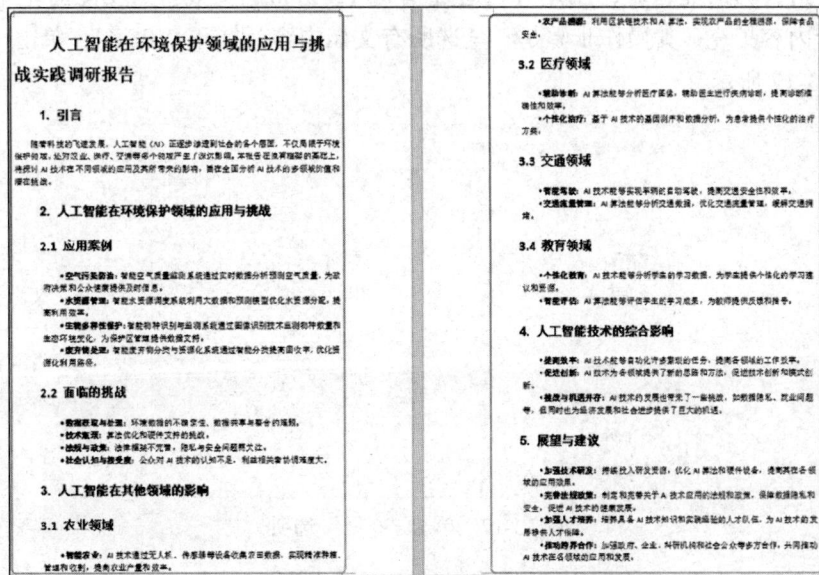

图 13-15　调研报告主体框架修改完成

（4）在获取到较为符合预期的调研报告主体框架后，单击"保留"按钮将生成的调研报告主体框架作为本次创作的基本内容，如图 13-16 所示。

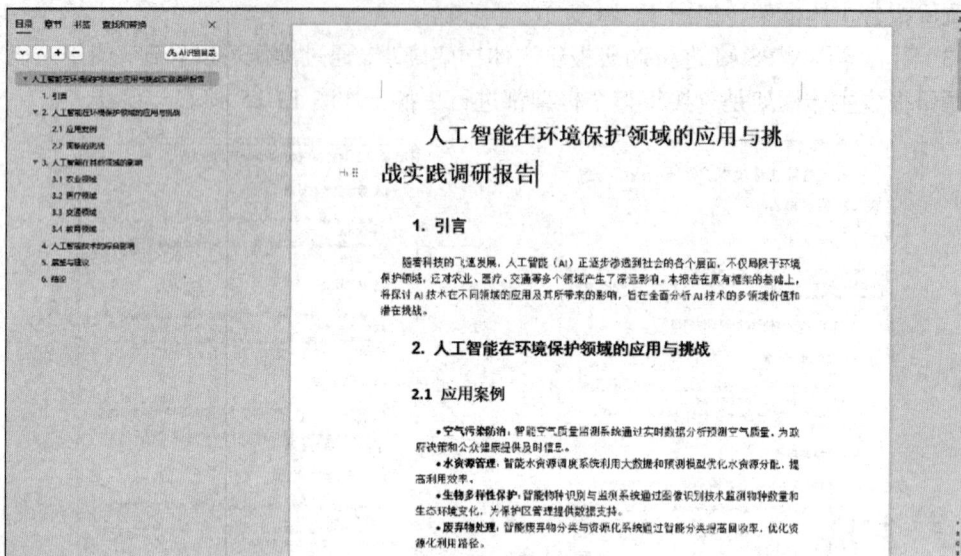

图 13-16　应用调研报告主体框架

任务 13-4　对生成的调研报告进行内容补充等细节优化

利用 WPS AI 生成的调研报告只是具备了报告主体框架和简单的内容简述，具体的内容不够完整、相关技术内容也不够饱满。所以在生成调研报告后，用户需要针对调研报告内容进行检查，针对不满意的地方进行编辑与调整。

（1）在进行修改完善时，用户可以通过 WPS AI 自带的文稿扩写功能对整个文档的叙述内容进行内容扩充，其操作步骤是，全选所有文档内容，打开 WPS AI，单击"扩写"选项，如图 13-17 所示。

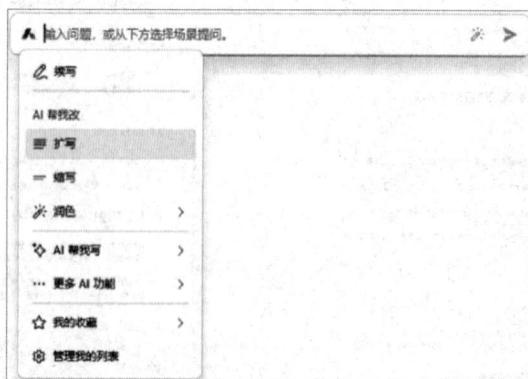

图 13-17　单击"扩写"选项

（2）通过扩写功能，我们可以初步获得扩充后的内容，如图 13-18 所示。由于是针对全文进行扩写，生成的文字格式并不是文章原先的格式，需要用户手动调整。

人工智能在环境保护领域的应用与挑战实践调研报告
1. 引言
随着科技的飞速发展，人工智能（AI）已逐渐成为推动社会进步的关键动力。在环境保护领域，AI 技术以其独特的数据处理能力和预测分析能力，为环境治理和资源管理提供了新的解决方案。本报告将在原有框架的基础上，深入探讨 AI 技术在环境保护领域的应用案例、面临的挑战及未来的发展趋势，旨在全面分析 AI 技术在环境保护领域的应用前景和潜在价值。
2. 人工智能在环境保护领域的应用与挑战
2.1 应用案例
· 空气污染防治：智能空气质量监测系统利用 AI 算法对空气质量数据进行实时分析，预测未来空气质量变化，为政府制定环保政策和公众出行提供决策依据。
· 水资源管理：AI 技术在水资源管理中的应用主要体现在智能水资源调度系统上。该系统通过收集和分析各类水资源数据，实现水资源的优化配置和高效利用，有效解决水资源短缺和水危机问题。
· 生物多样性保护：智能物种识别与监测系统利用深度学习算法和图像识别技术，实时监测物种数量和生态环境变化，为保护区管理提供数据支持。此外，AI 技术还可以辅助科研人员进行物种分类和生态系统评估，提高生物多样性保护的针对性和有效性。
· 废弃物处理：智能废弃物分类与资源化系统通过机器学习算法对废弃物进行智能分类和回收利用，提高回收率和资源化利用率。同时，该系统还可以预测废弃物的产生量和趋势，为政府制定废弃物管理政策提供科学依据。

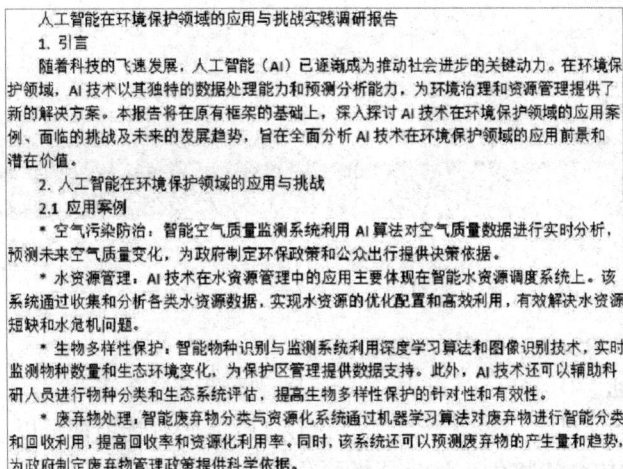

图 13-18 扩充后的内容

（3）通过以上一系列的操作，调研报告的主要部分已经完成，用户根据实际的调研情况对文本内容进行修改和替换即可，完善后的调研报告如下。

人工智能在环境保护领域的应用与挑战实践调研报告

1. 引言

随着科技的飞速发展，人工智能（AI）已逐渐成为推动社会进步的关键动力。在环境保护领域，AI 技术以其独特的数据处理能力和预测分析能力，为环境治理和资源管理提供了新的解决方案。本报告将在原有框架的基础上，深入探讨 AI 技术在环境保护领域的应用案例、面临的挑战及未来的发展趋势，旨在全面分析 AI 技术在环境保护领域的应用前景和潜在价值。

2. 人工智能在环境保护领域的应用与挑战

2.1 应用案例

空气污染防治：智能空气质量监测系统利用 AI 算法对空气质量数据进行实时分析，预测未来空气质量变化，为政府制定环保政策和公众出行提供决策依据。

……

省略部分文章内容

……

6. 结语

人工智能作为当今科技发展的前沿领域之一，在环境保护领域具有广阔的应用前景和巨大的潜力。通过深入研究和持续创新，我们可以充分发挥 AI 技术在环境保护领域的作用，为构建美丽中国、实现可持续发展贡献更多力量。我们也需要关注 AI 技术可能带来的挑战和问题，加强法规政策制定、技术研发创新、人才培养和社会参与等方面的工作，确保 AI 技术在环境保护领域健康、积极地发展。

项目拓展

课后习题

一、选择题

1. WPS AI 在 WPS 文字中可以完成的操作是（　　　）。
   A. 自动排版　　　　　　　　　　B. 智能校对文字
   C. 生成文章大纲　　　　　　　　D. 以上所有选项都可以

2. WPS AI 在 WPS 表格中不能完成的操作是（　　　）。
   A. 数据筛选　　　　　　　　　　B. 生成公式
   C. 转换文件格式　　　　　　　　D. 数据可视化建议

3. WPS AI 在 WPS 演示中可以实现的功能是（　　　）。
   A. 自动添加动画效果　　　　　　B. 智能调整幻灯片布局
   C. 语音转文字　　　　　　　　　D. 实时翻译

4. WPS AI 在 WPS 文字中智能校对文字时，不是 WPS AI 的功能的是（　　　）。
   A. 检查拼写错误　　　　　　　　B. 检查语法错误
   C. 检查标点符号使用　　　　　　D. 自动润色文章风格

5. 在 WPS 文字中，WPS AI 对于提高写作效率的作用主要表现的方面包括（　　　）。
   A. 自动保存文件　　　　　　　　B. 快速生成文章大纲
   C. 实时同步到其他设备　　　　　D. 可选择多种字体

二、填空题

1. WPS AI 在 WPS 文字中实现_____，在 WPS 表格中实现_____，在 WPS 演示中实现_____。

2. 通过 WPS 文字的 WPS AI 生成文档大纲后，可以在 WPS 表格的 WPS AI 中直接调用_____进行图表制作。

3. WPS 演示的 WPS AI 生成动画效果时，会参考 WPS 文字的 WPS AI 提供的_____信息。

4. WPS AI 的_____功能使得在 WPS 文字、WPS 表格、WPS 演示中的操作数据可实时同步。

5. WPS 表格的 WPS AI 在处理_____时，会自动启用_____保护机制。

三、实训题

1. 项目背景

随着物联网与人工智能技术的快速发展，智能家居逐渐成为现代家庭的重要组成部分。为了提升企业员工对智能家居技术的理解与应用能力，本次实训将通过 WPS AI 的智能起草、模板选择及人机协作功能，制作一份主题为"智能家居技术介绍"的 PPT 文件，帮助员工掌握数字化工具在技术展示中的应用技巧。

2. 项目要求

（1）新建文档并选择模板。

使用 WPS AI 的智能起草功能，新建一份 Word 文档（作为 PPT 草稿）。

在灵感市集中选择与"技术报告"或"科技趋势"相关的 PPT 模板（包含封面页、目录页、内容页及结尾页）。

（2）生成调研报告框架并优化。

通过 WPS AI 的提示词模板，输入指令生成初步框架。

生成一份关于"智能家居技术介绍"的 PPT 框架，包含以下内容。

- 智能家居的定义及重要性。
- 系统构成与技术原理。
- 实际应用案例（如智能照明、安防）。
- 未来趋势与市场前景。

根据生成结果，通过人机对话调整框架结构（如调整章节顺序、补充子标题）。

（3）内容补充与细节优化。

在各章节中补充如下内容。

- 定义与重要性：用简洁文字说明智能家居的核心概念（如"通过物联网实现家居设备互联"），并列举其提升生活便利性、节能环保等优势。
- 系统构成与技术原理：用流程图展示智能家居系统的构成（如传感器、网关、云平台），并简要解释关键技术（如无线通信协议、AI 算法）。
- 实际应用案例：插入高清图片或短视频（如智能门锁开锁过程、智能灯光场景切换），直观展示技术效果。
- 未来趋势：引用权威数据或行业报告，预测技术发展方向（如 AI 深度融合、隐私保护增强）。

使用 WPS AI 的智能设计功能，统一 PPT 风格（如科技蓝主题配色、动态图表）。

（4）动画与视频辅助说明。

在技术原理部分，添加动画效果（如传感器数据传输的动态演示）或嵌入视频（如智能家居场景模拟）。

（5）最终输出与提交。

确保 PPT 结构清晰且逻辑连贯、文字简洁、图表高清。

提交完整 PPT 文件（命名格式："姓名_智能家居技术介绍.pptx"）。

项目 14

图像生成之使用豆包进行图像生成

项目学习目标

◎ **知识目标:**

(1)了解豆包的开发背景,如开发公司、产品特性、功能支持等。

(2)掌握豆包的主要功能运用方法。

(3)掌握豆包工具的进阶运用,掌握不同工具下豆包的运用技巧。

◎ **能力目标:**

(1)能够根据图像的要求,准确、高效地编写提示词,确保文字表述清晰、准确。

(2)掌握豆包的功能特性,根据任务需求使用豆包完成不同内容生成任务。

◎ **素质目标:**

(1)通过掌握国内主流 AI 工具的应用,培养学生的技术实践能力与创新意识,能够独立解决复杂问题。

(2)通过深入学习和实践 AI 技术,强化学生的数据敏感度和分析能力,能够从数据中挖掘出有价值的信息。

(3)培养学生持续学习与自我提升的习惯,关注 AI 领域的最新动态和技术趋势,不断提升自己的专业素养和竞争力。

思维导图

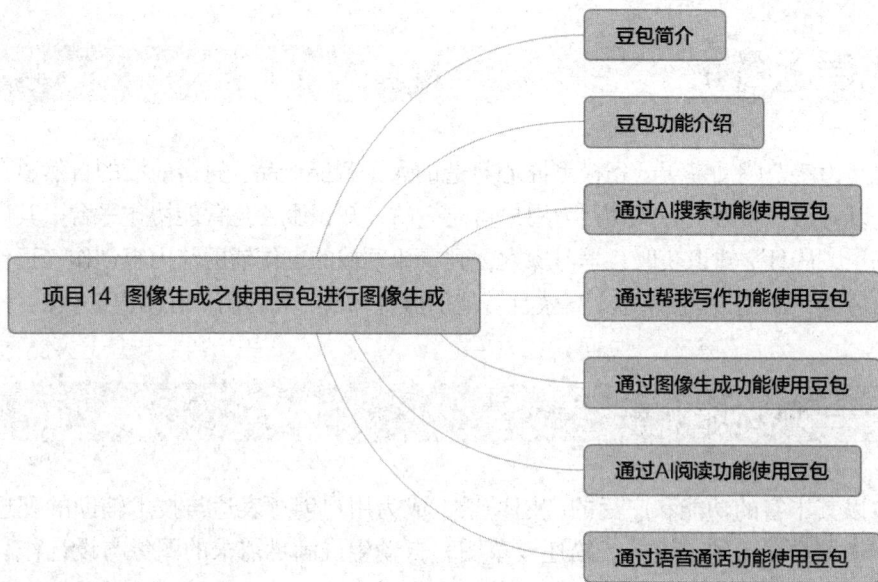

项目描述

在当今数字化时代，图片在用户的生活中扮演着越来越重要的角色。社交媒体、广告、设计等行业对图片的需求量呈现出急剧增长的态势。人工智能技术的崛起，打破了传统制图方法的专业性高、制作成本高等限制。用户可以利用先进的人工智能算法，进行一种简单、快速、高效的生成图片。项目要求如下。

（1）生成一张以自然风景与环保为主题的图像，图像应突出自然风景的美丽和独特性，同时传达出环保的重要性。

（2）图像风格为风景、比例为 16：9 桌面壁纸。

（3）色彩以自然界的真实色彩为主，如蓝天、绿树、清澈的湖水等。

（4）添加动物元素，使其融入自然风景中，增加图像的生动性和趣味性。

（5）确保所有素材均来自合法渠道，不侵犯他人版权。

项目分析

在本项目中，用户需要借助字节跳动自主研发的大语言模型豆包进行图像生成的系列操作，在使用豆包进行背景图制作的过程中，用户需要掌握豆包 AI 语言大模型的使用并进行图像制作的必要流程。具体任务流程如下。

（1）选择合适的图像模板，获取相关主题的提示词模板。

（2）修改获取到的提示词模板。

（3）将准备好的参考图像上传到豆包。

（4）使用智能编辑对图像细节进行调整。

（5）下载完成的图像。

相关知识

14.1 豆包简介

豆包是由字节跳动基于云雀模型匠心打造的人工智能产品。凭借前沿的自然语言处理技术，豆包以对话交互为核心模式，为用户搭建一站式知识服务与智能协作平台。其广泛应用于多元场景，从日常知识获取、学习探索，到专业领域的工作辅助与内容创作，豆包皆能凭借卓越的性能，为用户提供精准、高效且智能的服务体验，成为用户在信息时代的得力伙伴。

14.2 豆包功能介绍

豆包以其丰富的功能和广泛的应用场景，成为用户创意表达与技术辅助的理想伙伴。它能够基于用户输入的关键词、描述或草图，自动生成满足需求的图像与设计作品。用户通过简单的参数调整与风格选择，即可轻松实现对生成作品效果的精细把控，满足个性化的创作愿景。

不仅如此，豆包还具有卓越的学习与进化功能。它能深入学习并分析海量的艺术作品与设计理念，不断精进自身的创作技艺与艺术感知力。这意味着，随着时间的推移，豆包能够创造出更加精美、独具匠心的作品，持续满足用户日益提升的艺术品位与创作需求。豆包的主要功能如图 14-1 所示。

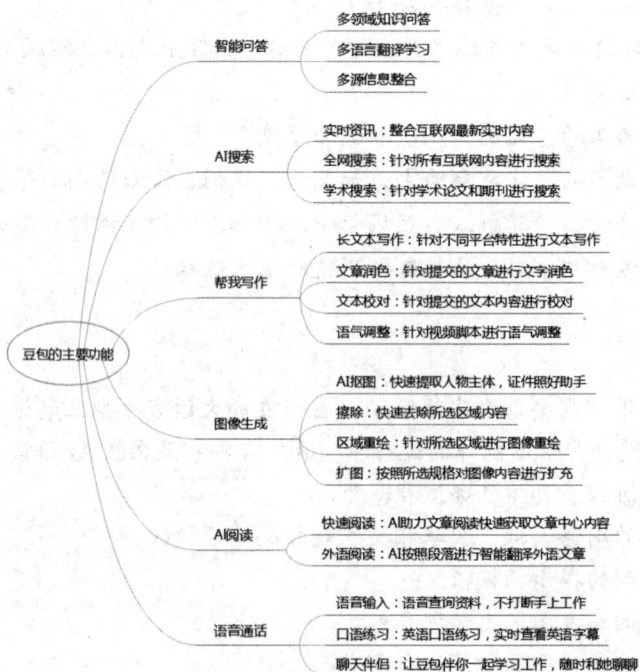

图 14-1 豆包的主要功能

14.3　通过 AI 搜索功能使用豆包

豆包界面会整合当前的互联网最新的实时内容给用户进行查看，并且可以根据用户输入的关键词进行全网资源查找。在搜索时，用户可以根据自己的搜索目标把搜索范围限定为全网资源搜索或学术领域搜索。豆包 PC 端支持跨应用划词搜索。无论是在浏览器、Word、PPT 还是 PDF 等应用中，只需简单划选文字，即可进行 AI 搜索、翻译或解释。豆包不仅能提供常规搜索结果，还能根据上下文智能提炼关键信息，生成总结，帮助用户快速获取所需内容。此外，豆包的全能浏览器功能，兼容传统浏览器插件和快捷键，同时融入 AI 技术，让信息检索更加高效、精准。AI 搜索界面如图 14-2 所示。

图 14-2　AI 搜索界面

14.4　通过帮我写作功能使用豆包

豆包的帮我写作功能是一个写作助手功能，无论是学术论文、商业文案、文学作品，还是教育写作，豆包都能提供专业级的辅助。它可以根据用户输入的关键词或主题，自动生成文章正文，并支持语法纠正、智能推荐素材和参考文献。帮我写作功能让写作变得更加轻松、高效。帮我写作界面图 14-3 所示。

图 14-3　帮我写作界面

14.5　通过图像生成功能使用豆包

　　豆包的图像生成功能能够将用户的文字描述转化为具体图像。用户只需详细描述想要的画面内容，如场景、物体特征、动作表情和风格色彩等，豆包就能根据这些描述生成符合需求的图片。无论是海报、插图，还是其他类型的图片，豆包都能轻松搞定。这一功能为用户的创意表达提供了极大的便利。豆包能够提供简单的图像调整功能，如 AI 抠图、擦除、区域重绘、扩图等。图像生成界面如图 14-4 所示。

图 14-4　图像生成界面

14.6　通过 AI 阅读功能使用豆包

　　豆包的 AI 阅读功能内置智能总结功能，能够自动识别并提炼文本中的关键信息，生成简洁明了的总结内容，帮助用户快速掌握文章主旨。豆包还提供了原文翻译功能，消除语言障碍，拓宽阅读视野。AI 阅读功能让阅读变得生动、有趣，用户可以通过与豆包的互动，深入理解文章内容。AI 阅读能够支持文件输入、图片输入、截图输入、语音输入等功能，其界面如图 14-5 所示。

图 14-5　AI 阅读界面

14.7   通过语音通话功能使用豆包

豆包支持语音通话功能，让用户能够通过语音与 AI 助手进行实时交流。这一功能不仅解放了用户的双手，提高了工作效率，还让交流变得更加自然、便捷。无论是询问问题、获取信息，还是进行闲聊，豆包都能通过语音通话功能，为用户提供贴心、智能的服务。豆包还注重用户隐私保护，确保语音通话内容的安全性与私密性。语音通话功能需要用户通过客户端才能使用，其界面如图 14-6 所示。

图 14-6   语音通话界面

项目实施

任务 14-1   选择合适的图像模板，获取相关主题的提示词模板

（1）打开浏览器，在地址栏中输入豆包的官方网址，打开豆包官方网站首页，如图 14-7 所示，可以看到豆包的主要功能列表。

（2）单击左侧导航栏中的"图像生成"选项，打开图像生成界面，如图 14-8 所示。在该界面中，可以看到豆包主要的图像生成功能，以及其他用户生成的图像作品。

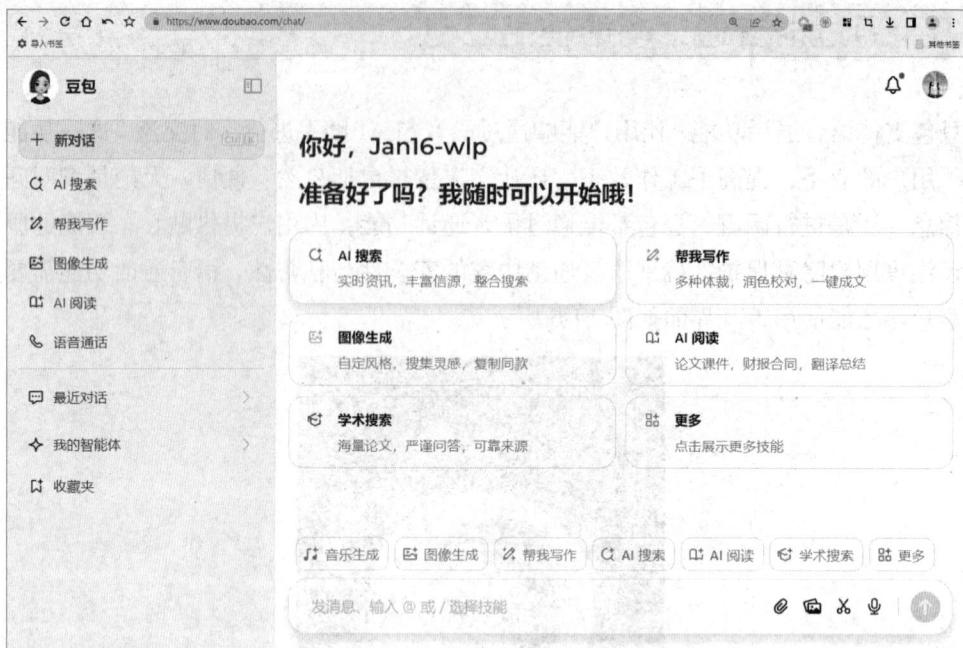

图 14-7　豆包官方网站首页

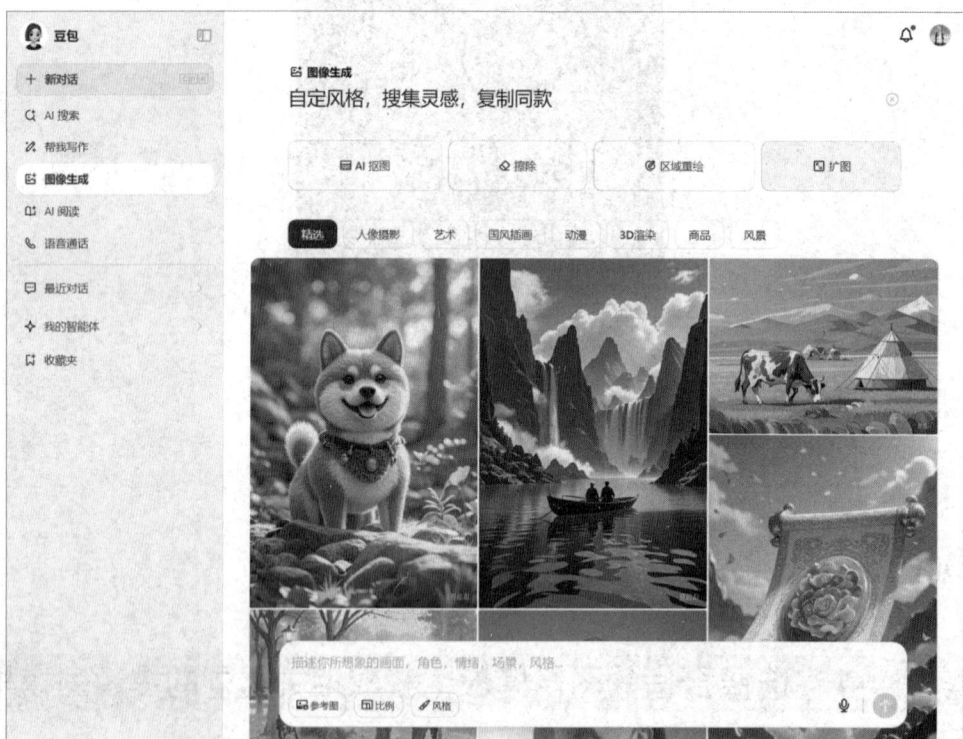

图 14-8　图像生成界面

（3）在图像生成界面中，单击"风景"选项，跳转到风景类的图像作品中，可以在这个界面中寻找贴合任务要求的图像，选择同款图像，获取其相关提示词模板，如图 14-9 所示。

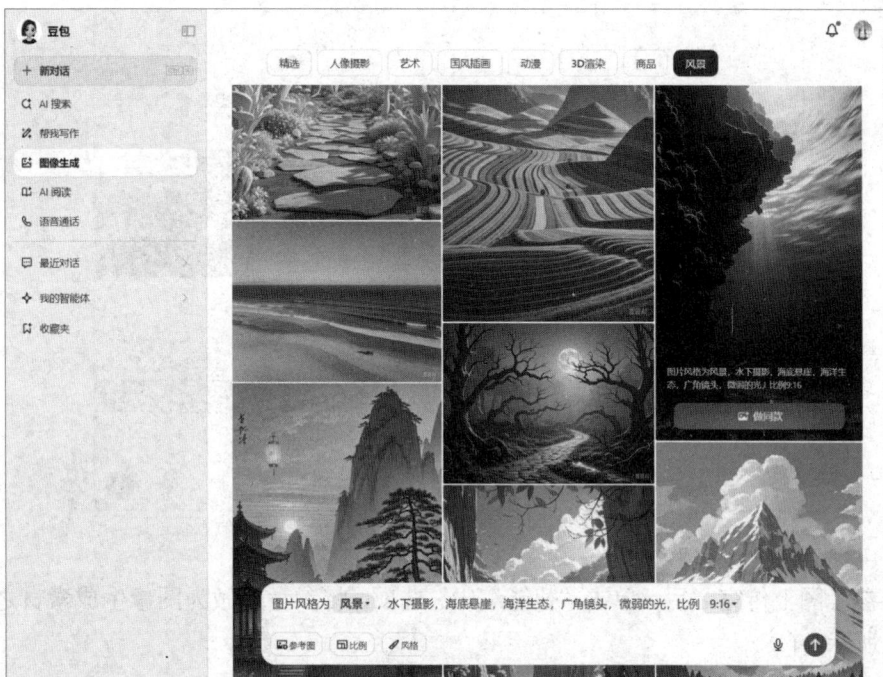

图 14-9　获取提示词模板

任务 14-2　修改获取到的提示词模板

（1）在提示词模板中，将风格和比例进行修改，变成风景风格、16：9 的比例，如图 14-10 所示。

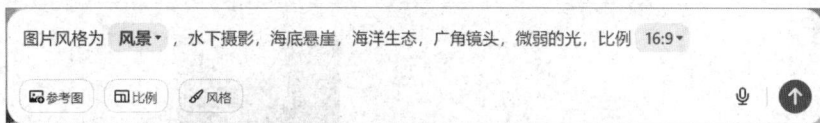

图 14-10　修改风格和比例

（2）针对任务要求提取图像生成关键词，填充到修改后的模板内，如图 14-11 所示。

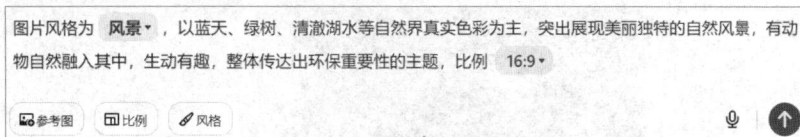

图 14-11　修改后的提示词

任务 14-3　将准备好的参考图像上传到豆包

（1）在"打开"对话框中单击参考图，即可选中该参考图，如图 14-12 所示，单击"打开"按钮，即可上传图像。

图 14-12　选中参考图

（2）参考图上传完之后，单击"智能编辑"选项，将参考图做为图像生成素材之一，如图 14-13 所示。

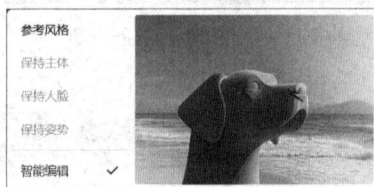

图 14-13　单击"智能编辑"选项

（3）单击右下角的"发送"按钮，获取第一张图片，图像生成效果如图 14-14 所示。

图 14-14　图像生成效果

任务 14-4　使用智能编辑对图像细节进行调整

（1）单击图像，对已经生成的图像进行智能编辑，如图 14-15 所示。

图 14-15　对已经生成的图像进行智能编辑

（2）在文本框中输入需要修改或添加的内容，如"希望能够体现人与自然和谐相处的元素"，如图 14-16 所示。

图 14-16　输入智能编辑内容

（3）对图像中不合理的元素进行修改，如曝光过度、像素太低等问题，如图 14-17 所示。

图 14-17　添加清晰度要求

任务 14-5　下载完成的图像

经过一系列的修改后，用户可以获取相对满意的图像，并对其进行下载，最终效果如图 14-18 所示。

图 14-18　最终效果

项目拓展

课后习题

一、选择题

1. 豆包是由（　　）研发的 AI 工具。
   - A. 阿里巴巴
   - B. 字节跳动
   - C. 腾讯
   - D. 百度

2. 豆包的（　　）功能可以帮助用户将文字描述转化为具体图像。
   - A. 语音通话
   - B. 帮我写作
   - C. 图像生成
   - D. AI 阅读

3. 豆包的（　　）功能可以帮助用户快速获取一篇文章的主旨。
   - A. 实时翻译
   - B. 智能总结
   - C. 语音通话
   - D. 帮我写作

4. 豆包的帮我写作功能可以为用户提供的服务是（　　）。
   - A. 烹饪指导
   - B. 语音通话翻译
   - C. 文章正文自动生成
   - D. 网页设计

5. 用户在使用豆包的 AI 搜索功能时，可以享受的便利是（　　）。
   - A. 自动生成文章摘要
   - B. 跨应用划词搜索并解释

C.　实时天气查询　　　　　　　D.　远程控制智能家居设备

二、填空题

1. 如果想要使用豆包来查找信息，则启用_____功能。
2. 如果想要借助豆包生成文字内容，则启用_____功能。
3. 如果用户想要利用豆包生成图片，则启用_____功能。
4. 如果想要使用豆包进行便捷阅读，则启用_____功能。
5. 当用户想要通过语音和豆包互动时，需要启用_____功能。

三、实训题

1. 项目背景

随着人工智能技术的快速发展，图像生成技术已成为创意设计、广告营销、教育娱乐等多个领域的重要工具。豆包的图像生成功能以其强大的功能和友好的用户界面，受到了广大用户的青睐。本次实训旨在通过实际操作，让学生熟悉图像生成功能的基本使用流程，掌握图像生成与编辑的技巧，提升创意设计能力。

2. 项目要求

（1）选择图像模板：选择图像生成功能，从提供的模板库中选择一个与"未来城市"主题相关的图像模板。

（2）获取并修改提示词模板：基于所选模板，获取豆包提供的初始提示词模板。

根据个人创意，对提示词模板进行修改，如添加"霓虹灯闪烁的街道"、"悬浮的交通车辆"与"智能建筑"等元素，以丰富图像内容。

（3）上传参考图像：准备一张与"未来城市"主题相关的参考图像（可以自行绘制或通过网络获取，要确保版权合法），并上传到豆包。

（4）使用智能编辑调整图像细节：利用豆包的智能编辑功能，对生成的图像进行细节调整，如色彩搭配、光影效果、元素布局等，使图像更加符合个人创意和审美。

（5）下载完成的图像：调整完之后，下载该图像，并保存到本地。

（6）提交作业：将下载的图像及修改后的提示词模板（可以截图或使用文字描述）作为作业提交。

本项目微课

项目 15

视频生成之使用腾讯智影制作短视频

项目学习目标

◎ 知识目标：

（1）了解腾讯智影的相关信息。
（2）了解腾讯智影的主要功能。
（3）学会使用腾讯智影进行文字转视频任务。

◎ 能力目标：

（1）能够熟练运用腾讯智影，独立完成短视频的生成任务。
（2）能够具备分析作品内容、选择合适的短视频创作风格与情感的能力。
（3）能够解决在短视频创作中遇到的技术问题，提高实际操作能力。

◎ 素质目标：

（1）能够在短视频创作中发挥创意，鼓励学生使用腾讯智影进行创新性解决方案的探索。
（2）能够在作品编辑中树立正确的版权观念，尊重原创，培养学生良好的职业道德素养。
（3）能够深入领会并切实执行团队合作的原则，培养学生的团队精神和社会责任感。

思维导图

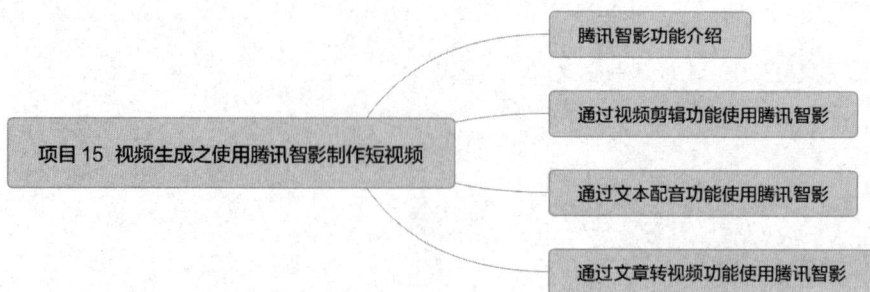

项目描述

小王是一个在某短视频平台上拥有众多粉丝的自媒体博主。为了能够让自己的视频得到更多网友的喜欢，小王准备使用 AI 工具生成视频。由于腾讯智影是一个非常优秀的大语言模型，因此小王决定使用腾讯智影制作短视频。

视频文案如下。

解读《高效能人士的七个习惯》

《高效能人士的七个习惯》这本书深入剖析了成功人士的核心素质与行为习惯，为追求个人成长与卓越发展提供了宝贵的指导。书中提出的七个习惯，不仅相互关联、层层递进，更构成了一个完整的个人成长体系。

首先，积极主动是高效能人士的基石。他们不等待命运的安排，而是主动出击，以积极的心态面对生活中的挑战与机遇。这种态度让他们能够把握自己的命运，实现自我成长。

其次，以终为始的习惯让他们始终明确自己的目标与愿景。他们清楚知道自己想要的是什么，从而制订出切实可行的计划，确保每一步都朝着目标前进。这种自我领导的能力，让他们能够在纷繁复杂的世界中保持清醒的头脑，坚定前行。

再次，要事第一的习惯让他们能够高效地管理时间与精力。他们懂得区分重要与紧急的事情，将有限的资源投入到真正重要的事情上。这种习惯让他们能够摆脱琐事的纠缠，专注于实现自己的目标与梦想。

双赢思维则是高效能人士在人际交往中的核心原则。他们寻求双方都能获益的解决方案，尊重并理解他人的需求与利益。这种思维方式让他们能够建立良好的人际关系，实现共赢的局面。

知彼解己的习惯则强调了在沟通中的重要性。高效能人士在表达自己观点的同时，也注重倾听与理解他人。他们通过深入了解对方的需求与感受，建立起深厚的信任与理解，从而更有效地解决问题。

统合综效的习惯让他们能够整合各种资源与观点，创造出超越个体的更大价值。他们尊重差异、欣赏多样性，通过团队协作与集体智慧实现更高的效能与成果。

最后，不断更新是高效能人士持续成长的关键。他们在身体、精神、智力和情感四个方面不断投资自己，保持与时俱进的状态。这种持续学习的精神让他们能够不断超越自我，实现更高的成就。

综上所述，《高效能人士的七个习惯》为我们提供了一套完整的个人成长与高效能管理的指南。通过培养和实践这些习惯，我们可以更好地管理自己、与他人建立良好的关系，并完成个人和团队的目标。这些习惯不仅适用于个人成长，也对企业管理和团队协作具有重要的指导意义。

项目分析

在本项目中，需要借助腾讯自主开发的大语言模型腾讯智影进行短视频制作，在这个过程中，我们需要掌握腾讯智影大语言模型的使用方法，具体任务流程如下。

（1）注册腾讯内容开放平台账号。

（2）绑定发布账号，申请腾讯视频版权素材授权。

（3）输入文章内容，设置视频参数。

（4）对初步生成的视频进行剪辑。

相关知识

腾讯智影是由腾讯开发的一款智能影像处理工具，它以卓越的技术实力和丰富的产品特色在业界脱颖而出。该工具特色鲜明，拥有强大的视频剪辑、特效添加、字幕配音等功能，使用户可以轻松打造出高质量的影片，并可以定制专属的数字人形象和音色。此外，腾讯智影还提供了海量的模板素材供用户选择，并依托腾讯完善的版权基础，进一步提高了用户的生产效率。

15.1　腾讯智影功能介绍

腾讯智影是一款功能强大的智能影像处理工具，为用户提供了全方位的影片制作解决方案。它具有高效的视频剪辑功能，使用户可以轻松对影片进行精准剪辑，打造流畅的故事线。腾讯智影还提供了丰富的特效和滤镜选项，让影片更具视觉冲击力。此外，它还支持字幕添加和配音功能，满足用户多样化的创作需求。腾讯智影还结合人工智能技术，实现智能场景识别、人物跟踪等高级功能，让影片制作更加智能和便捷。无论是专业影视制作人员，还是普通用户，腾讯智影都能满足他们的创作需求，带来出色的影片制作体验。腾讯智影的主要功能如图 15-1 所示。

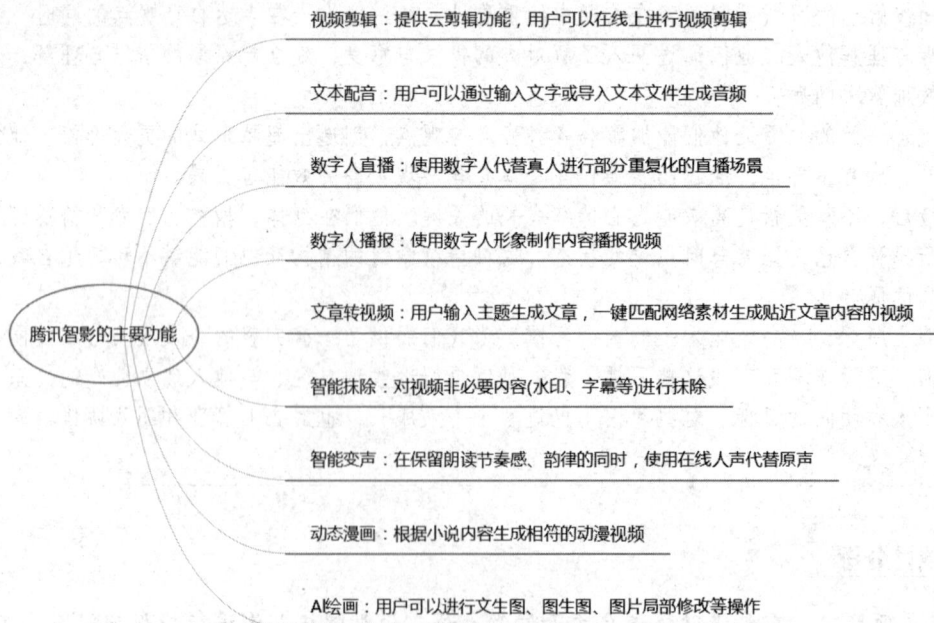

视频剪辑：提供云剪辑功能，用户可以在线上进行视频剪辑

文本配音：用户可以通过输入文字或导入文本文件生成音频

数字人直播：使用数字人代替真人进行部分重复化的直播场景

数字人播报：使用数字人形象制作内容播报视频

文章转视频：用户输入主题生成文章，一键匹配网络素材生成贴近文章内容的视频

智能抹除：对视频非必要内容(水印、字幕等)进行抹除

智能变声：在保留朗读节奏感、韵律的同时，使用在线人声代替原声

动态漫画：根据小说内容生成相符的动漫视频

AI绘画：用户可以进行文生图、图生图、图片局部修改等操作

腾讯智影的主要功能

图 15-1　腾讯智影的主要功能

15.2　通过视频剪辑功能使用腾讯智影

　　腾讯智影的视频剪辑功能既专业又高效，它支持多轨道编辑，让用户能够轻松实现复杂的剪辑效果。同时，丰富的特效、转场和编辑工具让视频过渡更加自然流畅。此外，腾讯智影还提供了庞大的素材库，让用户可以快速添加所需素材，节省寻找素材的时间。值得一提的是，腾讯智影的 AI 功能也为视频剪辑带来了极大的便利，如文本朗读、字幕识别和音乐踩点等功能，使视频制作更专业。用户还可以实时预览剪辑效果，并轻松导出多种视频格式。腾讯智影的视频剪辑界面如图 15-2 所示。

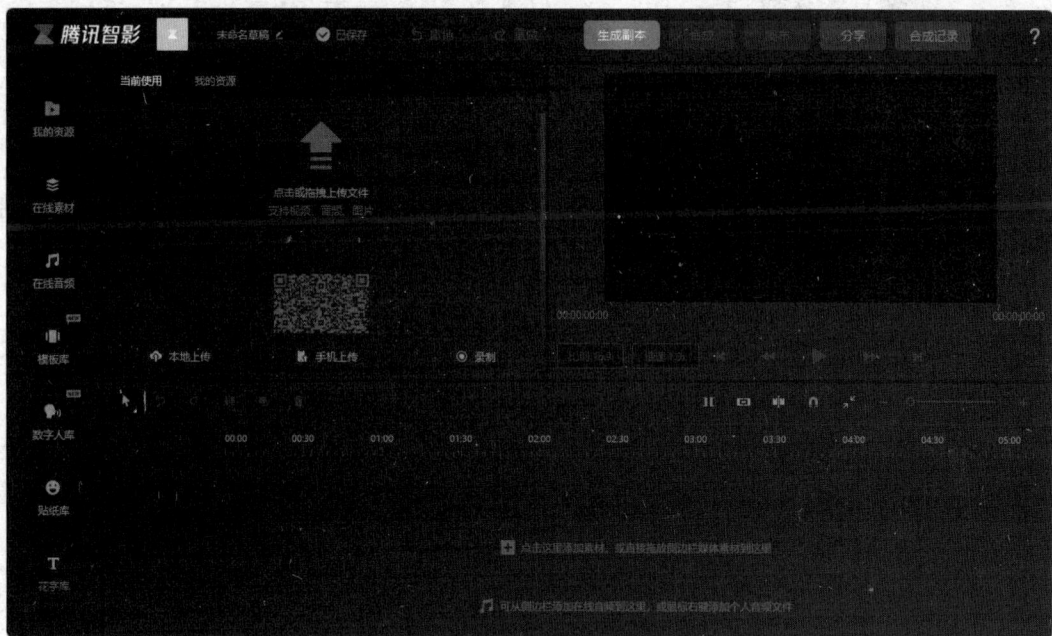

图 15-2　腾讯智影的视频剪辑界面

　　通过视频剪辑功能，用户可以在线轻松完成视频剪辑工作，举例如下。

　　（1）通过腾讯智影的视频剪辑功能，用户可以在线上完成因本地硬件资源不足无法完成的视频剪辑工作。

　　（2）通过腾讯智影的视频剪辑功能，用户可以调用诸多在线视频资源和音频资源，来丰富自身的视频内容。

　　（3）腾讯智影的视频剪辑功能配备了强大的特效库，使用户可以轻松制作炫酷的视频效果。

15.3　通过文本配音功能使用腾讯智影

　　腾讯智影的文本配音功能是一项高效且实用的工具，它允许用户将文字内容快速转化

为生动自然的语音配音。通过简单地输入文本，用户可以选择不同的音色、语速和音量等
参数，轻松生成符合需求的语音配音。无论是为视频添加旁白、制作有声读物，还是为课
件添加讲解，腾讯智影的文本配音功能都能帮助用户轻松实现，极大地提升了内容创作的
效率。腾讯智影的文本配音界面如图 15-3 所示。

图 15-3　腾讯智影的文本配音界面

通过文本配音功能，用户可以轻松为多媒体内容添加生动、自然的语音配音，举例
如下。

（1）通过文本配音功能，用户可以将文本转换成流利的口语音频，让视频更大众化。

（2）通过文本配音功能，用户可以选择方言音色，生成流利的方言音频，针对性生成
符合地区方言习惯的视频。

（3）通过文本配音功能的多发音人音色设置，用户可以将文本以不同的音色进行播报，
形成多人对话的效果。

15.4　通过文章转视频功能使用腾讯智影

腾讯智影的文章转视频功能，为用户带来了前所未有的创意表达体验。通过简单的操
作，用户即可将文字内容转化为生动视频，实现文字与画面的完美结合。这一功能不仅降
低了视频制作的难度，还丰富了内容的表现形式。腾讯智影还提供了丰富的素材库和智能
剪辑模板，帮助用户轻松创作出高质量的视频。总体来说，腾讯智影的文章转视频功能以
其强大的实用性和便捷性，为用户带来了全新的创作体验，让文字内容焕发新生，以更具
吸引力的视频形式呈现给用户。

腾讯智影的文章转视频界面如图 15-4 所示。

通过文章转视频功能，用户可以轻松地将文章转化为生动有趣的短视频，智能地生成
包含文字、背景音乐和画面切换效果的视频。

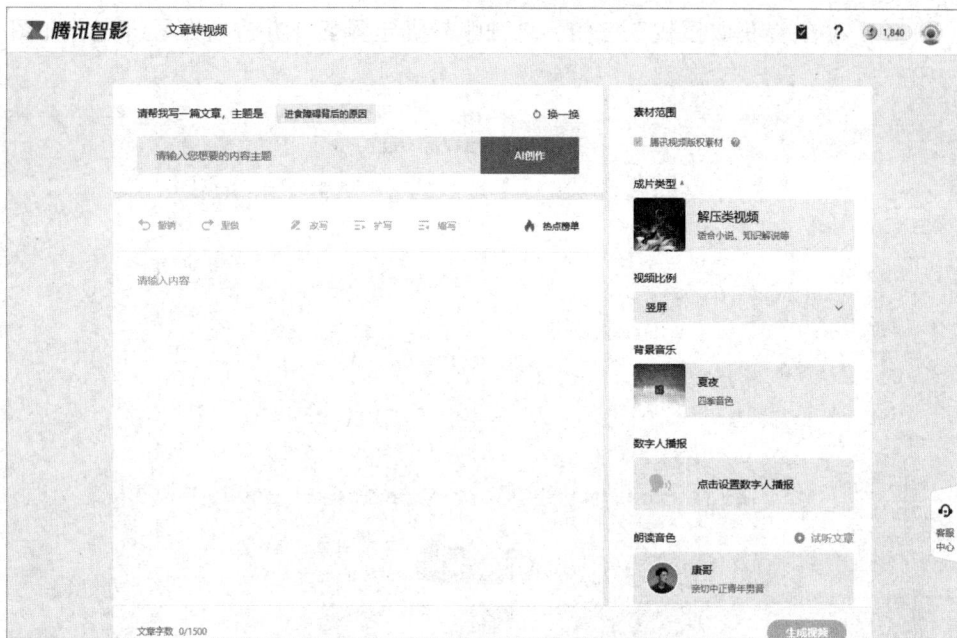

图 15-4 腾讯智影的文章转视频界面

项目实施

任务 15-1 注册腾讯内容开放平台账号

在使用腾讯智影的文章转视频功能时,因为需要使用腾讯视频素材作为视频生成的素材来源,所以我们在使用这个功能之前需要进行账号的注册与绑定,从而申请腾讯视频素材的授权使用。

(1)在腾讯智影首页中单击"文章转视频"选项,打开文章转视频界面,该界面会提示我们需要获取腾讯视频版权素材的授权,如图 15-5 所示。

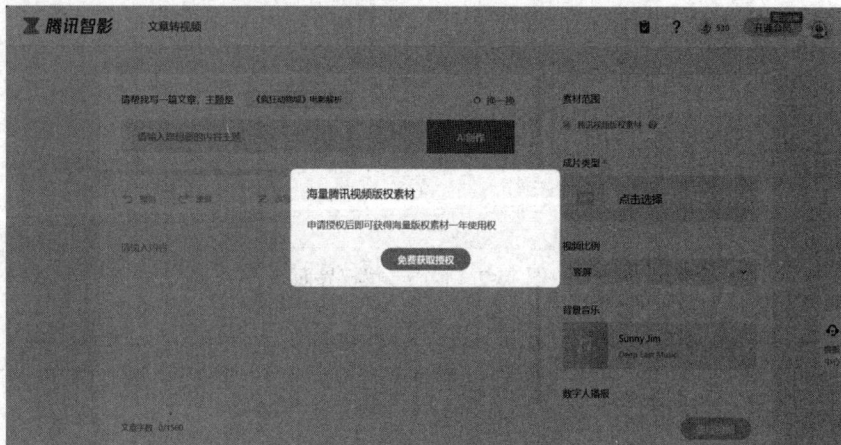

图 15-5 获取腾讯视频版权素材的授权提示

（2）单击"免费获取授权"按钮，打开账号绑定界面，并进行账号绑定，如图 15-6 所示。

图 15-6　账号绑定界面

（3）单击"绑定发布账户"按钮，打开企鹅号授权界面，如图 15-7 所示。

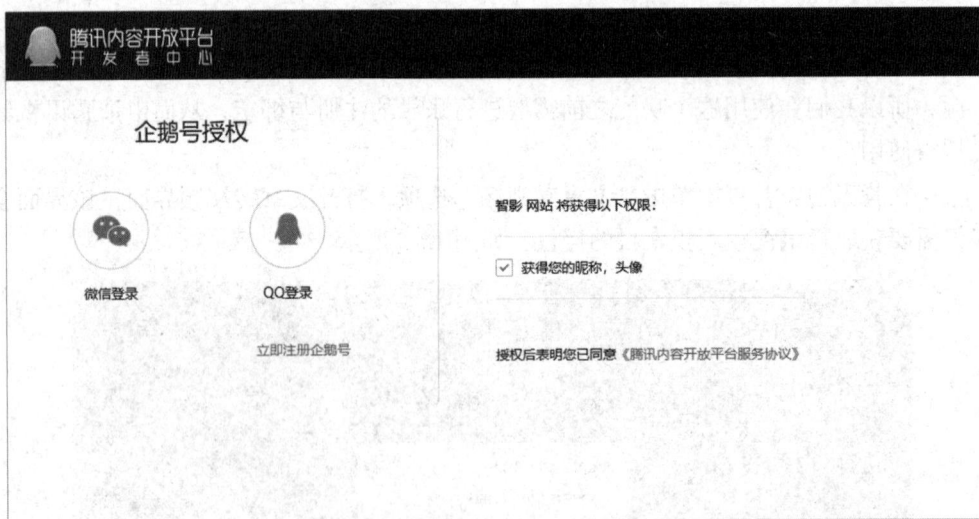

图 15-7　企鹅号授权界面

（4）如果已经注册了企鹅号，则可以进行扫码登录，如果没有注册企鹅号，则单击"立即注册企鹅号"按钮，这里使用已注册企鹅号的社交账号进行扫码登录，如图 15-8 所示。

（5）打开选择主体类型界面，如图 15-9 所示。

图 15-8　企鹅号登录界面

图 15-9　选择主体类型界面

（6）选择个人账号类型，并填写账号名称、账号简介、账号头像等内容，如图 15-10 所示。

（7）填写管理者信息，上传个人身份证正反面照片、职业认证等信息，单击"提交"按钮，等待平台审核，如图 15-11 所示。

（8）等待平台审核通过之后，腾讯内容开放平台就会发来通知，提醒账号通过了资质审核，如图 15-12 所示。

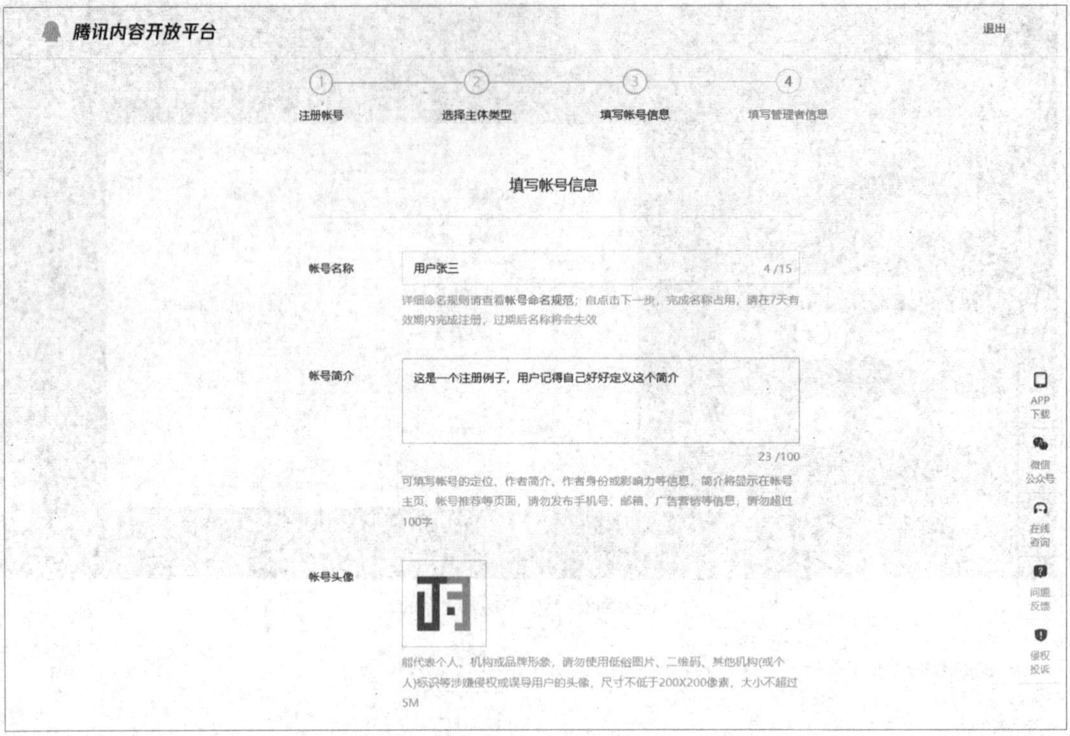

图 15-10　填写账号信息

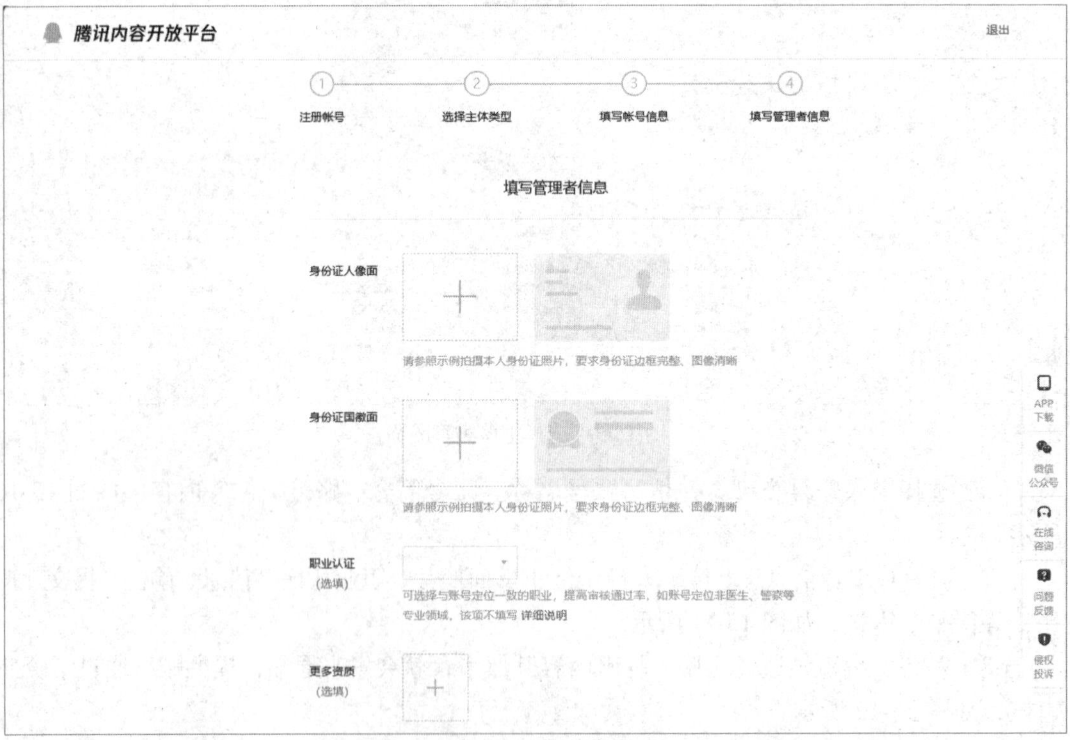

图 15-11　填写管理者信息

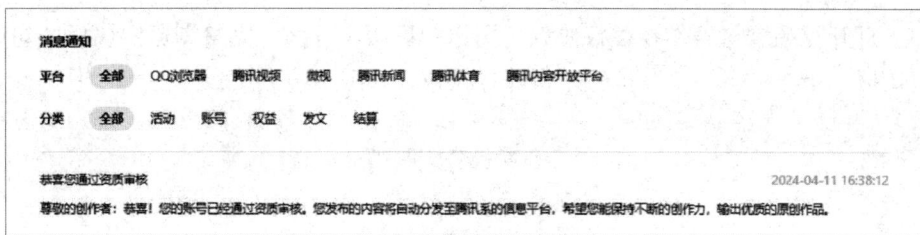

图 15-12 账号资质审核通过

任务 15-2 绑定发布账号，申请腾讯视频版权素材授权

在完成腾讯内容开放平台账号的注册之后，我们就可以重新进行账号绑定操作。

（1）在完成账号资质审核后，使用社交账号扫描界面中二维码授权登录时，需要进行身份校验和授权同意收集个人信息，单击"同意并校验"按钮，如图 15-13 所示。

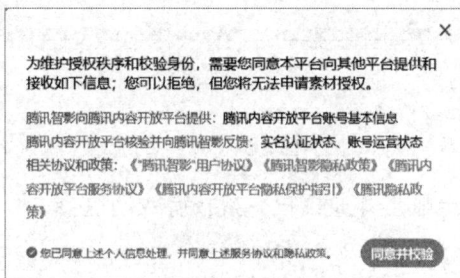

图 15-13 校验身份

（2）通过身份校验后，选择使用社交账号注册的相关发布账号进行绑定，单击"下一步"按钮，如图 15-14 所示。

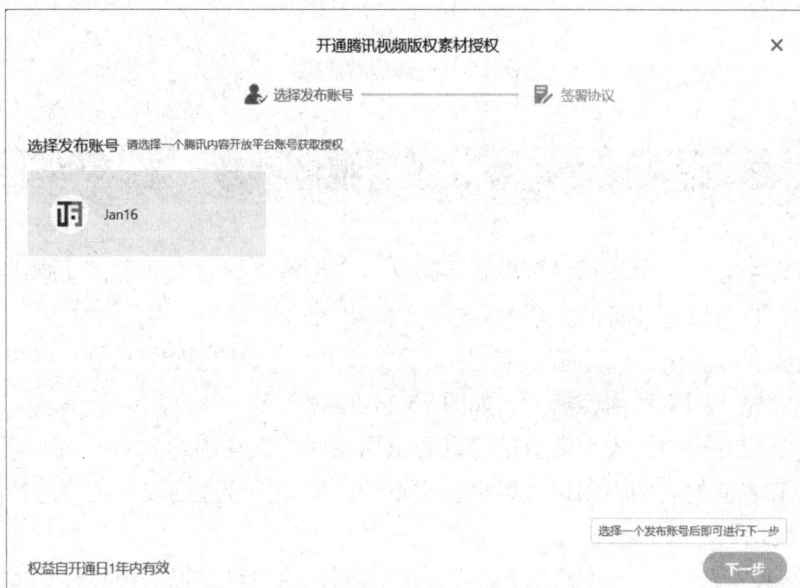

图 15-14 选择绑定的发布账号

（3）打开视频素材著作权授权协议（腾讯智影版）界面，完整浏览协议后，勾选"同意"复选框，单击"下一步"按钮进行账号授权，如图 15-15 所示。

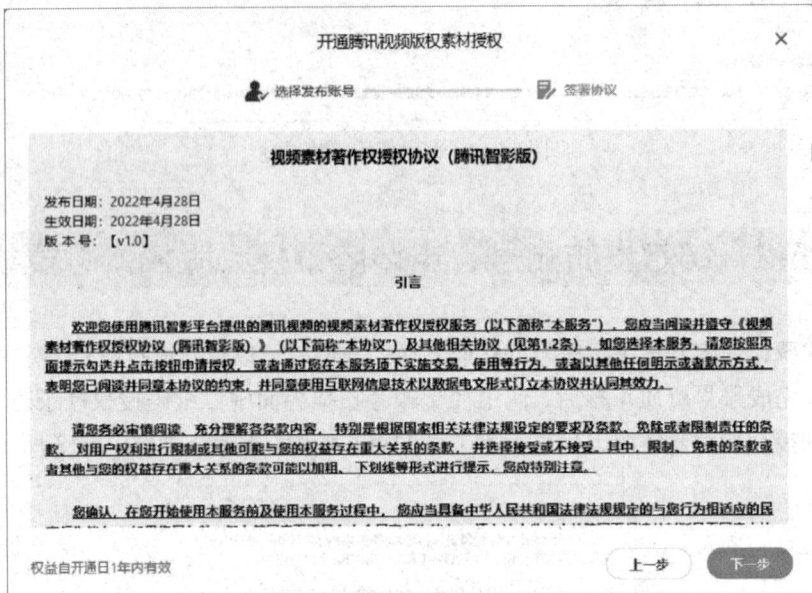

图 15-15　浏览并签署协议

（4）腾讯内容开放平台账号开通授权，授权有效期也会一同显示，如图 15-16 所示。

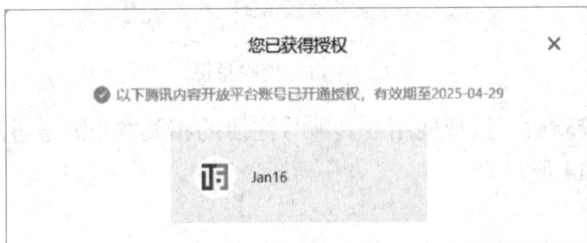

图 15-16　账号开通授权

任务 15-3　输入文章内容，设置视频参数

在文章转视频界面中，用户可以直接将文章主题输入到输入框中，让腾讯智影直接生成一篇文章，也可以将准备的文章内容进行内容扩充和缩写。

（1）获取素材授权后，返回腾讯智影首页，单击"文章转视频"选项，将任务背景中提供的文章内容输入到文章内容框中，如图 15-17 所示。

（2）选择成片类型，成片类型是腾讯智影用来匹配文章内容、对应视频素材的依据。在文章转视频界面的右侧，用户可以根据文章的内容选择合适的成片类型进行素材匹配，如图 15-18 所示。

（3）设置视频比例，在文章转视频界面的右侧，用户可以根据视频预期的播放平台选择视频比例为横屏或竖屏，如图 15-19 所示。

图 15-17　输入文章内容

图 15-18　选择成片类型

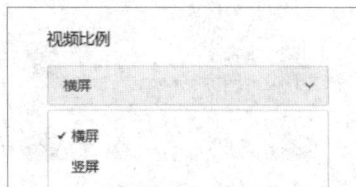

图 15-19　设置视频比例

（4）添加背景音乐，一个优秀的视频往往会添加一段引人入胜的背景音乐来加深观众对视频的印象。在文章转视频界面的右侧，用户可以根据文章类型选择合适的背景音乐，并添加到视频中，如图 15-20 所示。

（5）选择视频配音音色，在文章转视频界面的右侧，用户可以根据个人喜好选择中意的朗读音色作为视频的配音音色，如图 15-21 所示。

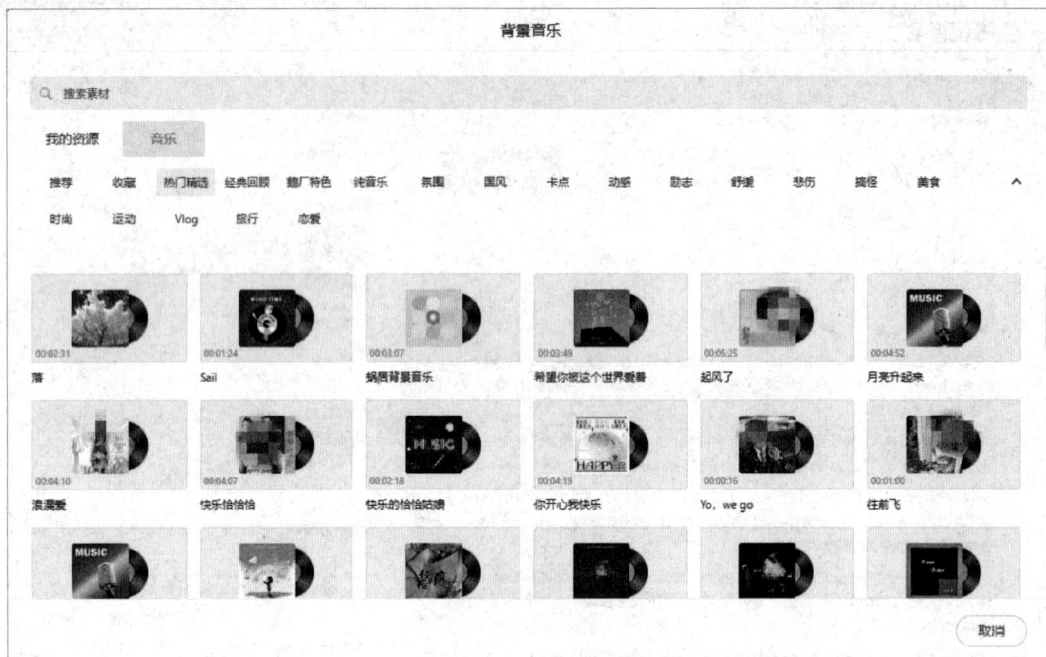

图 15-20　添加背景音乐

图 15-21　选择视频配音音色

任务 15-4　对初步生成的视频进行剪辑

（1）在完成细节参数调整、试听体验合格后，即可单击文章转视频界面右下角的"生成视频"按钮，打开生成短视频进度界面，等待视频生成，如图 15-22 所示。

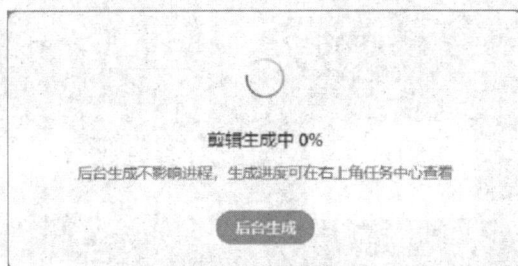

图 15-22　等待视频生成

（2）在视频生成之后，系统会自动跳转到视频编辑界面，在该界面中，用户可以对视频进行预览和素材剪辑，如图 15-23 所示。

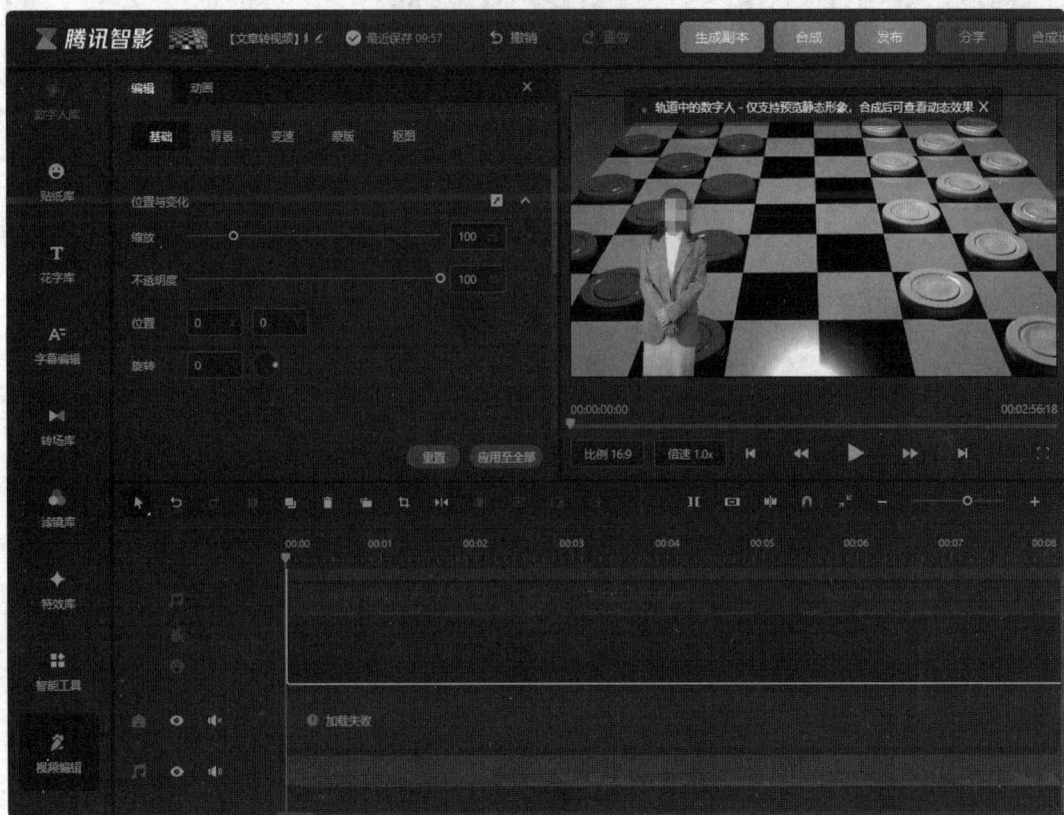

图 15-23　视频编辑界面

（3）调整视频素材。通过预览视频，用户可以更直观地发现视频与素材之间存在的问题，如背景音乐与视频配音之间是否融洽，还可以在界面左侧导航栏中单"在线素材"选项，为视频添加片头、片尾等素材，如图 15-24 所示。

（4）设置背景音乐与视频配音的音量大小。用户可以根据视频预览效果对视频配音进行调整，如音量大小、淡入淡出时间等，如图 15-25 所示。

图 15-24　在线素材界面

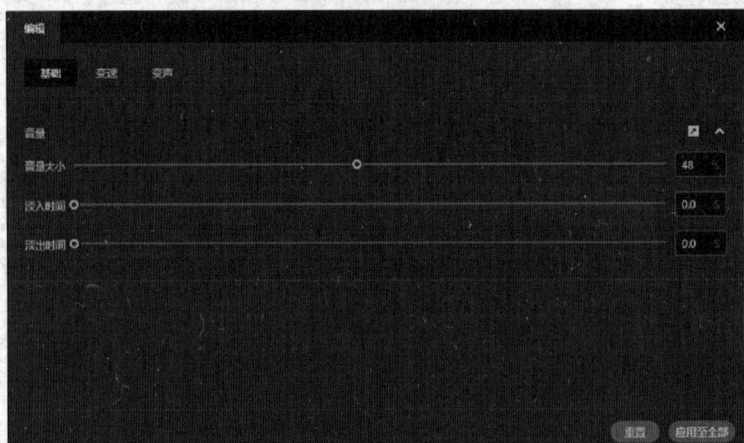

图 15-25　调整视频配音参数

（5）导出视频。在完成一系列的视频编辑操作后，用户可以通过单击视频编辑界面上方的"合成"按钮进行视频合成，在视频合成完之后，用户可以在"我的资源"列表中查看与下载视频，如图 15-26 所示。

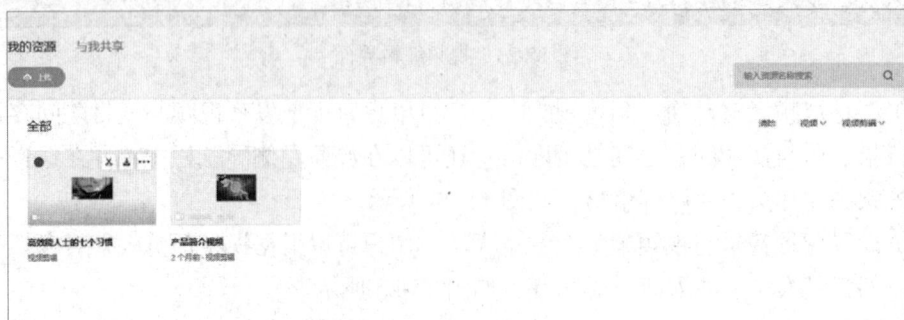

图 15-26　"我的资源"列表

项目拓展

课后习题

一、选择题

1. 腾讯智影是由（　　）开发的一款智能影像处理工具。
   A. 阿里巴巴　　　　　　　　　　B. 字节跳动
   C. 腾讯　　　　　　　　　　　　D. 百度

2. 腾讯智影主要是一款（　　）工具。
   A. 社交软件　　　　　　　　　　B. 办公软件
   C. 影像处理工具　　　　　　　　D. 游戏平台

3. 在腾讯智影中，以下（　　）功能可以帮助用户将特效添加到视频中。
   A. 字幕添加　　　B. 滤镜选择　　　C. 配音功能　　　D. 文本识别

4. 腾讯智影的字幕编辑功能允许用户进行的操作是（　　）。
   A. 改变字幕颜色　　　　　　　　B. 调整字幕出现时间
   C. 添加字幕动画效果　　　　　　D. 以上选项都可以

5. 以下不是腾讯智影的主要优势的是（　　）。
   A. 功能丰富多样　　　　　　　　B. 操作简单易用
   C. 仅支持 Windows　　　　　　　D. 结合人工智能技术

二、填空题

1. 腾讯智影提供的_____功能，允许用户可以在线上进行视频编辑。
2. 腾讯智影提供的_____功能，允许用户通过输入文字或导入文本文件生成音频。
3. 腾讯智影提供的_____功能，允许用户使用数字人形象制作内容播报视频。
4. 腾讯智影提供的_____功能，可以根据用户上传的音频文件自动识别并生成内容匹配的字幕。
5. 腾讯智影提供的_____功能，能够对视频中的非必要内容（如水印、字幕等）进行抹除。

三、实训题

1. 项目背景

在数字化办公时代，提升个人及团队的工作效率已成为职场竞争力的重要体现。为了帮助用户掌握高效的办公技巧，现在需要使用腾讯智影制作一段主题为"提高工作效率的方法"的科普视频，内容涵盖时间管理、沟通技巧、科技工具应用等核心策略。

2. 项目要求

（1）视频参数设置。

分辨率：1080px（1920px×1080px）。

帧率：30fps。

格式：MP4。

时长：≤3 分钟。

背景音乐：轻快励志风（如《City of Stars》轻快版）。

音量：音量≤-10dB。

（2）配音要求。

文本：题目提供的配音脚本（需要在腾讯智影"文本配音"功能中直接导入）。

音色：男声（建议选择"专业沉稳"类型）。

语速：中速（180 字/分钟）。

情感：积极、鼓舞人心，重点词句（如"番茄工作法"与"健康管理"）需要加重音。

（3）剪辑要求。

添加转场效果（如"淡入淡出"与"擦除"），每章节间隔 0.5 秒。

关键数据点（如"效率提升 30%"）要用动态文字高亮显示。

结尾处添加"一键三连"互动按钮（平台模板）。

（4）提交要求。

文件命名："姓名_高效办公视频_日期.mp4"。

配音文本如下。

提高工作效率的方法

在现代社会中，工作效率直接关系到企业或个人的成功和发展。因此，如何提高工作效率成为很多人关心的问题。以下是一些实用的方法。

（1）合理规划时间：排除一些杂乱无章的事务，按照重要性和紧急度安排工作，制订明确的目标和计划。在这个过程中可以使用一些时间管理工具帮助提高效率，如番茄工作法。

（2）展开有效沟通：学会合理的沟通方式，建立良好的沟通渠道，与同事充分沟通，确保每个人都拥有清晰的工作责任和任务目标。这不仅可以减少工作时间的浪费，还可以促进团队的凝聚力和工作效率。

（3）科技助力：随着信息技术的不断进步，电子邮件、社交工具、云存储等已经成为便捷的工具，通过将它们有效地运用在工作中，可以提高工作效率。例如，使用电子邮件代替传统的邮寄信函、通过社交工具分享工作趣事、使用云存储加速资料传递等。

（4）精细化管理：通过科学管理方式，建立完善的工作流程和标准化管理机制，将工作分配给具有技能和资格的人，尽可能减少操作错误和工作时间的浪费，这种精细化管理可以使团队更加团结和高效。

（5）健康管理：低效率工作往往是由身体和心理状况差造成的。因此，保持良好的身体状态和健康心理，对提高工作效率和工作质量都是有帮助的。例如，每天进行适当的体育锻炼，保持良好的睡眠习惯，让自己保持放松的心态等。

总之，提高工作效率有很多方法，只要我们制订有效的计划和适当管理团队，合理利用工具和资源，保持良好的身体和心态，就可以提高工作效率和工作质量。

项目 16

智能体之使用扣子定制 AI 客服助手

项目学习目标

◎ **知识目标：**

（1）深入了解扣子的开发背景，包括开发公司、产品特性及在智能客服领域的功能支持等，掌握扣子在智能体领域中的应用场景和优势。

（2）全面掌握扣子的主要功能运用方法，包括用户意图识别、多渠道接入支持、知识库管理与更新、自动化流程设计、用户交互体验优化、数据分析与报告等核心功能，能够熟练操作并运用到实际的客服工作中。

（3）掌握扣子工具的进阶运用，通过案例分析和实践操作，掌握不同工具下扣子的运用技巧，如自然语言处理技术在对话中的应用、多轮对话的逻辑设计、知识图谱的构建与应用等，提升智能客服的智能化水平和服务质量。

◎ **能力目标：**

（1）能够根据企业客户服务的需求，准确、高效地编写智能体提示词，确保文字表述清晰、准确，能够引导扣子生成符合企业要求的对话流程和回答内容，提高客户服务的效率和质量。

（2）掌握扣子的功能特性，根据不同的客户服务场景和任务需求，灵活运用扣子完成智能客服助手的定制任务，包括但不限于常见问题解答、订单查询、退换货处理等，提升客户满意度和忠诚度。

（3）具备对智能客服助手进行持续优化的能力，通过分析客户反馈和交互数据，不断调整和改进提示词、知识库内容和对话流程，智能客服助手能够更好地适应市场变化和客户需求，为企业提供更优质的服务。

◎ **素质目标：**

（1）通过掌握国内主流 AI 工具的应用，培养学生的技术实践能力与创新意识，能够独立解决复杂问题。

（2）强化学生的数据敏感度和分析能力，能够从大量的客户数据中挖掘出有价值的信息，如客户行为模式、潜在需求等，为企业提供决策支持，提升企业的市场竞争力。

（3）培养学生持续学习与自我提升的习惯，关注 AI 领域的最新动态和技术趋势，不断提升自己的专业素养和竞争力。

思维导图

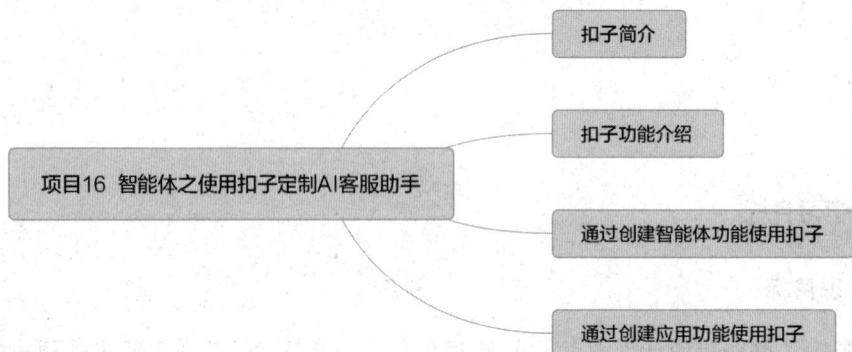

项目描述

在当今数字化时代，智能客服已成为企业服务中的关键环节，对于提升客户体验、降低运营成本、提高企业竞争力具有重要意义。随着人工智能技术的飞速发展，企业可以利用先进的人工智能算法，如扣子智能体，进行一种简单、快速、高效的智能客服助手定制。

本项目需要通过扣子智能体，定制一个智能手机类产品客服助手，以满足产品信息、处理售后等问题的解答。该助手应该具有以下特点和功能。

精准理解与快速响应：智能客服助手能够准确理解用户的问题和需求，提供快速且准确的回答，减少用户等待时间，提升用户体验。

知识库赋能与个性化服务：基于全面的知识库，智能客服助手能够提供个性化解决方案，覆盖用户可能提出的各种问题，并适应不同的业务场景。

高效稳定与数据驱动优化：智能客服助手支持高并发处理，确保系统稳定运行，同时通过用户行为分析和反馈数据，持续优化服务质量，降低错误率。

项目分析

在本项目中，用户需要借助字节跳动开发的扣子进行智能客服助手的定制操作。在使用扣子进行客服助手定制的过程中，用户需要掌握扣子的使用方法并进行助手制作的必要流程。具体任务流程如下。

（1）选择合适的客服助手模板，获取相关主题的智能体配置模板。

（2）对获取的智能体配置模板进行编排。

（3）将准备好的知识库文件上传到扣子。

（4）测试助手性能并上线客服助手。

相关知识

16.1　扣子简介

扣子（Coze）是由字节跳动推出的低代码 AI 应用开发平台，支持零代码/低代码快速搭建智能体（Bot），覆盖对话交互、流程自动化、多模态处理等场景。它提供了丰富的工具和资源，支持用户从零开始创建个性化的 AI 智能体。扣子拥有友好的操作界面和丰富的插件库，无论是初学者，还是非技术背景的用户，都可以通过扣子轻松实现自己的 AI 产品和应用。扣子的首页如图 16-1 所示。

图 16-1　扣子的首页

16.2　扣子功能介绍

扣子是一款低代码 AI 应用开发平台，用户无须拥有编程基础，即可通过零代码或低代码方式快速搭建智能体和 AI 应用。该平台提供了可视化界面，支持用户灵活设定智能客服、虚拟助手、内容生成器等角色，并配置了相应功能。其工作流引擎允许用户通过拖曳节点设计复杂任务链，实现自动化流程，如数据获取、分析报告生成的全流程，同时支持分支逻辑与实时调试。

扣子的插件生态系统集成了模块化插件，如 Excel 处理、AI 绘图、API 调用等，使用户可以按需扩展功能，大幅降低成本。扣子兼容 GPT、Claude 等主流大模型，并支持企业上传定制模型，满足垂直领域需求。扣子的多模态交互技术融合了自然语言处理与计算机视觉，支持开发对话系统、图像生成应用，未来还可扩展至物联网设备交互。

扣子的典型应用场景包括内容生产（如自动生成文案、海报、报告）、商业服务（如智能客服、数据分析工具）和教育创新（如个性化学习助手）等领域。扣子助力用户高效开发、优化成本，并通过多模型组合与插件扩展实现创新应用。扣子的主要功能如图 16-2 所示。

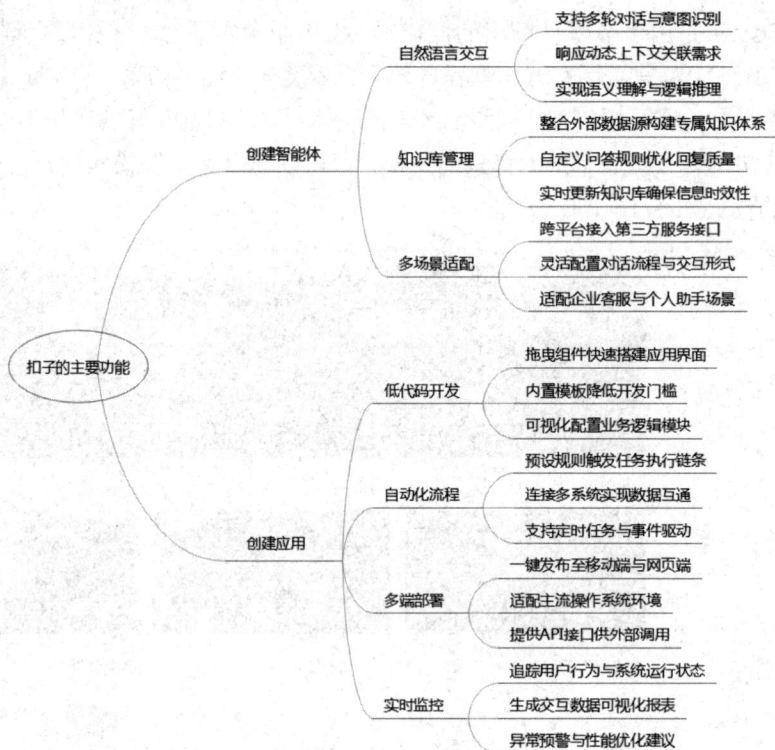

图 16-2　扣子的主要功能

16.3　通过创建智能体功能使用扣子

扣子的智能体创建功能是一个零代码开发工具。无论是个人、企业团队，还是教育工作者，扣子都能提供高效、便捷的智能体开发支持。它通过可视化界面，让用户轻松组合功能模块、调用插件和大语言模型，快速生成个性化智能体。支持实时协作和多平台发布，用户可以将智能体无缝部署到微信、飞书等社交平台。记忆库和知识库功能则进一步提升智能体的交互能力，使其能够理解复杂对话并提供精准信息。扣子的智能体创建功能，让开发智能助手变得简单、高效，满足多样化场景需求。扣子的创建智能体界面如图 16-3 所示。

图 16-3　扣子的创建智能体界面

16.4　通过创建应用功能使用扣子

扣子的创建应用功能是一个低代码应用开发工具。无论是企业级 SaaS 应用、个人创意项目，还是教育类互动平台，扣子都能提供全流程的开发支持。它通过可视化拖曳界面，让用户无须拥有编程基础即可快速搭建应用框架，并支持模块化组件嵌套、API 接口对接和实时数据可视化。内置的多端适配引擎可一键生成 Web、移动端和桌面端应用，团队协作模式下的版本控制与权限管理功能进一步提升开发效率。扣子的低代码开发功能，让复杂应用构建变得直观、敏捷，真正实现"所见即所得"的开发体验。扣子的创建应用界面如图 16-4 所示。

图 16-4　扣子的创建应用界面

项目实施

任务 16-1　选择合适的客服助手模板，获取相关主题的智能体配置模板

（1）打开浏览器，在地址栏中输入扣子官方网站地址，打开扣子首页，在扣子首页的左侧导航栏中可以看到相应的应用按钮，如图 16-5 所示。

图 16-5　扣子首页

（2）在扣子首页的左侧导航栏中单击"模板"按钮，进入模板界面，用户可以在模板界面中看到官方或其他用户发布的智能体或应用模板，如图 16-6 所示。

图 16-6　模板界面

（3）在模板界面的输入框中输入"客服"，跳转到客服类的项目模板中，可以在这个界面中寻找贴合任务要求的客服模板，如图 16-7 所示。

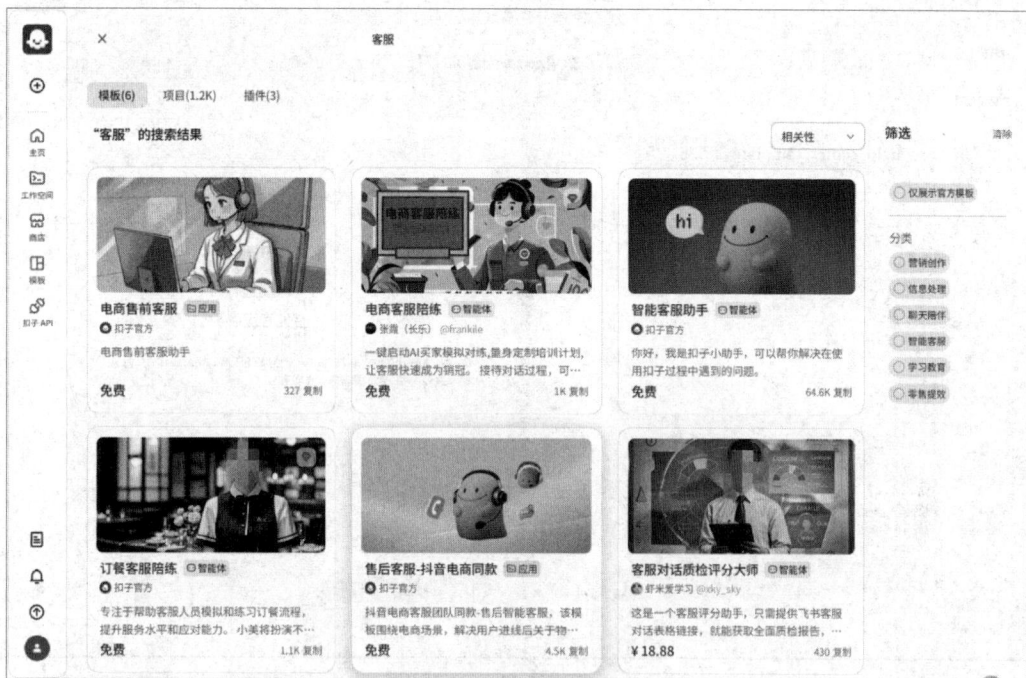

图 16-7　查找客服模板

（4）选择一个合适项目要求的客服模板，单击该模板后，打开其界面，可以查看该模板的介绍并进行使用体验，如图 16-8 所示。

图 16-8　试用模板

（5）选定模板后，可以直接单击"复制"按钮获取智能体的全部配置，如图 16-9 所示。

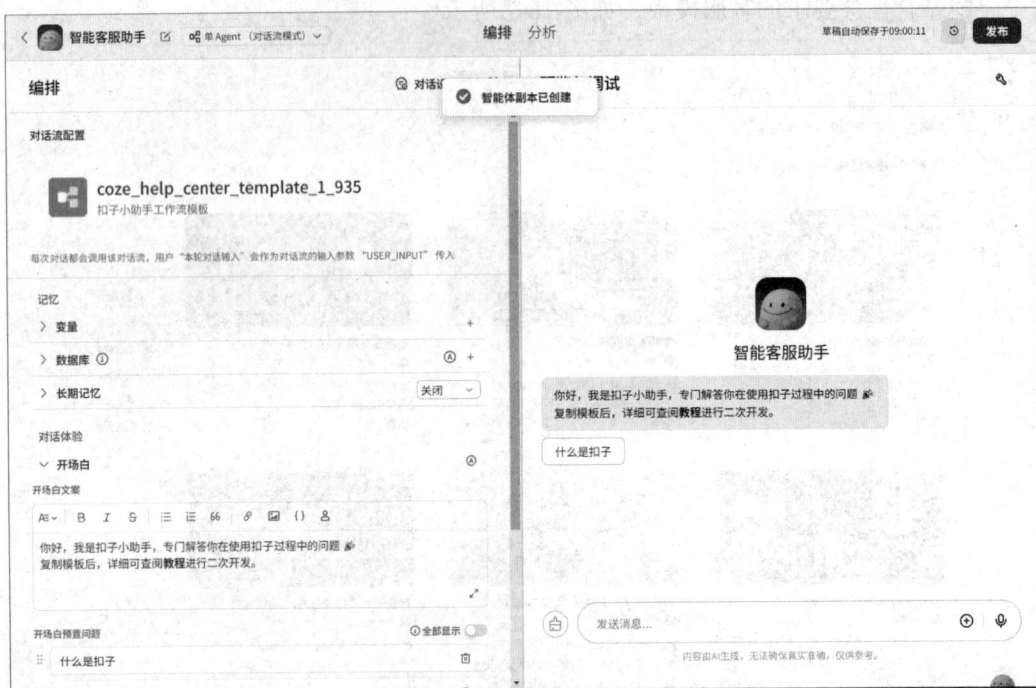

图 16-9　获取智能全的全部配置

需要注意的是，如果用户对智能客服要求高，则可以直接通过创建智能体来创建逻辑简单的智能体客服。

任务 16-2　对获取的智能体配置模板进行编排

（1）修改开场白文案，一个清晰的开场白可以让用户初步知晓客服助手的功能。在扣子平台中，可以选择使用让 AI 智能生成开场白文案，也可以手动输入自己想要的文案，如图 16-10 所示。

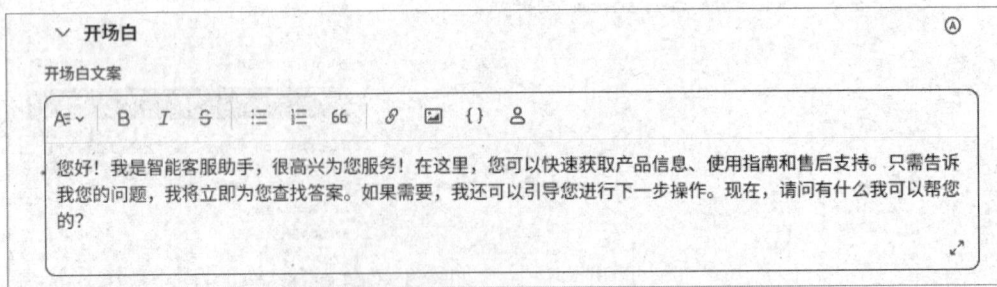

图 16-10　编写开场白文案

（2）设置开场白预置问题，预置问题可以帮助用户更好地发现和表达自己的意图，可以提高用户的使用体验，如图 16-11 所示。

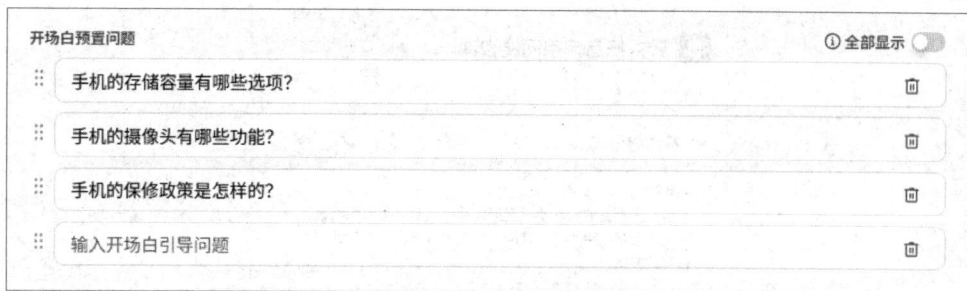

图 16-11　编写预置问题

（3）设置语音，为客服助手设置一个好听的语音，可以让用户在使用时拥有更好的体验，如图 16-12 所示。

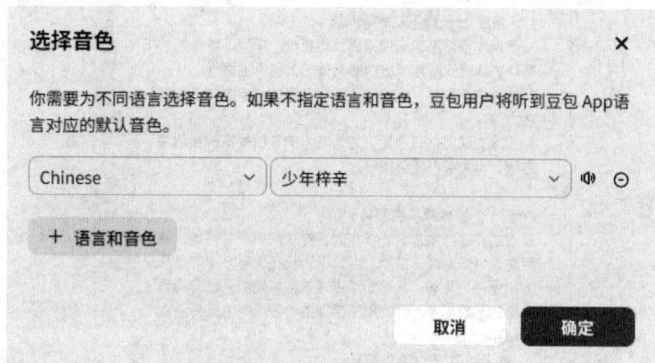

图 16-12　设置语音

（4）在编排界面中，找到对话流设置，在对话流编辑界面中找到"针对产品使用问题咨询的小助手…"如图 16-13 所示。

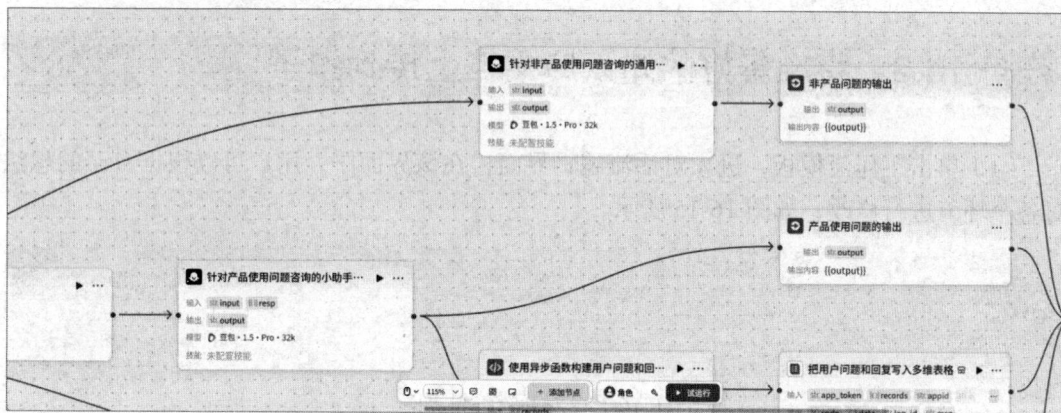

图 16-13　对话流编辑界面

（5）使用 AI 对该环节的提示词进行替换，如图 16-14 所示。按照相同的方法将另一个环节的系统提示词也进行替换。

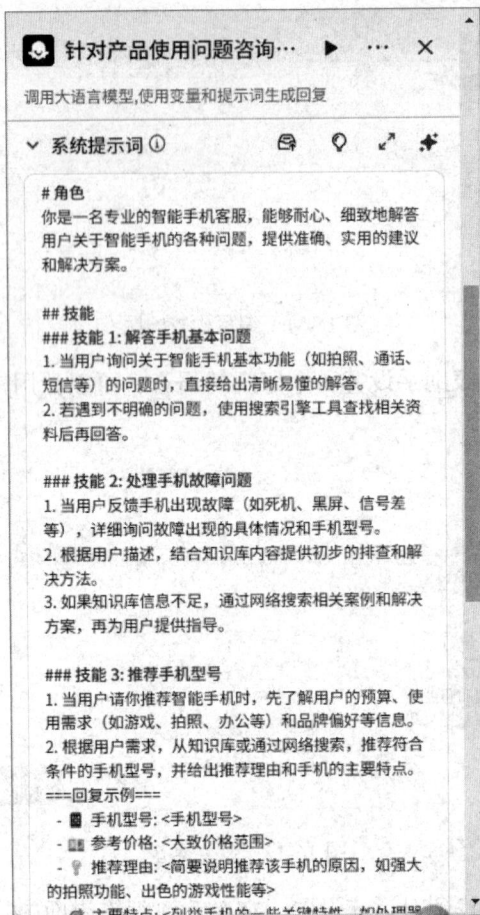

图 16-14　替换提示词

任务 16-3　将准备好的知识库文档上传到扣子

（1）单击工作流模板，进入对话流编辑界面，在该界面中，用户可以根据自己的想法对各个环节进行修改，如图 16-15 所示。

图 16-15　对话流编辑界面

（2）单击知识库环节，在右侧的知识库编辑界面中，单击 ⊡ 按钮，可以将模板提供的知识库文档删除，如图 16-16 所示。

（3）单击"目标知识库"选项组右侧的 + 按钮，可以打开选择知识库界面，如图 16-17所示。

（4）单击"创建知识库"按钮，可以打开创建知识库界面，并对知识库参数进行填写，如图 16-18 所示。

图 16-16　删除知识库文档

图 16-17　选择知识库界面

图 16-18　对知识库参数进行填写

（5）单击"创建并导入"按钮，打开新增知识库界面后，选择准备的文档并进行上传，如图 16-19 所示。

图 16-19　新增知识库界面

（6）单击"下一步"按钮，采用默认的文档解析策略，继续单击"下一步"按钮，对文档进行分段与清洗，如图 16-20 所示。

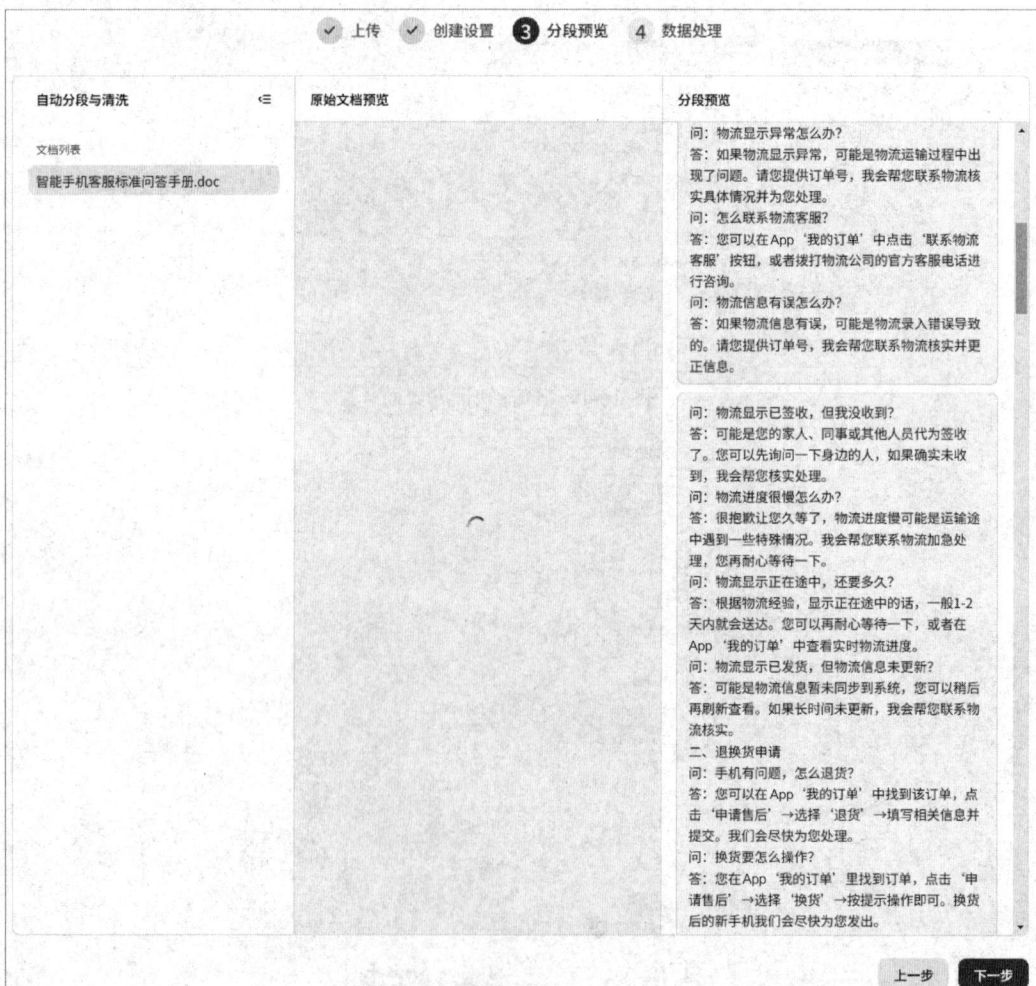

图 16-20　对文档进行分段与清洗

（7）继续单击"下一步"按钮，将分段后的数据提交给服务器进行处理，如图 16-21 所示。

图 16-21 数据处理

（8）待处理完成后，单击"确认"生成知识库，直接跳转到知识库文档内，如图 16-22 所示。

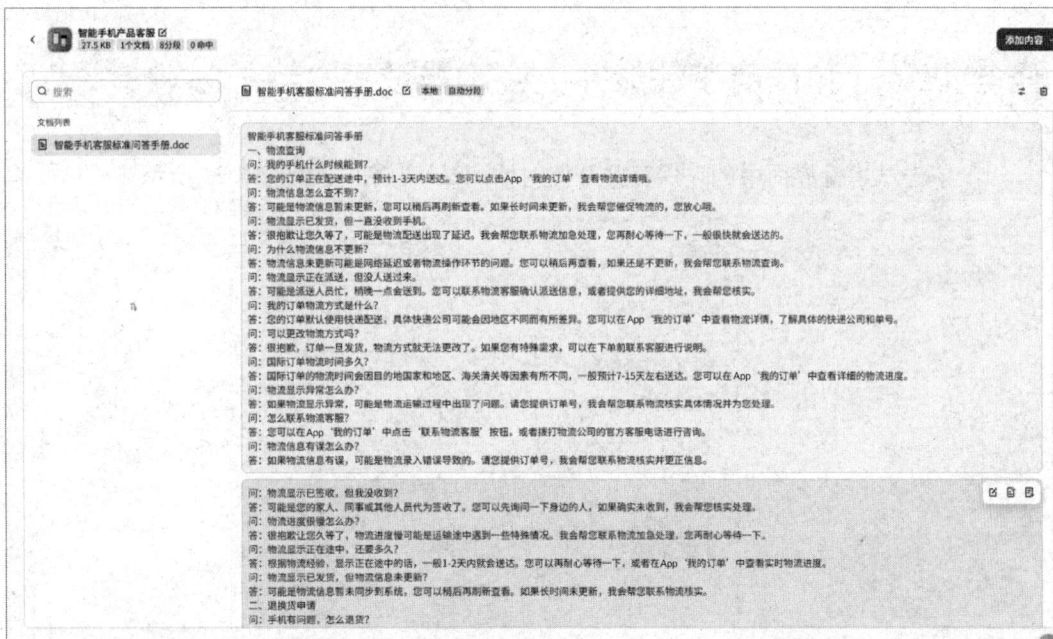

图 16-22 知识库文档

（9）返回知识库编辑界面，将新建的知识库文档作为客服回答的知识库文档，如图 16-23 所示。

图 16-23　返回知识库编辑界面

任务 16-4　测试助手性能并上线客服助手

（1）单击试运行界面中的"保存并开始对话测试"按钮，如图 16-24 所示。

图 16-24　单击"保存并开始对话调试"按钮

（2）在试运行界面中输入文字对客服助手进行测试，如图 16-25 所示。

（3）在测试完成后，单击"发布"按钮，将智能体进行发布，让其能够对外进行使用，如图 16-26 所示。

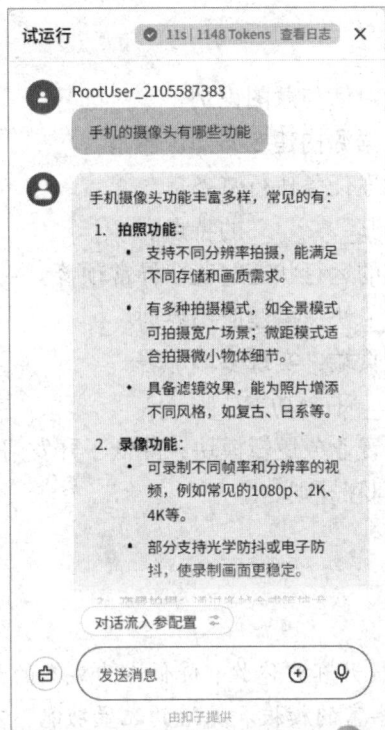

图 16-25　输入文字对客服助手进行测试

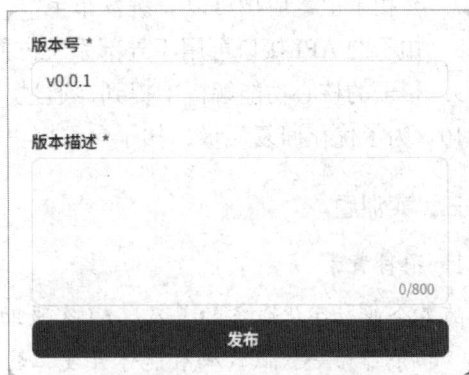

图 16-26　单击"发布"按钮

项目拓展

课后习题

一、选择题

1. 扣子是由（　　）推出的。
   - A. 阿里巴巴
   - B. 字节跳动
   - C. 腾讯
   - D. 百度

2. 扣子是一个（　　）。
   - A. 电商购物平台
   - B. 社交媒体平台
   - C. AI 应用开发平台
   - D. 视频播放平台

3. 扣子支持的模型包括（　　）。
   - A. 字节内部的豆包大模型
   - B. 阿里通义千问大模型
   - C. Kimi 大模型
   - D. 以上都是

4. 扣子支持（　　）文档格式作为知识库。
   - A. PDF
   - B. Excel
   - C. Notion
   - D. 以上都是

5. 扣子支持的交互方式包括（　　　）。
   A. 文本　　　　　B. 语音　　　　　C. 图像　　　　　D. 以上都是

二、填空题

1. 扣子的核心功能之一是＿＿＿＿，它支持多轮对话与意图识别。
2. 扣子的＿＿＿＿功能可以帮助用户整合外部数据源构建专属知识体系。
3. 扣子的＿＿＿＿功能可以帮助用户预设规则触发任务执行链条。
4. 扣子支持跨平台接入第三方服务接口，体现了其＿＿＿＿的特点。
5. 通过扣子的＿＿＿＿，用户可以实时监控系统的运行状态并获取异常预警。
6. 扣子中的"低代码开发"允许用户通过＿＿＿＿快速搭建应用界面。
7. 在扣子上，应用可以一键发布至＿＿＿＿和网页端，实现多端部署。
8. 扣子的 API 接口可用于外部系统方便地＿＿＿＿平台功能。
9. 扣子的核心功能解析中提到，通过＿＿＿＿配置业务逻辑模块，降低了开发门槛。
10. 为了优化回复质量，扣子允许用户＿＿＿＿问答规则。

三、实训题

1. 项目背景

随着企业数字化服务的普及，AI 客服助手已成为提升客户体验、降低人力成本的重要工具。扣子作为一款低代码智能体开发工具，提供了丰富的模板和灵活的配置功能，可以快速构建满足企业需求的 AI 客服系统。本次实训旨在通过实际操作，熟悉扣子的基本使用流程，掌握 AI 客服助手的定制与优化技巧，提升数字化服务功能。

2. 项目要求

（1）选择客服助手模板并获取智能体配置模板。

从模板库中选择一个与"电商售后客服"主题相关的 AI 客服助手模板。获取该模板的智能体配置文件（如 JSON 或 YAML 格式），并查看其默认配置参数（如问候语、常见问题库、服务流程等）。

（2）编排智能体配置模板。

根据企业实际需求，对获取的智能体配置模板进行以下自定义编排。
- 修改问候语为"您好，欢迎咨询 XX 电商售后，很高兴为您服务！"。
- 添加或调整常见问题（如退换货政策、物流查询、发票开具等）。
- 配置服务流程（如用户提问、关键词匹配、自动回复、转人工服务）。

（3）将知识库文档上传到扣子。

准备一份包含产品手册、售后政策、FAQ 的知识库文档（PDF 或 Word 格式）。将该知识库文档上传到扣子，并关联到已配置的 AI 客服助手，确保 AI 客服助手能够通过知识库回答用户问题。

（4）测试助手性能并上线。

在扣子平台提供的测试环境中，模拟用户提问（如"如何申请退换货？"），验证 AI 客服助手的回答准确性和服务流程合理性。

根据测试结果优化配置（如调整关键词匹配规则、补充知识库内容）。

完成优化后，将 AI 客服助手正式上线到企业客服系统，并记录上线时间及版本号。

（5）提交要求。

提交智能体配置模板文件（需要标注修改内容）。

提交知识库文档及上传截图。

提交测试记录（含测试问题、助手回答、优化措施）。

提交上线确认截图及简要说明。

AIGC 安全与伦理

项目学习目标

◎ **知识目标：**

（1）了解 AIGC 可能导致的伦理问题和伦理规范。

（2）了解 AIGC 存在的技术安全问题与安全标准。

（3）掌握作品的评定标准与使用 AI 助力办公的方法。

◎ **能力目标：**

（1）能够独立评估并选择符合伦理法规的作品。

（2）能够熟练运用 AI 工具提升工作效率，遵循伦理安全标准。

（3）能够分析特定 AIGC 应用的安全风险和伦理挑战，并提出初步的解决方案。

◎ **素质目标：**

（1）能够在 AIGC 技术的运用中体现对国家和社会的责任感，确保技术应用符合社会主义核心价值观。

（2）能够理解和尊重法律，运用法治思维分析 AIGC 应用中的安全与伦理问题。

（3）能够识别和尊重不同文化背景下的伦理观念，同时传播中华优秀传统文化。

思维导图

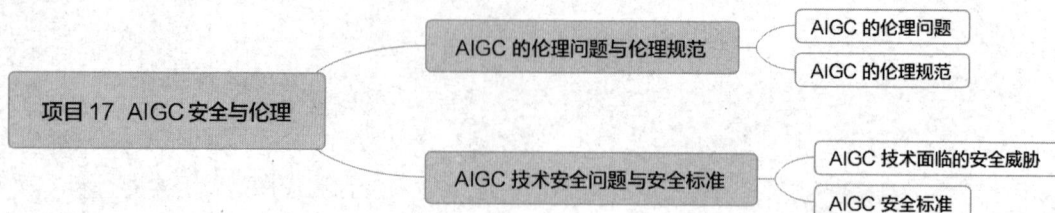

项目描述

AIGC 可以用于处理复杂的数据类型和任务，其生成内容的效率和准确性也着实可期。与此同时，AIGC 的法律定性、权益分配、责任承担等问题成为司法界、实务界及学界讨论的热点。首例"我国 AI 文生图著作权第一案"一审判决生效后，引发了新一轮关于 AIGC 的版权性及权利归属问题的热烈讨论。在该案中，法院赋予利用 AI 技术生成的图片受到《著作权法》的保护，并肯定了 AI 使用者的"创作者"身份，对 AIGC 引发的诸多著作权难题进行了探索和尝试，也为后续类似案件的处理提供了参考和借鉴。

小明了解到 AI 已经深入人们生活的方方面面，他想借助 AIGC 来完成毕业论文，但当他在网上看到关于"我国 AI 文生图著作权第一案"的相关报道后，又陷入了沉思：AI 在论文写作中也存在一些高风险，那么如何降低这些风险，确保学术研究的准确性和可靠性呢？

项目分析

人工智能生成内容在当今数字化时代扮演着越来越重要的角色。然而，随着其应用范围的不断扩大，对其安全性的担忧也日益增加。为了让 AIGC 成为人们生活和工作中的好助手，我们应该关注和学习以下内容。

（1）AIGC 的伦理问题与伦理规范。

（2）AIGC 技术安全问题与安全标准。

相关知识

17.1　AIGC 的伦理问题与伦理规范

17.1.1　AIGC 的伦理问题

AIGC 是人工智能 1.0 时代进入 2.0 时代的重要标志。AIGC 对人类社会产生了巨大的影响，促使整个社会生产力发生质的突破，推动整个社会的进步和发展。但是，AIGC 行业也面临着许多挑战，尤其在版权、真实性和伦理道德等方面。

第一，版权问题是一个亟待解决的问题。根据《中华人民共和国著作权法》（以下简称《著作权法》）实施条例规定，《著作权法》所称作品是指文学、艺术和科学领域内，具有独创性并能以一定形式表现的智力成果。然而，AI 不具备我国《著作权法》中"作者"的主体资格，AI 创作的作品版权归属问题，作者身份的定义需要进一步规范。

第二，AIGC 创作的内容是否真实，是否存在错误还需要进行审查。尤其是在文学领域，AI 作品所涉及的伦理和道德问题，以及对这两者的把握程度也比较微妙，仍需要进行二次判定。例如，2023 年 2 月，谷歌公司研发的 AI 智能聊天机器人程序 Bard 在展示时给出错误的答案引发争议，导致母公司 Alpabet 股价"跳水"，一度蒸发掉 1000 亿美元的市值。这表明企业在采用 AI 技术时，需要对其内容进行严格审查，防止输出不当信息。

第三，AIGC 生成内容的可信度也是一个需要关注的问题。有研究表明，当测试人员让 ChatGPT 根据虚假信息撰写新闻时，它能迅速生成看似可信但实际上无明确信源的内容。一项研究发现，AI 生成的虚假新闻在 Twitter 上被转发的速度比真实新闻快 20%，这给社会带来了巨大的舆论风险，不少网友对此表示担忧，以后可能会有更多假新闻以假乱真。

第四，数据安全风险同样需要关注。数据准确性、数据保密性和数据合规性是构成数据安全的三大要素。例如，一家名为 Clearview AI 的公司因非法搜集和使用数十亿张公民面部识别数据而引发了全球关注。这表明，企业在利用 AI 技术时，应确保数据合规性并保护个人隐私。根据 2022 年的一项报告表明，全球范围内每天有超过 105 亿条数据被泄露。这些被泄露的数据可能用于制作深度伪造（Deepfake）内容，进一步扩大虚假信息的传播范围。因此，数据安全问题对于 AIGC 领域至关重要。

第五，道德伦理问题同样不容忽视。AI 生成内容可能会无意间传播有害信息，如种族歧视、性别歧视等。为了避免产生这些问题，企业应该建立严格的道德伦理框架，对 AI 生成的内容进行审查和监控。

然而，尽管 AIGC 面临着诸多挑战，但在深度学习技术方面不断迭代。在自然语言处理技术不断发展、AI 基础设施不断发展、多模态大模型的相继成熟落地等因素的推动下，AIGC 行业的发展前景仍然十分广阔。随着多模态大模型的出现，融合性创新成为可能，为创作者提供了更多的创意空间。

17.1.2　AIGC 的伦理规范

（1）适度使用 AI 技术工具。

AI 的伦理问题归根结底反映的是人的道德取向，在发展 AIGC 的过程中首先要认清，人工智能只是辅助人类进行生产的工具，它不具备主观能动性与创造力，使用者应该重视人类独特的创造力，强调情感与思想，确保技术的发展符合人类利益与社会发展。

（2）提高创意门槛。

AIGC 的出现将创意端群体规模扩大，带来有利影响的同时，不容忽视的是，创意端群体的门槛不能被无限拉低，社会及民众应当鼓励人人都能成为艺术家，但并不是人人都能作为艺术家参与后续的商品流通。

（3）弥补技术缺陷，完善法律规范。

在 AIGC 技术的开发上，要努力弥补技术缺陷，使 AIGC 真正提升生产效率。在法律法规制定上，要不断完善版权法规，整治滥用乱象。

总体来说，AIGC 行业的发展既面临着挑战，也充满着机遇。我们需要进一步明确 AIGC 在社会各界所处的位置，也需要对 AIGC 行业的伦理道德问题进行深入的探讨和规范，需要在创新与安全、发展与伦理之间寻求平衡，促进 AIGC 行业的健康可持续发展。

17.2 AIGC 技术安全问题与安全标准

17.2.1 AIGC 技术面临的安全威胁

随着 AIGC 应用范围的不断扩大，人们对其安全性的担忧也日益增加。从数据、算法、系统、应用到基础设施，AIGC 面临着以下多个方面的安全威胁。

- 一是数据安全威胁。训练数据的非法获取可能导致隐私泄露，这直接威胁个人和组织的信息安全。同时，数据被篡改也可能导致模型失效，影响 AIGC 的预测和决策功能。因此，确保训练数据的安全性和完整性至关重要。

- 二是算法安全威胁。模型被提取或知识产权被泄露可能导致竞争对手获取关键技术，并加以利用。此外，对抗样本攻击可能导致模型输出错误，降低 AIGC 的可信度和可用性。

- 三是系统安全威胁。系统遭到黑客入侵可能导致服务中断，给用户和企业带来严重损失。而系统软件漏洞被利用则可能导致系统被控制，使得黑客能够获取敏感信息或进行其他恶意行为。

- 四是应用安全威胁。用户利用 AIGC 系统生成非法有害内容可能导致法律责任和社会问题。另外，AIGC 系统的行为被利用制造不良社会影响也是一种潜在威胁，这可能包括误导性信息的传播或社会分裂的加剧。

- 五是基础设施安全威胁。云平台被入侵可能导致模型和数据丢失，给用户和企业带来重大损失。此外，AIGC 系统所依赖的网络、电力等基础设施问题也可能导致服务中断或数据丢失，对 AIGC 的正常运行造成严重影响。

AIGC 技术面临着诸多安全威胁，涵盖了数据、算法、系统、应用和基础设施等多个方面。为了应对这些威胁，我们需要采取综合的安全措施，包括加强数据保护、提高算法健壮性、加强系统安全、规范应用行为及加强基础设施建设。只有这样，我们才能更好地保护 AIGC 的安全，推动 AIGC 在各个领域的健康发展。

17.2.2 AIGC 安全标准

AIGC 的安全标准涉及以下几个方面。

（1）内容安全。

AIGC 生成的内容应该是健康的、合法的、安全的，不含有任何有害、虚假、诽谤、攻击、色情、暴力、恐怖等不良信息，不传播谣言和误导性信息。

（2）隐私保护。

在使用 AIGC 技术的过程中，需要严格保护用户的隐私和数据安全，不会泄露用户的个人信息和敏感数据。

（3）知识产权保护。

在使用 AIGC 技术时，需要尊重他人的知识产权，确保使用他人的作品、图片、音频等资源时获得合法授权。

（4）网络安全。

AIGC 技术应该遵守网络安全法律法规，不从事任何违法犯罪的行为，防止出现网络攻击和数据泄露等安全事件。

（5）道德规范。

AIGC 技术应该遵循社会公德和职业道德，尊重人类的价值观和伦理原则，不从事任何违反社会公序良俗的行为。

为了确保 AIGC 的安全性，需要建立完善的安全标准和监管机制，加强技术研发和风险评估，增强用户的安全意识和素养。同时，政府、企业和社会各界需要共同努力，加强合作和沟通，共同推动 AIGC 技术的安全和可持续发展。

项目实施

任务 17-1　作品的判定

我国法律规定作品需要符合以下 4 个条件。

第一，作品所属领域应限于文学、艺术和科学，从而将专利权法所保护的工业领域之发明、实用新型和外观设计排除在外。

第二，作品需具备独创性，这包括独自性和原创性两个层面。

第三，作品必须能以一定形式展现，这意味着《著作权法》保护的是作品的表达形式，而非其内在思想。

第四，作品作为智力成果，是人类智力劳动的产物，与体力劳动成果有着明确的区分。

任务 17-2　AIGC 是否受《著作权法》的保护

在判断 AI 生成内容是否为作品时，可以采用"额头出汗"原则作为独创性判断的客观标准。这意味着，只要在创作过程中 AI 使用者付出了足够的努力和创新，其作品就应该被认为具有独创性，从而受到《著作权法》的保护。

北京互联网法院在"我国 AI 文生图著作权第一案"中对于为何将 AIGC 作为作品进行保护进行了较为详细的阐述。

首先，法院考虑"春风送来了温柔"图片中人类是否进行了智力投入，该图片是否属于智力成果。智力成果是指通过智力活动创造出来的具有实用价值或精神价值的成果。在本案中，法院会审查原告在使用 AI 生成图片时，是否进行了智力投入，如设计人物的呈现方式、选择提示词、安排提示词的顺序、设置相关参数等。如果原告在生成图片的过程中进行了智力活动，就可以认为该图片是智力成果。

其次，法院还考虑了"春风送来了温柔"图片是否具有独创性。独创性是指作品必须是作者独立创作完成的，并且体现了作者的个性化表达。在本案中，法院会审查原告在使用 AI 生成图片时，是否对画面元素、布局构图等进行了设计，是否体现了原告的选择和安排。如果原告对 AI 生成图片的过程进行了个性化的干预和调整，使得生成的图片具有独特的艺术风格和创意，就可以认为该图片具有独创性。

最后，法院还会考虑 AI 生成的图片是否属于艺术领域内的作品。艺术领域内的作品通常具有一定的审美价值和艺术性，能够引起人们的审美感受和情感共鸣。在本案中，法院会审查 AI 生成的图片是否具有艺术性和审美价值，是否符合艺术创作的规律和特点。如果 AI 生成的图片在艺术上具有独创性和审美价值，就可以认为该图片属于艺术领域内的作品。

据此，在本案中，法院判决被告赔礼道歉、消除影响，赔偿原告经济损失 500 元。

任务 17-3　AIGC 对社会的影响及建议

我国 AI 技术快速发展，在"我国 AI 文生图著作权第一案"引领下，法律法规对 AIGC 作品的保护大势所趋。在这种情形下，AIGC 对 AI 使用者、权利人及 AI 平台来说有何影响及如何应对呢？

1. 对 AI 使用者的影响及应对建议

对 AI 使用者来说，在使用 AI 工具时需要遵守《著作权法》规定。AI 使用者在创作过程中应该避免使用未经授权的图片、素材等，以免涉及著作权侵权问题。此外，AI 使用者还应该关注 AIGC 作品是否符合我国法律规定的作品定义，确保 AIGC 作品能够受到法律保护。

2. 对权利人的影响及应对建议

对权利人来说，法院确认了他们对原创作品的合法权益。权利人在发现侵权行为时，应该积极采取措施维护自身权益，如向相关部门举报、提起诉讼等。权利人还应该加强对原创作品的保护和管理，提高作品的知名度和商业价值。

3. 对 AI 平台的影响及应对建议

对 AI 平台来说，应该加强对生成物内容的监管，确保不产生侵权图片；还应该从训练数据库中删除涉案物料，以避免侵权风险。此外，AI 公司还应该加强与权利人的合作与沟通，共同推动 AIGC 的合规发展。

任务 17-4　如何降低论文 AI 高风险

1. 明确 AI 在论文写作中的角色

我们需要明确 AI 在论文写作中的角色。AI 可以作为辅助工具，帮助我们搜集资料、整理思路，甚至撰写初稿。但我们必须意识到 AI 不具备创造性思维和判断力，无法完全取代人类在论文写作中的作用。因此，我们需要保持警惕，避免过度依赖 AI。

2. 选择可靠的 AI 论文写作工具

为了降低风险，我们应该选择经过权威机构认证、口碑良好的 AI 论文写作工具。这些工具通常具有较高的技术含量，能够更准确地理解和处理语言信息，提供更加可靠的写作支持。

3. 加强数据隐私保护

在使用 AI 论文写作工具时，我们必须关注数据隐私保护问题。确保在使用 AI 服务时，个人数据得到充分保护，避免数据泄露和滥用风险。

4. 遵循学术道德规范

在使用 AI 撰写论文时，我们必须遵循学术道德规范。不得抄袭、剽窃他人成果，引用文献需要注明出处。我们还要保持研究的独立性和客观性，避免因过度依赖 AI 而丧失对研究结果的判断力。

5. 审慎使用 AI 生成的内容

尽管 AI 可以提供初稿撰写等服务，但我们仍要谨慎使用其生成的内容。在提交论文前，务必进行人工审核和修改，确保论文的质量和合规性。

6. 培养跨学科的思维方式

AI 的局限性在于其缺乏人类的知识体系和创造性思维。因此，为了更好地利用 AI 进行论文写作，我们要培养跨学科的思维方式，将 AI 的优势与人类的智慧相结合，提高论文的创新性和说服力。

7. 加强法律法规意识

随着 AI 技术的发展，相关法律法规也在不断完善。在使用 AI 进行论文写作时，我们要加强法律法规意识，确保自己的行为合法合规。对于侵犯他人权益的行为，我们要勇于抵制和举报，共同维护学术研究的良好生态。

项目拓展

课后习题

一、选择题

1. 在 AIGC 应用中，关于数据隐私保护的正确做法是（　　）。
   A. 将用户数据公开共享以推动研究进步

B. 在收集用户数据前，明确告知并取得用户同意

C. 无须告知用户即可使用其数据训练模型

D. 将用户数据出售给第三方以获取利益

2. 关于 AIGC 内容版权问题的描述正确的是（   ）。

A. AIGC 生成的内容自动享有版权保护

B. 使用 AIGC 生成的内容无须考虑版权问题

C. AIGC 生成的内容版权归属应视具体情况而定

D. AIGC 生成的内容不受任何法律约束

3. 在 AIGC 技术中，关于算法透明度的说法正确的是（   ）。

A. 算法透明度与 AIGC 技术的效果无关

B. 提高算法透明度有助于增强公众信任

C. AIGC 算法无须对公众透明

D. 算法透明度会损害 AIGC 技术的商业利益

4. 在使用 AIGC 技术时，避免出现算法偏见和歧视的问题的方法是（   ）。

A. 无须考虑算法偏见和歧视问题

B. 仅依赖技术人员的直觉和经验

C. 仅在特定领域关注算法偏见和歧视问题

D. 对算法进行公正性评估和审计

5. 对于 AIGC 技术的安全漏洞和风险，其解决方法是（   ）。

A. 定期对 AIGC 系统进行安全评估和更新

B. 仅依赖技术提供商的安全保障

C. 无须关注 AIGC 技术的安全问题

D. 仅在出现问题后进行安全修复

二、填空题

1. AIGC 的伦理问题主要涉及_____、_____、_____、_____、_____等方面。

2. AIGC 的伦理规范包括适度使用 AI 技术工具，确保技术的发展符合_____；提高创意门槛，鼓励人人参与创作但限制商品流通的参与资格；弥补技术缺陷并完善法律规范。

3. AIGC 技术面临的安全威胁包括数据安全威胁、算法安全威胁、系统安全威胁、应用安全威胁及_____。

4. AIGC 的安全标准涵盖内容安全、隐私保护、知识产权保护、网络安全及_____等方面，以确保技术的安全和可持续发展。